学术共同体文库

中国政法大学县域法治研究中心 主办
杨玉圣 主编

北京大学世界现代化进程研究中心由已故著名历史学家、当代中国现代化进程研究和现代化史学理论的奠基人罗荣渠教授创建于1985年，是我国在历史学领域里最早倡导和开展跨学科、多领域世界现代化进程、现代化/发展理论、比较现代化研究的主要平台之一。该中心挂靠北京大学历史学系。

扉页题签：郝斌

回首斜望罗荣渠

——罗荣渠教授诞辰90周年纪念文集

北京大学世界现代化进程研究中心 编

Looking Back on Luo Rongqu:
Memories and Tributes

社会科学文献出版社
SOCIAL SCIENCES ACADEMIC PRESS (CHINA)

目 录
CONTENTS

序
　　回首再望罗荣渠 ……………………………………… 郝　斌 / 001

怀念篇

忆罗荣渠教授 …………………………………………… 罗豪才 / 003
从名师学求知与治学 …………………………………… 王义遒 / 006
上下求索的心路历程
　　——罗荣渠《北大岁月》读后记 ………………… 杨祖陶 / 009
学习罗荣渠先生以科学方法研究历史
　　——聆听中国拉美史研究会老会长报告感怀 …… 洪国起 / 019
学习罗荣渠同志的创新精神 …………………………… 马克垚 / 027
一路风尘君仍健
　　——罗荣渠先生的治学之路 ……………………… 林被甸 / 031
"士"与"师"
　　——怀念罗荣渠先生 ……………………………… 袁　明 / 045
罗老师与拉美现代化研究 ……………………………… 徐世澄 / 052
怀念严师罗荣渠（暨附录） …………………………… 牛大勇 / 058

山高水长有时尽，唯我师恩日月长
　　——恩师罗荣渠教授 90 冥诞感怀 ………………… 严立贤 / 069
追念恩师罗荣渠先生 ……………………………………… 梅俊杰 / 079
北大的模样
　　——追念先师罗荣渠 …………………………………… 徐剑梅 / 087
仰山铸铜　煮海为盐
　　——罗荣渠教授治学印象片段 ………………………… 李　文 / 097
回忆父亲 ……………………………………………… 罗　曙　罗　晓 / 101

传承篇

独把春光磨铁砚　羞将华发换闲情
　　——读《罗荣渠文集之四　北大岁月》………………… 董正华 / 119
关于现代化理论、全球化理论的一些思考
　　——读罗荣渠先生《论一元多线历史发展观》的体会 …… 王加丰 / 127
浅谈罗荣渠先生《现代化新论》的学术贡献
　　——从我的拉美现代化研究与教学说起 ……………… 韩　琦 / 151
多元化知识结构与罗荣渠的理论贡献 …………………… 巫永平 / 160
现代化模式概念的提出及对中国近代史研究的意义 …… 严立贤 / 166
历史的投影与现实的折射
　　——关于"中国人发现美洲"百年学术争议的国际政治思考
　　　　……………………………………………………… 徐　波 / 171
《现代化新论》的三大理论创新与历史性贡献 ………… 张少华 / 189
我读《北大岁月》
　　——父亲逝世十周年祭 ………………………………… 罗　晓 / 197
中国现代化研究的三次浪潮
　　——纪念罗荣渠教授诞辰九十周年 …………………… 何传启 / 201

韩国"农民工"融入城市的过程与启示 …………………… 董向荣 / 211
"七五"事件相关记述及研究之问题
　　——读罗荣渠《北大岁月》有感 …………………… 刘一皋 / 219
"古今上下任翱翔"
　　——我所认识的罗荣渠先生和他的现代化研究 …………… 赵自勇 / 228

附　录
　　当代世界发展趋势和国际关系格局 …………………… 罗荣渠 / 238

编后记 …………………………………………………… 牛　可 / 267
补　记 …………………………………………………… 牛　可 / 269

序

回首再望罗荣渠

郝　斌

　　罗荣渠先生离开我们二十年了。他的音容逐渐模糊，另有一些东西却慢慢沉淀下来，随着时光的荏苒，芜去菁存，沉淀的东西轮廓愈见分明。今天想来，也许这些沉淀下来的，更能显示罗荣渠的本真。借助时空的距离，对稔熟的友人和亲身历经过的事物，加深认知，是我们后来者可以把握的机会，也是一种责任。大家聚会来追念他，我觉得，最可值得珍视的，是他为北大历史学系走出了一条不同于既往的治史之路；而言及于此，又不能不去追寻他当年的那股治学勇气和创新精神。

　　在这里，让我先来转述一段发生在罗荣渠和田余庆之间的故事。

　　晚岁的田余庆与林被甸比邻而居，他们常相过从闲聊。这则故事，是田先生亲口对林所讲，先后谈过两次；田先生过世了，近年，林先生又向我转述过三次。

　　1988年12月，有一个"纪念党的十一届三中全会十周年理论讨论会"，由中宣部、中共中央党校、中国社科院联合主办。会上颁给史学界两个大奖，乃从此前十年间（1978～1988）全国史学界的研究成果之中筛选而来。"弱水三千，只取一瓢饮。"罗荣渠的论文《论一元多线历史发展观》，是为其中的半瓢，这在当时的史学界中颇有震动，对北大历史学系来说，也是一件殊荣。荣誉虽高，却无恰相匹配的颁奖仪式，缛礼从简，以今天的眼光来看，它竟简到让人匪夷所思。颁给罗荣渠的是一块奖牌，寄送到北大历史学系办公室，由后者受托代转受奖人而已矣。时任系主任的田余庆，于是手捧奖牌，登上四层楼，亲自送到罗宅。熟悉田余庆的人都知道，在他心目之中，这类事情大抵属于俗务，平日他本不屑一顾，这回何以要爬上四楼、亲自呈送到罗荣渠的面前呢？果然，其中有戏。

他们互道问候之后，田开言便对罗说道："此番获奖，可喜可贺，同时我有一言相奉：事情可以到此为止了，不妨见好就收。以我兄的才力，何不多做一点学问上的研究，日后当大有为。"

图1　罗荣渠（右四）与季羡林（左五）、周一良（左四）、陈炎（左三）教授一起参加云南民族学院名誉教授授予仪式，1993年10月

田所说的"见好就收"，指的是罗刚刚获奖的理论一类研究，他要罗"多做一点学问"，指的是旧有的研究路数。这番话，听起来像是吊喜贺丧，悖乎情理，其实不然。在田说来，这才是他此番登门要吐的肺腑之言，而且，也只有他们两位之间才可以这样坦诚过话。

为什么这样说呢？道来有点话长。首先，田、罗二人在西南联大和北大历史学系同窗四载，结有一层少年情谊。北平解放前夕，田积极参加学运，一次情况紧急，他躲进罗荣渠的房间，才得以逃过军警的搜捕。后来他们同坛执教，各忙自己的事，交往虽然不密，但情谊深埋心中。其次，田对罗近年所走的路，心里早存看法，骨鲠在喉，不吐不够朋友。再说，持同一看法的并非田某一人。罗荣渠由史转向理论的路子，在当时的历史学系中，乃是旁出一枝，离开了传统，人们私下议论起来，多视其为"海派"，说他"趋时""赶时髦",比这更难听的话也有。舆情汹汹,可从没一个人把这话说给罗听。田觉得,手里捧着这块奖牌,此一时刻,或许是个进言的机会。不薄既往,一吐情愫,是他此行的打算。他盘算,错过眼前这个村,恐怕再没这个店了。再次,田深知罗的功底,只要他肯回头,传统的治学之路,对罗来说乃是驾轻就熟,可以计日程功。这一点,以往的事例足可鉴证。1963年,罗的一篇《论所谓中国人发现美洲的问题》、1983年的《扶桑国猜想与美洲的发现——兼论文化传播问题》先后发表,两篇文章颠覆了中国人发现美洲之说。中国人发现了美洲,这个论点,原由一些西方汉学家模糊提出,彼伏此起,不绝如缕,足足百年以上。对此,中国的近代学者和当代闻人,也曾有人点头呼应,说是"殷人东渡"。传到了坊间,更是让人津津乐道。不知不觉,自己误会自己,一种偏狭的民族情感牵扯进去,成了一个敏感话题,谁人发现了美洲,趋于一个声调,不再有异音。不想,北大历史学系里竟有罗某者一人,颠覆性的见解两次提了出来,前后相间二十年整,固执己见,恰与狭隘的民族感情撞了一个满怀。他的文章论据充分,论证严密,文字之中,促人理性对待的意味深而且长。可惜的是,读者只是小众,没有引起学界足够的注意。所幸者识货有人。时任中科院考古所所长、主持《考古》杂志的夏鼐先生读到《扶桑国猜想与美洲的发现——兼论文化传播问题》,先后曾有七信致罗,称道罗的文章"所言极是""立论严谨正确"。夏鼐当时正在编排次年出版的《考古》国庆专号,表示愿意重刊此文,"借重大作,以光篇幅";同时指出罗文白璧微瑕,盼罗有所润补,以求尽美。罗的修订稿于是再次刊登于《考古》1984年国庆专号。罗关于美洲之发现的观点,由此渐为学界关注和认同,再遇到这个话题,人们至少会提醒自己理性当先。我们知道,夏鼐的严谨是出了名的,他对罗文欣赏如此,罗的功底,由此可见。此外,还有一例亦可佐证。罗于历史学系毕业以后,曾在一个不大的刊物充当编辑多年,1956年,"向科学进军"的号角吹起,他才回到北大,执掌教鞭是他的愿望。离开业务岗位很久了,选择什么作为自己的业务方向呢?这个时候,他一度有意跟随向达先生去专攻中西交通史。这是他自己掂量过后的一种考虑,他有语言和考据方面的底子,自认中西两面可以兼顾。在历史学系,罗的同辈人中,能够贯通中西或者有心去贯通中西的人,其时已经寥寥。读者朋友,田罗相会的缘由,大抵如此。一句话,田、罗走过的是一样的路,二人才气相若,抱负相同,在田看来,你何必弃史就论,去钻那个窄胡同呢!田向罗所进一言,当时不过数语,笔者今天在这里却要啰唆半篇。对田的话我大胆解读如上，就正于知情故旧。

田的话可谓是单刀直入，罗的回应又如何呢？罗的回答，简单到不能再简。他只说了一句："曾经沧海难为水！"

田、罗二人一番对话的情状，大略如上，时在公元 1988 年 12 月某日，地点是北京市海淀区北京大学中关园 46 楼 407 室罗宅。我觉得，这段对话或许值得记入北大历史学系的系史、系志之中。何以如此说呢？君不见，自打此后，另一条异于既往、由史入论、注重理论创新的治学之道，在系里渐成气候，进而稳定下来。北大历史学系的研究路数，呈现出史和由史入论两条并行、并进的路子；罗正是后一条路数的开创人。

在我们历史学系，传统的治学之路行之有年，深而且厚，但是没有保守的习气。20 世纪 50 年代，先有周一良先生开创亚洲史的一片天地，继有杨人楩先生开辟非洲史的一片天地，接着又有罗荣渠开辟了拉美史的一片天地。他们的创新，凭的都是传统的功底。传统与创新，其实环环相扣。没有功底，何谈创新？不过，这三位先生的开创，说起来还都在史学范畴之内。而今由史入论，去做理论上的创新，要的不仅是功底，恐怕更需要的还是学术上的胆识和勇气！行年六十，罗荣渠还有这股闯劲，今天想来，让人不胜感佩！

科班出身又在史学讲坛耕耘多年的罗荣渠，转身去搞"现代化研究"，实在是一个跨行跨界的异常之举。史学本来是一种阐释、研究既往的学问，现在他竟加以延伸，间要观测未来；我们多年奉为圭臬、极尽精微的"五个 W"［即 Who（何人）、When（何时）、Where（何地）、What（何事）、Why（何故），或再加一个 How（如何）］他不鄙夷，但决不肯局促于此，而要洪荒宇宙、古今上下都去翱翔一番，这个跳跃实在不小。拿在京剧舞台上，这不啻是让老旦去反串小生！也许是让梅兰芳去唱摇滚差可相比。如果是写上一两篇小文章，凑个热闹，也还罢了，罗要的竟是挂头牌、卖门票的正场演出。这个时候，在历史学系里，如前所说，有人撇嘴，自然难免。

细究起来，中外的研究路数不同。在中国，历史学这个行当与"现代化"本不搭界，可以搭上界的，应当是相近的社会学和经济学；那么，这两家当时的反响又是如何呢？读者有所不知，此时此刻，它们两家寂静得连一点声息都没有。

这也难怪。在 1952 年全国高等院校的一次学科大调整中，社会学被视为鸡零狗碎、拼盘杂凑之学，不能自立门户，而从学科目录之中一笔勾销、

图2　1996年2月16日，历史学系新春团拜会。左起：徐天新、林被甸、潘润涵、余大钧、沈仁安、马克垚、王永兴（背影）、何芳川、王天有、宋成有、杨重光、罗荣渠（背影）、张衍田、郝斌。这是罗老师最后一次参加全系会议，他表示要争取每月写一篇文章

连根拔除了。大学之内，从此没有社会学一说，社会学系原有的学生，星散到各相近学科的屋檐之下，凑合到毕业了事，教师则借宿各处，零落凄迟，过了将近三十年栖身边缘的日子。社会学的园地，已经寸草不生。到了20世纪80年代之初，罗荣渠猛然提出现代化课题之际，北大的社会学系方才着手复建。费孝通的弟子袁方先生，是拟聘的系主任，一时还没有到校；副系主任、潘光旦的女儿潘乃穆受命筹划一切。学生宿舍26楼的一层挤出两个房间，给他们做了办公室。彼时，"文革"遗留的"武斗"工事依旧装点校园，遗痕累累，潘乃穆从房中扫出了与窗齐平的灰土，才得进入。50多岁的人了，她登上三轮板车，借来几张旧桌、几把旧椅。桌椅放稳，询问报名的学生已经登门。这是社会学。那么经济学呢？经济学乃是一门经世致用之学，其时的温度已经升高，老少各位走出了"市场，还是计划？"的争论，各种分支学科，已是枝叶扶疏，吐萼含苞。相形之下，"现代化"，一个大而无当的空泛题目，怕是烧不出温度，谁有心思对它瞥上一眼呢？

"皇上不急太监急。"这个时候多亏有个罗荣渠，斜刺里杀将出来，是他填补了这片空白。填补空白，这是后来持续有年的事，几年之间，他有关于现代化的若干重磅研究先后问世。

这里我要回过头来，补说一下罗得奖文章的自身，那才是受奖的分量之所在。就像前面说的颠覆了中国人发现美洲之说的文章一样，他的《论一元多线历史发展观》，原是一篇史学论文，见诸刊物之后，其影响却跨出界外。社科学界的人士看了，什么效果呢？真可以说是醍醐灌顶，如沐春风，

大家的精神为之一振。原来，此前的十年折腾，伤害太深了，各行各业，都需要拨乱反正，理论研究也在其中。中国的社会科学，积攒到20世纪70年代中期，已经陷于严重僵化停滞。照猫画虎、抄来搬去，就是一篇文章，什么叫作学者的研究、个人的见解，一律免谈。然而时代却在呼唤"四个现代化"，抢回失去的十年，桎梏自闭、坐井观天的研究状态亟须打破。在这种大背景下，罗的文章拿出来，不仅题目切时，言之成理，所言所见，都是作者心之所得，说的都是自己的话，启愦发恹，自然具有振聋发聩的效果。评委会相当谨慎，史学只颁两个奖，罗文中选其一，正是他们的慧眼所在。其实，在罗荣渠本人，中奖之事，事先没有想到，事后也没多在意。他想的只是一件事，文章要写千日好，他对田余庆先生说的"曾经沧海难为水"，无须饶舌，与受奖本身了无半点关联。

走出"十年"之后，罗荣渠简直像换了一个人。他以井喷式的热情开新课、带研究生，思如潮涌，论文连篇。他的学术视野开阔，又注重实际，几近耳顺之年，研究重心逐渐集约收拢，终而提出以生产力为社会发展中轴的一元多线历史发展观，并以此作为轴线，展开了他对世界现代化进程的观察和论述。一颗石子入水，难免溅起波澜。近三十年了，涟漪时时泛起。他的看法，认同、讨论者众多，视其为"异说"、以旧思维组织人马准备批判者，间亦有之。近日，他的著作《现代化新论》第八次印刷的合约签成。试问，一部今人、今时撰就的学术理论著作，在当今的图书市场之上，能够再印、三印的，笔者孤陋，未曾与闻者已有年焉，遑论"八刷"！一路行来的罗荣渠，蒙受风尘半世，精神却像个青壮少年。他留下的一支巨笔，卅年墨色不褪。梁启超有诗云："世界无穷愿无尽，寥廓海天立多时。"呈现在晚年罗荣渠面前的，乃是一个无穷演化的世界，站在这个世界面前的他，又总是愿景无限。只可惜，给予他静立观察的时光，竟是如此之少！造物吝啬不公，夫复何言！

2018年1月于北京大学承泽园

怀念篇

忆罗荣渠教授

罗豪才

罗荣渠教授是我国著名的历史学家。他学识渊博，才华横溢，对美洲史、世界现代化的理论研究造诣颇深，贡献良多。

我认识罗荣渠教授始于"文革"初期。1966年我暂时从北大法律系被借调到历史学系工作，在昌平北太平庄搞半工半读，担任世界史1966级的班主任。1966年6月1日，第一张"马列主义大字报"广播后，我就被贴大字报，靠边站了，被安排在世界史教师组参加运动，交代问题。就在这个时候，我认识了罗荣渠同志，他和其他教师是从下乡搞"四清"回总校参加运动的。在短暂的共同学习中，我发现荣渠同志言谈极为谨慎，而我当时落难别系，情绪比较低落，不愿与人交谈，自然与荣渠教授没有深入接触。

1986年，我担任北大副校长，主管外事工作。因工作关系，与荣渠教授有所接触。他英语好，外事政策比较熟悉，交往能力强。学校遇有相关的重要外事活动，常常请他接待或参加接待，我与他的接触也就多了一些。以后，我们又是北大中关园的邻居，在上下班路上，或者晚间散步，有时结伴同行，偶尔还串门，但从不谈生活琐事。他功底深厚，知识面宽，洞察能力强，又关心校内外、国内外大事，为人也坦诚，具有中国知识分子所特有的历史责任感和使命感。与他交谈，听他的见解，常常可以获得某些启迪。

1991年，中韩建交前夕，荣渠教授陪我访问了韩国。此次出访，主要任务是探讨北京大学与韩国高校合作问题。我们会晤了许多韩国政要、大企业家以及高校的领导和教授，访问达到了预期目的。值得一提的是，荣渠教授的书法造诣很深，他的墨宝大受韩国朋友的欢迎，给代表团增光不少。记得当时有一位郑姓的韩国企业家询问，在中国能否找到他们的家谱，荣渠教授回答说在北大图书馆可以找到。第二年，这位韩国朋友访华时，果真在北大图书馆找到了郑氏家谱,十分兴奋,一再表示感谢。

荣渠教授高度赞赏邓小平改革开放的思想。他认为,闭关锁国害苦了中国。他常说,唐代以后,中国基本上是一个封闭的社会。新中国成立至改革开放前,我国虽进入国际社会,与许多国家交往,但错过许多发展机遇。改革开放后,我国各个方面呈现良好的发展势头,充满生机与活力。北大也扩大对外交流,除选派学生出国留学外,还增派一些教师出国进修、参加学术会议、合作研究、短期讲学等。对此,荣渠教授高度赞赏,同时他还提出,文科老师应多了解国外情况,研究国外学术动态,既要大力弘扬中华优秀传统文化,又要吸收别国精神文明的成果。他还介绍了在国外进修考察的收获与感受。他坚持"双百"方针,主张学术自由。他认为,社会发展的实质就是现代化的进程,无论是改革还是现代化进程都是一个渐进的过程,不能操之过急。这一时期,我们就北大的发展,彼此谈了很多,其中谈到北大人文社会科学发展。

图1　罗荣渠(右三)随同北京大学副校长罗豪才(左六)
访问韩国时留影,1991年5月

罗荣渠教授认为,重工轻理不对,重理轻文也不正确,北大应文理并重,加强人文社科建设。记得有一段时间,北大一些教师讨论资源开发问题。大家普遍认为北大的理工科资源极其丰富,应搞好产学研相结合,充分发挥北大的科技优势。但是,北大人文社会科学是否也是一种巨大的资源,要不要利用、开发，如何利用、保护并发挥作用？即文科的社会价值、经济价值体现在哪里？对这些问题有深刻认识的人不是很多，而罗荣渠同志是其中的一位。当时，我主张利用北大的文科资源对外多办班、多招生，扩大影响，弘扬中华优秀文化。他认为这是很有必要的，可以加强；但同时还应当利用北大的资源优势，继承和发扬北大优秀的学术传统，研究一些人文社会科学的历史与现实、国内与国外问题。他身体力行，率先潜心研究现代化的理论与进程，并取得突出性研究成果，不仅在史学中增加了一门新课程，而且他的《现代化新论》也成了人文社会科学的一本重要著作，引用率很高。我在编写《现代行政法制的发展趋势》一书的过程中，也参阅了他的论著。

罗荣渠1993年3月当选为政协第八届全国委员会委员。对此他非常高兴，认为这是对他工作的肯定。他意识到，这不仅是荣誉，更是一种社会责任。在政协委员中，他属于无党派人士，但努力联系各界不同群体，反映他们的要求和意见。在五年任期内，他先后到天津、宁夏、四川等省区市视察，深入调查研究，每次视察他都十分认真，全身心投入，努力掌握资料，积极思考，建言献策。在第一次会议上，他作了《如何正确对待中国传统文化》的书面发言；在第二次会议和第四次会议上先后作了《人文生态响起了警钟》《经济腾飞，精神扫地！》的书面发言。他指出，当前高速的经济增长引起了文化层面的快速变化，出现了新的发展势头，但同时也出现文化滑坡、教育滞后、人文素质下降等不良现象。他呼吁对这些现象要引起高度重视，建议采取相应的举措，加以控制和扭转。罗荣渠是一名优秀的学者，又是一位有责任心的社会活动家。在全国政协的活动中，他始终与执政党肝胆相照、同舟共济，为实现中华民族伟大复兴和人民政协事业的发展，认真履行职责，施展自己的才能，不忘使命，作出了自己的贡献。

十年前，荣渠教授去世时，我不在北大，没能为他送别一程，感到非常遗憾。今年是他离开我们十周年，我作了如上回忆性文字，以示怀念，更是出于对北大老教授的敬重。

（原载《人民政协报》2006年10月26日）

从名师学求知与治学

王义遒

林被甸教授赠我他牵头主编的《罗荣渠文集》第四集《北大岁月》（商务印书馆出版，2006）。我随便翻了两页，就被吸引住了，趣味盎然，爱不释手，近800页厚厚的一本书，竟一口气读下来。

我和罗先生相识，是在1979年校工会举办的业余夜校法语班上。每周两晚，来去匆匆，无缘深交，可谓相识而不相知。80年代中期我到校机关工作，才知道先生提出"现代化新论"，见解独到，颇有建树，闻名遐迩。先生还工于书法，偶有爱好东方文化的国际友人来访，学校会请他赐墨宝，以作珍贵礼品馈赠。他长我五年，我对他肃然起敬。

《北大岁月》记述了罗荣渠半个世纪在北大的所经所历：从1945年进入西南联大到1949年毕业，他是学生；1956年重返北大到1996年逝世，他是教师。前四年，以日记形式，再现了艰难而沸腾的学生生活，旁及当年瞬息万变的政治局势，生动翔实地记录了国民党政府镇压学生运动的血腥和1948年发行"金圆券"前后物价飞涨的惨境等，是一部不可多得的史料。后四十年，则是书信和诗词，雪泥鸿爪，重映了北大历次运动的风风雨雨、教学研究的辛酸与愉悦。我们过来人，读来刻骨铭心，感人肺腑，发人深思。

我感触最深的还是他的学生"生态"和治学生涯。这里我借用"生态"二字表示学习主体与环境的总和。

他的四年求学经历，绝非等闲。当时正是中国天翻地覆、动乱激荡的年代：抗战胜利，联大解体，学校北迁，内战爆起，烽火连天，经济崩溃，民不聊生，罢课罢教，校无宁日，家境不错的他，居然有时得靠变卖衣服书籍果腹；以后又迎接解放，学生纷纷南下参干。在这种连起码的教学秩序都难以维持的环境下,先生还是立志求知,发奋读书,练就了曾国藩所说"在十字街口也能读书"的真功夫。他专修历史,敏而好学,才华横溢,博览群书,对哲学、经济、政治、文学、艺术等都有涉足;对书法、绘画、音乐、戏剧、木刻等艺术门类,无不喜好。他读书乐于思索,常有独立见解,闪闪发光;他不囿于一家之见,善于比较,能发现各家之矛盾和差别;遇到疑惑,他会遍访北平各校名师,找遍各大图书馆和书市;他勤于笔耕,读书研究每有所获,就会扼要记录下来。看他在动荡岁月读书生活的鲜灵写照,你会唏嘘,真是:枪声风声读书声,饥肠辘辘集大成。是的,他欲"集大成",这表现了他求知的鸿鹄之志。他读书完全出于主动,丝毫没有被迫的成分。日记对课程学习着墨不多,可他是把当时整个北大,甚至整个北平的知识资源(课程、讲座、教师、学生、图书设施)为我所用了。这样的学生才是真正优秀的学生,而能为这类学生提供成长环境的大学,就是真正优秀的大学。

图1　罗荣渠参加中日文化经济研讨会。前排左四为电影导演凌子风,后排右一为作家王朔,1992年

作为大学教师,他对学生既严且慈。在给几位研究生的信中,他的殷殷之心跃然纸上。学术研究是他的毕生志趣,成为他生活之必需、生命之所系。但他更看重它对强国富民的重要作用,他以"天下兴亡,匹夫有责"的拳拳之心,来对待研究选题。这里,个人兴趣与为国为民的"功利"自

然而完美地融合在一起。他志存高远，不屑于为出论文而做些细枝末节；他凭借从小练就的博学广闻和深邃犀利的思维，能高屋建瓴，抓住具有全局影响的重大课题。这从他对唯物史观和现代化研究的用心上可见一斑。在具体研究上，他强调充分占有资料，论从史出论，反对草率、虚妄与武断，体现了严肃的态度和严谨的学风。和自然科学不同，人文社会科学研究要与充斥于当时的教条和平庸观念作斗争，内心深处是很苦痛的。为了学术，他不求闻达，但求建树，即使此生不能发表，也要研究大课题，直率表达自己的见解。先生真是下了为探求真理而生、为捍卫真理而死的决心。正如他在《五十抒怀》所说，"未遍青山，雄心难老，我欲乘风觅险峰"。所有这些体现了一个学者治学的纯真、科学的态度、大无畏的精神。

北大多名师，正谓大学者，非大楼也，有大师也。名师之所名，在于能以他们共同而又独特的求知和治学之道，引导千万学子走上康庄的成材大道。

（原载《北京大学校报》2006年10月版）

上下求索的心路历程
——罗荣渠《北大岁月》读后记

杨祖陶

编者按：本文作者杨祖陶，乃武大哲学教授，与罗同年考入西南联大，同住一室；毕业后，一个留北大哲学系任教，一个长期任教历史学系；后来杨调到武大，保持联系，莫逆之交五十载。读后记一文，字字真切，见证学者友谊，见证文人风骨。

《北大岁月》是一本特殊体裁的书，由荣渠在北大长达50年间的不同发展时期的日记、书信和诗词构成。它生动真切地记录了荣渠在北大度过的伴随时代风云的治学生涯，展示了他由一名热血大学生成为一名声望卓著的学者为真理上下求索的心路历程。我作为他的同窗挚友，对这本书的如期付梓，备感欣慰。它的文字，深深吸引了我，久久不忍放下，久久不能平静。我认为，《北大岁月》就相当于他人给罗先生写的一本"自传"，这无疑对于研究荣渠的学术和生平都是无价之宝。

近年来，对于名人自传、回忆录涉及传主荣辱得失的记述的真实性的疑虑，常见于报端。《北大岁月》则不同，它是作者对自己当前遇到的事物所激发的思想、认识、情绪、情感的直接记述，或者是对至亲好友敞开心扉的真情倾诉，它无意于发表。因此，《北大岁月》就包含有大量难以得到、至今未为人知的宝贵而有特殊价值的材料，它们对于了解荣渠和他生活的时代至关重要。对于荣渠，原先我认为自己是最熟悉不过的。读了《北大岁月》，我才深深感到，我对他的认识与了解是很不深刻的，他的好些方面我甚至是不知或知之不深的。我怀着愧对老友的心情，感慨万千地一页一页地深入到厚重的《北大岁月》中去，读完全书，重新认识和了解了荣渠，尤其是他一路走来，最后成为马克思主义现代化理论及其中国学派的创立者和奠基人的艰辛与彷徨、奋发与收获的心路历程。

一

读《北大岁月》，一开始就把我带到60年前的1945年，那年我们同时考入西南联大，他在历史学系，我在哲学系，彼此交往切磋很为密切。在轰轰烈烈的"一二·一"运动中，他遭到特务殴打，接受了一次"血与火"的洗礼。与此同时，他还接受了一次"马克思主义启蒙教育"，这是我原先所不知道的。罢课结束后，荣渠本着一个大学生应当求知识、学理论的强烈愿望与使命感，在教室外的墙脚下旁听张奚若教授的课，主要是讲马克思的思想，他记了笔记，并借《共产党宣言》来读。他说，"张奚若的讲课使我受到了关于马克思主义的一些启蒙教育"，"引起了我对马克思主义的注意"（《北大岁月》第27页，以下只注页码）。我认为，这次启蒙洗礼对荣渠一生的学术事业，影响至为深远，从此马列著作开始进入了他理论思维的视野。

图1 罗荣渠（左二）与大学时代的好友合影。
左一杨祖陶，右一陈世夫，20世纪40年代末

抗日战争胜利后，1946年荣渠复员到了北大，我因车祸受伤休学晚到一年，看到荣渠还和在联大一样积极参加学生运动，此外，多才多艺的他还活跃在社会工作与文艺社团中，以高昂的政治热情迎接解放。与此同时，令我惊讶的是，荣渠在求学的道路上突飞猛进，初步显露学者气度。从这个阶段的日记可以看到，荣渠在课余读了大量古今中外史学家、哲学家、文学家、社会学家乃至心理学家的著作，不放弃任何机会去聆听大师们的学术演讲。不仅如此，才华横溢的他，还勤于思考、善于分析，反复质疑，并根据充分的理由对所读所听的重要内容，提出自己的不同的见解与观点，所有这些，在他简要的日记中是随处可见的。正是在这种学习与质疑中，他逐渐形成了自己为学的道路。从高中时期起荣渠就立志于探讨"中国文化的出路问题"。大学阶段他总是围绕着这一问题来审视、检验各家各派的著述与言论，以决定对它们的取舍，他对自己的要求显然高出同辈许多。一方面他反对企图从中外已故哲人思想中引申中国应有出路的所谓"文化论派"（如梁漱溟、张东荪、吴恩裕等），认为这是"纸上谈兵，何曾摸得边际"（第257～259页）；也反对雷海宗"战国派"主张的"文化形态史观"，认为"死的形态"根本说明不了"活的历史"（第105页）。另一方面，他也拒绝某些教授的建议：不要管什么理论或史观，只需专注于历史的某一部分或阶段的问题进行研究，就行了。在不断地探索中，荣渠形成了这样的信念：只有在理论指导下，从宏观去把握历史的发展，活的历史才能得到说明。

《北大岁月》中的日记显示，荣渠对问题的思考与论证极其缜密，表现出了非凡的理论创新勇气。例如，刚刚二十岁的他，在听了哲学大家张东荪关于"西方理性主义和中国理学"的演讲后，写下长篇日记（第221～225页），对其结论进行了系统的分析与反驳，对理性、非理性和人民反抗本性的相互关系进行了极有见地的启发性探讨。在今天读来，我仍禁不住说这是一篇十分难得的哲学论文。

荣渠的读书功夫非同一般，最令我惊奇和备感意外的是，他在为学的过程中读了好些恩格斯著作，如《家庭、私有制和国家的起源》《社会主义从空想到科学的发展》《反杜林论》，还读了列宁的《卡尔·马克思》，以及马克思和恩格斯的传记作品。这在当时的大学生中很为罕见，这些书我自己是在新中国成立后才读的。荣渠读这些书完全是出于治学和研究的需要，与后来的许多人出于赶时髦、摆门面、走过场、贴标签不可同日而语。他当时还只是把马克思的学说作为百家中的一家来看待的。但他在阅读过程中禁不住称马克思和恩格斯为"伟大的天才",而且是一个天才"孕育着"另一个天才(第337页);他读《反杜林论》时叮嘱自己"嚼烂点,受益也多些"(第451页),他情不自禁地写道:"恩格斯对真理的看法令人非常同意,一乐也"(第475页);他在日记中抄录了一大段恩格斯根据马克思发现的唯物史观对空想社会主义者的批评,如获至宝,原来恩格斯比他自己更早就痛斥了他所想要痛斥的"文化论派"的观点(第285页);他虽然肯定和赞同唯物史观,却反对教条式的照本宣科,主张要有所创新,如他肯定李鼎声著《中国近代史》的序言"代表新兴的唯物史观",但又认为是"老一套,没有什么新的发明"(第50页)。

我认为,荣渠在北大求学的青年时代,早已显示出他与众不同的素质,又格外勤学好思,既不盲从权威,也不徒托空言,而是要求在可靠证据和严密逻辑的基础上立论。他正是在这种治学和研究的实践中接近乃至接受马克思的唯物史观的。他的这种精神和态度为他后来的学术生涯打下坚实基础,并对其产生了不可估量的影响。

二

1959年我受命调往武汉大学哲学系任教,从此就和重返北大历史学系任教的荣渠分开了。"文革"前,他先后担任世界史和拉丁美洲史的教学研究工作,成为我国拉丁美洲史学科的开拓者与创始人。众所周知,在那样的极左环境下,学术研究很难不受影响,但荣渠可以说是个例外,他的潜心缜密论证,反复质难思考,充满历史理性的论述,与当时那些以势压人的高调的时兴文章完全不同,具有经久不衰的学术价值。

"文革"一开始,大祸来临。荣渠的父亲本是起义投诚的前国民党人员,是一个有才华的文化人,1951年以"作恶多端、残害人民,是罪有应得的大特务、大恶霸"的莫须有的空洞罪名被判处死刑(第691~696页),直到1985年才得到平反(第697~698页);母亲也被带上"地主分子"的帽子,30多年后才被平反。这双重冤案使荣渠受到了令人难以想象的冲击和迫害,但当他从下放劳动中抽调出来搞中共党史教材编写时,他作为一个正直的知识分子和学有专长的教师,便意气风发地投入了这项工作。肖静宁见证了这一时刻,巧的是,她只是去咸宁搞一个月的短期劳动,那天也是第一次经过那个堤坝,竟然与久别的荣渠在那里不期而遇。肖静宁完全不知他在动乱初期受到的冲击，只见他精神抖擞，满腔热情地说要到革命圣地井冈山和韶山去作调查研究，参加编写党史教材，肖静宁与他一样都认为这是一种神圣的使命。从他给弟弟罗荣泉的书信中，更可以清楚看到他是如何认真地搜集原生态真实资料的。

  从1968年起武汉大学哲学系就下放到农村办学了，1974年我还在襄阳分校，肖静宁带着两个孩子在武汉医学院，考虑到16岁的女儿杨熔下一年就要作为知青到"广阔天地"去了，不知何时才能回来，我就利用到武汉探亲的机会，决定一家四口到北京看看天安门。起初我们住在老朋友乐黛云代借的铁道部她妹妹的宿舍里，后来主人回来了，最后几天就转到荣渠家挤一挤，这样我们就有了深入交谈的机会。那时才知道，他在身处绝境的极端痛苦中是怎么样挺过来的。

  荣渠是一位追求真理而甘于奉献的知识分子。他虽身处逆境但不甘沉沦，不愿"苟且偷生，潦倒度日"，"不想把读的书将来又全部带进棺材中去"，而是要从积极方面来摆脱，放下一切"名缰利锁"，勇于面对，做一个真正有益于人民的人。他决心"在今后的20年里，一定要选定自己的目标，不计成败、不计世俗的毁誉，坚决地脚踏实地地为中国人民和世界人民做一点力所能及的工作"（第553页）。他设想过各式各样的工作，后来由于参加编写社会发展史的工作，他注意到马克思和恩格斯一百多年前提出的建立人类历史发展规律科学的任务迄今为止尚未完成的情况，以及在现实生活中极左路线把马克思主义简单化和庸俗化带来的种种恶果，他向自己提出了今后要"在历史唯物主义的基本理论方面进行一些新的探索"（第575页）的设想。这时的荣渠可以说已经完全站立起来了。

  "四人帮"倒台后，他父母的冤案及他本人在1978年得到平反。这使从困境中走出来的荣渠精神焕发，他备课时结合当时国内理论界的形势，认真钻研马克思和恩格斯原著，作为一个马克思主义理论研究者的责任感和使命感，使得他痛感"现在马列主义的理论已变成只能背诵的教条，实际上根本没有人进行认真的研究，也不需要进行研究。这是极大的危险"（第602页）。他明白地意识到，要想正本清源，要立足于总结马克思逝世以后历史科学的新成就来研究历史，要从世界历史的全局来观察历史唯物主义的问题，要把理论、历史、现状三者结合起来研究，这样备课上课就接地气了。荣渠不无感慨地说，"要真正学到一点马列主义，不但要下很大的功夫，而且要有很大的勇气，而后者犹为难能也"（第617页）。但是，这时的荣渠已经上升到了一个新的精神境界,他已具有这样的大勇气了。就在他50岁生日之际,他立下了一个在我看来简直是惊天地、泣鬼神的宏愿:"要通观世界历史的全局,继承马恩在历史唯物主义方面所开创的事业。这个工作,在马恩逝世以来,大概已经成了'绝学',或者是接近于成为'绝学'……我既经看出来它已经成为或正在成为'绝学',就要努力以赴,不计成败,不计得失,去为之开辟道路。"(第625~626页)他把这个继承和发展马克思历史唯物主义关于历史发展观的理论工作称为"继绝学"。他明白地告诉他的弟弟:"30年前,我们谈到过的'为往圣继绝学',是继中国传统文化的绝学。今天我所说的绝学,是马克思主义之绝学。"(第626页)

荣渠是这么想的,也是这么做的。1979年12月他在"武汉世界史学术讨论会"上作了关于"如何正确理解马克思主义的历史规律性和如何正确估计近代资本主义的世界历史地位"的学术报告,据此而撰写和发表了两篇论文——《浅谈政治权力、经济权力在世界历史进程中的作用》和《略论历史发展的伟大动力与终极原因的内在联系》,这是他为实现自己的宏愿所迈出的最初步伐。

三

20世纪80年代初,荣渠非常幸运地有了赴美做访问学者的机会。他认为跨出国门睁眼看世界,"求知识于世界"(日本明治维新的口号),是继中国历史上向西方学习之后"今天还要向西方学习"的大好机会。他想对美国现代资本主义的发展作一番亲自的宏观的考察,他不把钻图书馆、查资料、听课、写论文当作主要的,而是把多了解、认识美国当作头等大事。他给自己提出了一条准则:"不能埋头在写论文之中,应该去认真地了解世界,用中国的尺度去评量一下世界,再用世界的尺度去评量一下中国。"(第667页)为此,他在不到一年半的时间内,不辞劳苦、单枪匹马地走访了美国17个大城市,参观了7所著名的大学,参与各种学术活动,并特别注意研究与现代资本主义攸关的社会保障体系,等等,努力探寻美国兴盛发达的历史活力的根源。他得到的总的印象是:美国人在短短两百年中在荒原野地上建立起了一个"富饶美丽的国家",高度现代化虽然也带来一系列问题,但与中国比较起来,美国是处于"更高级的经济发展阶段"。荣渠认为,这次美国之行,加上后来的英国之行等,对于他的"世界意识的形成和新的历史发展观的形成发生了决定性的影响"（第3页）。

另外一件影响荣渠至深的事，是他接触美国学者对现代化的研究，他读了一些有关的书籍，还与这方面的著名学者布莱克教授有过比较密切的交往，曾应邀在美国的"东亚研究中心"作有关"中国现代化历史回顾"的报告。荣渠对现代化研究这门新学问兴味盎然，因为它的特点是对世界历史加以综合比较研究；而它的综合了社会科学各部门的知识的"跨学科"或"多学科"的研究方法也正是他所欣赏的，他认为这门新学问应当在中国加以介绍和推广。

回国后，他最初的打算是写一部《美国的历史与文明》，在他看来，中国人对美国谈得最多而又最不了解，他把使中国人更加认识和了解美国作为自己的职责。可是，中国社会主义现代化的大潮却使他改变了主意。实现现代化是中国人民一百多年来的梦想，也是当前关系到国家盛衰存亡的大事。他深刻地意识到，中国虽然搞了百余年的现代化运动，但由于没有自己的现代化理论，就不得不"备尝'摸着石头过河'的艰辛"（第3页）。时代在呼唤着中国人自己的现代化理论。

作为一个有世界眼光和历史眼光的学养极为深厚的学者，荣渠走出国门看世界，如虎添翼，他认为中国自己的现代化理论只有从世界各国现代化过程的比较研究着手，对中国现代化历程进行探索，才能产生出来。这是一个具有重大现实意义的研究课题。"历史学家必须与时代同呼吸共命运"，于是他毅然中断了《美国的历史与文明》的写作，迫不及待地转入现代化研究领域。他把自己的书房取名为"上下求索书屋"，准备对中外古今的人类文明和现代化进程进行一番认真的彻底的研究。值得一提的是，他关于各国现代化进程的比较研究的规划，于1986年确定为国家社会科学"七五"规划的重点项目，后来北大又成立了以他为首的世界现代化研究中心。

荣渠以忧国忧民的博大胸怀，勇敢地挑起了这个高难度课题。这个课题也许正是他多年来追寻而终于找到了把理论、历史、现状有机统一起来的最佳结合点。这将是他得以尽情地施展其才华、发挥其才智学识和实现其伟大抱负的新天地。他精神振奋、坚忍不拔地又一次重新学习马克思主义理论，钻研那些不熟悉的社会科学新课程，为一场独立自主的、真刀真枪的科学研究聚集了充足的弹药与粮草。

在历史研究中，他一贯重视理论的指引。这次他也是从基本理论的研究入手。这与他十余年前立下的继马克思主义绝学一脉相承——继承和发展马

图2 罗荣渠（中）在北大时与好友杨祖陶（左）、陈世夫（右）合影，1946年

克思的历史唯物主义的历史发展观。1989年，他根据马克思逝世一百多年以来世界发展进程的丰富经验，按照马克思本来的构思，以大无畏的理论勇气，提出了一个以生产力为中轴，在同一生产力水平下存在着不同社会形态和发展模式的著名的"一元多线历史发展观"。他的学术论文《论一元多线历史发展观》是马克思主义理论研究中的大胆创新之作，为建立马克思主义的现代化理论体系奠定了理论基础，从而也"初步形成了建立马克思主义现代化理论中国学派的基本架构"（第4页）。荣渠曾把这篇文章寄给我，我在复信中对他的创见和理论勇气表示了真切的敬意与支持。意外惊喜的是，这篇论文随即获得了"纪念十一届三中全会十周年理论讨论会"的优秀论文奖。荣渠在致其弟的信中十分感慨地说："这说明时代潮流不可阻挡，马克思主义只有发展才能生存。"（第706页）

接着，他就全力以赴进行世界现代化进程特别是中国现代化进程的研究，写出了一系列具有开创性的真知灼见的论文。荣渠笔耕不止，于1993年推出了他的传世之作《现代化新论》。全书依次论述了以历史唯物主义为基础的现代化理论，现代化的世界进程和现代化的中国进程（1949年以

前)。这本书,诚如荣渠所说,是中国人探索现代世界发展进程形成的现代化观点,不是西方人的观点,是中国人自己努力探索的成果。正因为如此,他才有条件正式提出"建立现代化研究的中国学派"的宏伟任务,而《现代化新论》也就理所当然地是这个学派的开山巨著了。荣渠在给我和肖静宁的信中自许地说:"《新论》欲究天人之际,通古今之变,成一家之言。"(第 746 页)

《现代化新论》的问世,标志着中国人有"自己的"现代化理论了。这部著作千真万确地是中国人的"一家之言",它在国内外学术界产生了广泛的影响。但荣渠作为一个胸怀大志的学者,清醒地意识到,他已做的工作只是为中国现代化研究开了个头,还有许多问题需要做深入具体的研究和细致艰苦的工作。他在年近古稀、冠心病已多次敲响警钟的情况下,越来越不顾一切地超负荷运转,"在生命的末班车上努力工作",抓紧研究,"忙的(得)愉快",但心中却为《现代化新论》能否有续篇而忧心忡忡,他为"续篇"的早日完成呕心沥血。可是正当我翘首急盼续篇问世之际,荣渠却因操劳过度,猝发大面积心肌梗死谢世了。荣渠的过早离去,使我失去了有五十年深交的老同学和挚友,内心的痛,是永不消逝的。

令人欣喜的是,在荣渠逝世一年多以后,他的弟子林被甸、董正华等,就根据他已发表的文章和书案上、电脑中所存遗稿,编辑出版了《现代化新论续篇》。这部遗著着重探索了中国 1949 年以后的现代化道路问题。我在这里要特别提出的是,《现代化新论续篇》的"中国经济增长的历史经验(1949~1989)"一章也许就是《北大岁月》所刊荣渠致其弟书信中所说的"敢冒任何风险",以"一种献身精神"和"捍卫中国知识分子的良知"的决心"写好后一直未发表",后来才在香港《中国社会科学季刊》上发表的那篇"立论尖锐"的文章(第 764 页)。他在总结历史经验的基础上深刻地、大胆地、具有远见卓识地、系统地提出:"中国的现代化将是持久的艰苦奋斗的过程","中国要开创自己的非传统的现代化模式,它的核心思想是采取低度消耗资源和能源、适度消费的发展模式","经济发展战略的基本出发点应建立在人口、耕地、资源、生态、环境、智力开发、社会相对平等七项基本因素的综合配合之上","应比任何国家都更加珍视知识、科学、教育","还必须建立改革时代的新价值观和社会道德规范";与此同时,"要坚决改变大折腾式的经济运行模式","全力避免每次社会性倾斜都冲击科学与教育的局面",并要"坚决抵制商品大潮下的拜金主义"(《现代化新论续篇》第 134~135 页）。我认为他在十余年前总结的历史经验至今仍具有强烈的现实意义，是荣渠这位中国现代化理论体系创建者留给中国现代化事业的宝贵财富。

荣渠离开我们已经十年了，如果他再多一个十年、两个十年，他的成就和贡献将更加丰硕。读完《北大岁月》，我深深地感到，他追求真理的抱负，为国为民的胸怀，上下求索的精神，不断创新的努力，远见卓识的才华，影响深远的成就……总之，他的一切，都比我们这些同时代的人高出许多，而又都沉浸在他留下的真实而质朴的字里行间，栩栩如生，读起来发人深思，催人泪下，又促人奋进。

最后，我要对为编纂这部有特殊价值的书付出了不寻常的艰辛的林被甸先生、周颖如女士、罗荣泉先生致以真诚的敬意与感激。

（杨祖陶系武汉大学哲学学院教授，博士生导师）

学习罗荣渠先生以科学方法研究历史

——聆听中国拉美史研究会老会长报告感怀

洪国起

罗荣渠先生是我国的史学大家，是我国社会转型时期世界现代化理论和世界现代化进程新史观的创始者，是我国美洲史研究的奠基人，是中国拉美史研究会的创建者之一，也是我们研究会的老会长。他的病逝，是史学界的一大损失。

十年前，著名史学家、北大教授周一良先生在吊唁词中曾十分恳切地指出："罗荣渠同志才气纵横，而半生坎坷，改革开放后，其价值才受到应有的认识与尊重，我一直深感欣慰。他在教学与科研两方面都作出突出成就，正当大有作为之际，遽尔化去，实我们历史学系以至整个史学界不可挽回的损失！他的工作将永远留在我国广大史学界的记忆之中。"周先生这段话，说出了我们广大史学工作者的心声。罗先生离我们而去的时光越久远，越使我们感受到他的人生价值的珍贵和意义的重大。

我第一次同罗先生见面相识，是在27年前的1979年12月29日在武汉召开的全国世界史学术讨论会上。那是我们党1978年12月召开的在新中国成立以来共和国历史上具有里程碑意义的十一届三中全会之后迎来的改革开放的第一年。以邓小平同志为核心的党的第二代中央领导集体，彻底扭转了"文革"内乱造成的严重局面、冲破了极左的错误路线的严重束缚、批判了"两个凡是"的错误方针、重新确立起实事求是的思想路线，使我国学术界迎来了科学的春天。那时的我国学界都感到是一次思想大解放，迫切希望把"文革"荒废的时光尽快抢回来。经过老一代史学家们的酝酿和筹划，全国世界史学术讨论会于1979年12月28日在武汉隆重开幕。这是被"文革"

中断了十三年之久而召开的第一次全国性世界史学界的盛会。会议由著名史学家吴于廑先生主持。国内知名的老一辈学者大都出席了这次会议。大会只开了半天。会后分为世界史、美国史和拉美史三块分别召开。由李春辉先生（中国人民大学）、程博洪先生（复旦大学）、沙丁同志（中联部拉美所）、罗荣渠先生（北京大学）和黄邦和先生（武汉师院，即今日湖北大学）领衔主持召开了中国拉丁美洲史研究会第一次代表大会。出席会议的代表有32人（据大会筹备组负责人黄邦和先生在会上介绍，大会筹备组会前发出邀请函35份）。当时，我随从梁卓生先生受南开大学委派出席会议，时年42岁。大会一致推举李老为拉美史研究会理事长。程博洪、沙丁、罗荣渠为副理事长，黄邦和为秘书长。中国拉美史研究会就此宣告成立。

在这次研究会成立大会上，罗先生应邀作了题为《关于世界史研究中的若干问题》的学术报告。鉴于他所讲的都是当时史学界最具敏感性的史学理论问题，罗先生开场白讲的第一句话就是："我讲的，言责自负。"这充分体现出罗先生在重大史学理论问题面前敢于正本清源的政治勇气和科学阐释马克思主义基本理论的自信。

在讲到"什么是历史规律"问题时，他有针对性地指出："过去有人认为，历史规律是铁一样的公式，把历史纳入公式，把人名地名换一下就可以了。这不行。大自然尚可变迁，社会规律更复杂了。"他还结合马克思《资本论》中相关论述，着重指出历史规律有两大要素："一是指人类历史一般的正常的典型的历史概括；二是指人类历史的一种趋向，一个平均数，一个近似值。""如果把历史规律绝对化，看成铁一般的公式就不妥了。"在从理论层面阐述了什么是历史规律的基础上，罗先生还结合世界历史事实具体分析了人类社会历史的复杂性、多样性。"所谓世界历史的全局，就是对世界各种矛盾的总和进行分析，如果用一个矛盾代替各种矛盾的总和，那就把复杂的历史简单化了。事实上，人类历史都具有原型、亚型、不变性和变性的特点。不能用一个模子来刻画历史。如英法资产阶级革命是原型的，日本是自上而下的改良，即为亚型，中国新民主主义革命从性质上看是资产阶级性质的革命，但与旧民主主义革命不同，属于变型。事实表明，历史规律不是绝对不变的公式。"罗先生还就马克思主义的五种生产方式，即五种社会形态理论进行了历史的深入的分析，明确指出，"马克思的这个思想作为一把钥匙打开了我们观察问题的大门"。同时，罗先生还十分明确地告诫我们，"马克思已往阐明了人类历史发展的总规律，但马克思没有写一部世界史，这个任务交给了我们后代"。从这一精辟的论述中,我们深切地体悟到一位史学大家所具有的马克思主义的情怀和对世界史学科建设的责任感。讲到这里,他针对史学界多年来围绕中国封建社会的起源、分期及社会性质问题上的学术争论一针见血地指出,"出现分歧的根源,不是史料问题,而是对马克思主义理论的理解问题"。他明确指出,"马克思主义没有结束真理,马克思主义不够用,我们应该解放思想,结合历史事实,引出新的结论"。从这些话语中,我们仿佛听到了他立志高远的心声,决心要从中国学者的视角为世界史学的发展作出新的贡献。

图1 罗荣渠(右五)在四川大学讲学时留影,1984年

为了使与会同志更好地理解人类历史的复杂性,罗先生还从哲学的层面上,从认识论的高度阐明人类对世界事物的认识是逐步深化的。他指出,"自然科学对物质的认识有个过程,开始只知道有分子,后来知道还有原子、电子、中子、胶子等";人们对社会历史的认识也一样。"除了五种生产方式之外,历史上是否存在半奴隶制、半殖民地、半君主制、半国家?是否存在过渡性的社会现象?……难道除了马克思、列宁、毛泽东提出过概念以外,就不能再提新的概念吗?"在这个报告中,罗先生以阐述历史规律为主线,广泛涉猎古今中外历史事实,纵谈中外史学流派,充分显示了他面对中外学术争论中的重大史论问题,进行严密的科学论证和真理辨析,从中揭

示事物本质的原创性研究的能力。当时，罗先生虽然尚未提出一元多线历史发展观，但是，他对马克思的社会形态学说及五种生产方式理论的深刻理解和精辟阐述，已令与会者耳目一新，报告中展示的巨大理论勇气和敏锐的历史眼光，已经预示着随着我国改革开放思想解放的深入展开，他必将在史学理论和世界史学科建设上有新的建树，作出新的贡献。此后，经过他多年的潜心研究，到80年代提出一元多线历史发展观绝非偶然。

罗先生报告中讲的第二个重点，是在历史发展动力问题上的正本清源。在极左思潮泛滥时，"四人帮"竭力渲染"阶级斗争一抓就灵"，"一切以阶级斗争为纲"。罗先生把这种思潮在史学研究中的影响概括为"三个突出"，即人类社会的一切斗争中，突出阶级斗争；阶级斗争中，突出被压迫人民的斗争；被压迫人民的斗争中，突出暴力革命。罗先生指出，"这就是世界史中的阶级斗争史观。它对国家对人民危害极大。它把人们的主要精力引向阶级斗争和政治斗争，而忽视了经济战线和教育文化战线的主要任务，这样就把丰富多彩的历史纳入了一个死板的公式圈"。为了揭示阶级斗争史观的唯心主义本质，罗先生还就马克思主义的暴力论同杜林的暴力论的区别、马克思主义同布朗基主义的区别进行了深入的剖析。他还对马克思主义暴力论学说进行了系统的阐释和解读，着重指出了以下五点：①马克思主义暴力论必须从经济中去寻找，历史上典型的资产阶级革命是以经济成熟为前提，旧国家经济成熟的程度决定着新阶级施用暴力对旧国家打击的程度，决定着新国家建立后适应经济的程度；②资产阶级革命中的暴力作用主要是解决夺取国家政权问题，而不解决财产剥夺问题，靠财产剥夺不能解决新生产方式产生的问题；③资产阶级除夺取政权集中施用暴力以外，他们不无限制地强化资产阶级国家，拿破仑政权的弊端之一就是强化了暴力；④资产阶级进行政治革命的同时，伴随着经济革命，而且只有进行工业革命后才有巩固的政权；⑤仅仅有政治革命，单凭政权的力量不能发展经济。为了把上述观点阐释得更清晰，罗先生还用法国拿破仑过于使用暴力、进行没完没了的战争最终导致失败，英国进行了较为彻底的经济革命最终赢得革命胜利的历史事实加以说明。这样，罗先生就为我们划清了唯物史观与唯心史观的根本界限。他指出，"如果把阶级斗争无限夸大，就从极左的方面误读了马克思主义的阶级斗争学说，亦即从极左的方面误读了马克思主义的方法论"。今天，我们重温罗先生这些闪光的思想，对于我们深刻认识阶级斗争史观的唯心主义本质及其危害性，对于揭示当今某些历史虚无主义者鼓噪的"告别革命论""马克思主义过时论"都具有十分重要的理论意义和现实意义。

罗先生在报告中讲的第三个问题是,如何估价近代资产阶级的历史地位。他对有人解释《共产党宣言》时,把马克思、恩格斯指出的"资产阶级在历史上曾经起过非常革命的作用"一段话中的"非常"二字去掉,有人贬低法国大革命的历史地位与将巴黎公社作为整个世界史的转折点,提出了批评。罗先生指出:"马克思主义者认为,资本主义必然灭亡,但不是说立即可以灭亡,像赫鲁晓夫说的那样。赫鲁晓夫曾指着尼克松总统的鼻子说,我相信你的孙子一定是生活在共产主义社会里。"为了说明这点,罗先生还就资本主义社会的特征作了具体分析。他指出,我们既要看到资本主义生产资料私人占有性与生产社会化的矛盾决定了它必然灭亡,也要看到,随着人类认识的发展,资产阶级也会不断通过上层建筑的反作用对资本主义生产关系作某些局部调整。他还结合20世纪资本主义发展的历史,从统治阶级和被统治阶级两个层面,列举"国家垄断资本主义代替自由资本主义""凯恩斯主义和罗斯福新政""人民资本主义""普选制"等历史事实,阐明一个道理:资产阶级不会承认资本主义生产方式的过渡性,也不承认资本主义必然灭亡的规律性。但这不是说,资产阶级对其生产方式中的问题都一概认不清。随着人类认识的发展,特别是随着人民群众对历史的影响力的增强,资产阶级也会认识一部分,对其生产关系作某种局部调整是可能的。"这样就不能不影响到资本主义社会阶级斗争形式的改变,使其采取了渐进的斗争方式。从1848年《共产党宣言》发表至今,在欧洲先进的资本主义国家中,除了1918年德国十一月革命和英国1928年大罢工之外,一直是比较平稳发展的。"在阐明不排斥资本主义还会有所发展的同时,罗先生还指出了资本主义社会形态不稳定性的一面。这样就为我们全面认识当代资本主义的发展,理性对待社会主义发展的长期性、复杂性和曲折性提供了理论上和事实的依据。

1982年9月5日至10日,在山东济南召开的拉美史学术年会上,我有幸再次聆听罗先生就"历史研究方法"作专题报告。这次报告他主要讲了两方面的问题:一是如何学习马列著作的问题,二是如何阅读西方史学家著作的问题。

在讲到如何学习马列著作时,罗先生讲了三点意见。①学习马克思主义理论一定要认真读原著。他十分坦率地说,"听说武汉编了经典作家论拉丁美洲,我没看,也不想看"。"马恩的活动中心在欧洲。马恩直接论述拉美历史的文章很少","我不读语录,也不赞成读语录"。罗先生如此直率地指出编经典作家语录不够科学,令我当时大吃一惊,仔细一想,感到颇有道理。读原著有助于我们全面系统准确地把握马克思主义的精神实质。②读原著,重点应放在学习马克思主义经典作家分析问题、解决问题的立场、观点和方法上。他曾针对"文革"期间出版书籍扉页上要选印一段语录,写文章大段地引录语录的现象尖锐地指出,"马克思主义理论遗产非常丰富,以致我们有些人靠这个过日子,致使有些人编的世界近代史变得非常刻板、非常教条、非常单调,至今没有一本具有新的观点、新的概念、新的理论的书籍"。他多次明确指出,"学习马列,最重要的是学习和掌握马克思主义的立场、观点和方法"。③研究拉美历史要坚持唯物史观,从拉美社会实际中总结出规律性的东西。他形象而简洁地指出"我们的大脑不能分泌观点。一定要论从史出"。为了使大家对唯物史观有个了解,他简明扼要地梳理了马克思经典作家关于民族和殖民地问题理论的基本线索。他从马克思《资本论》最后一章关于殖民地理论问题谈起,直到1920年以列宁名义发表的共产国际"二大"文件《民族和殖民地问题提纲初稿》,逐一作了言简意赅的导读和点评。在此基础上,他还就亚洲、非洲和拉美地区各自的社会结构、生态环境、殖民方式及民族解放运动的特点进行了比较分析,着重指出,"要研究它们的共性,也要研究它们的特性,从中总结出规律性的东西"。

  罗先生在谈研究历史的方法时所强调的另一个问题是阅读西方史学著作的必要性和重要性。1980~1982年间,罗先生赴美国实地考察了多所著名大学。在这次年会上,他重点介绍了得克萨斯大学拉丁美洲研究所的情况,并对中美学界研究拉美的现状进行了比较:得克萨斯大学始建于1883年,这在美国说来并不算早;但是该校于1941年设立拉美研究所,这在美国是设立拉美研究机构最早的学校。我国建立拉美研究所是在1961年。美国建立拉美研究机构并不比我国早多少,因此可以说,拉美学在世界上是最年轻的学科。得克萨斯大学的拉美研究所,并不是把拉美作为主体来研究,而是作为西方殖民的附属来研究,分文学、历史、地理等多个学科进行研究。该所图书馆有33万册书籍,还有数量可观的文物和微缩胶卷。除了招收大学生之外,还招收研究生。研究生主要来自拉美各国,也有日本、英国和欧洲其他国家的。从研究人员、图书资料、招收研究生和研究成果等方面看,都优于我们。我国拉美研究尚处于起步阶段,因此,要建设、发展这一年轻学科，有必要学习、借鉴美国等西方国家先进的研究成果和先进的工作经验。罗先生特别强调了两点：①"要读西方的史书，了解西方史学的流派。不要认为西方的书都是反动的。左派的、右派的书都要看。左派的书也有受极左思潮影响的。各种派别的书都要看。"②"要看到西方史学理论的局限性。比如他们宣扬的'西欧中心论'等。对西方史学家的观点不要机械地搬用，要采取分析、鉴别的态度。"

以上，我就聆听罗先生在拉美史年会上所作的两次学术报告中关于学者如何治学、如何坚持实事求是的科学工作者态度问题，作了点滴回忆。这只是罗先生学术生命大海中的一粟。然而，今天，当我们怀念我国学界这位不可多得的史学大家时，我们深深地感到，是他才气纵横而半生坎坷的学术经历造就了他那鲜明的学术个性；是他的立志高远、从不被学科的学术边界所局限、博通古今、学贯中西，铸就了他史学大家的风范；是他的善于科学地进行理性思考、从不被传统学术观点所束缚，使他具有与时俱进、勇于创新的学术品格；正是他的忧国忧民、献身科学的博大情怀和新时代史学家强烈的使命感，使他能站在时代的高度，提出"世界现代化理论和现代化进程"这一重大历史性课题，潜心研究、苦苦求索，发前人所未发，把现代化理论和实证研究不断推向新的境界。今天，我们缅怀罗先生的业绩，使我们深深感到他留下的学术遗产的珍贵和他的病逝的可惜。可以设想，如果罗先生健在，他撰著的精品之作一定更加丰富多彩，我国学界和拉美史研究也将会是另一番景象。

诚然，历史是不会走回头路的。今天，我们回首往事，不仅仅是为了纪念，更重要的是激励我们自己，要倍加珍惜罗先生的思想遗产，深刻认识其价值所在，悉心体味罗先生做人、做学问的真谛，把他开创的世界史、拉美史研究阵地传承下来、拓展开去，作出我们自己应有的贡献。

拉美史是世界史中一个比较年轻的分支学科。四十多年来，拉美史研究、拉美学研究有了长足的进展，取得了丰硕的成果。但是，坦诚地说，与迅速发展的形势相比，与人民的期望相比，与其他兄弟学科相比，我们拉美史研究还存在诸多困难和问题。拉美史在世界史中占有的分量有限。拉美史在全国综合性重点大学中很少被列为选修课程，1966年以前，不少名牌大学一度开设过拉美史课程。形成这种局面的原因是多方面的。其中，办学理念和办学体制带有根本的性质。这种现状与正在崛起的中国的大国地位极不相称。历史经验告诉我们，建设、发展拉美史这个年轻学科，既不能靠天，也不能靠地,只能靠有志于从事拉美事业的人长期努力。尤其应该寄希望于年轻一代,他们是建设这个年轻学科的主力军、生力军。

值得我们欣慰的是,一代从事拉美教学研究的年轻学者和研究生正在茁壮成长。随着我国改革开放不断深入发展,年轻学子通过计算机网络获取新资料新观点的能力大大增强,信息渠道增多,学术思想活跃。在这样的新形势下,我们一定要像罗先生那样,立志高远,脚踏实地,潜心研究,实事求是。面对当今强势的西方文明和西方史学,我们一定要坚持马克思主义的唯物史观,学习国外先进的史学理论,用科学的方法审视历史资料,取其精华,去其糟粕,独立思考,深入研究,勇于攀登学术高峰,在重大理论问题、学术问题上力争取得国际学界的话语权,把世界史研究、拉美史研究和世界现代化理论、实践研究不断引向深入,为我国全面建设小康社会作出新贡献,这就是我们对学术前辈罗荣渠先生最好的纪念。

(作者系中国拉美史研究会理事长、南开大学拉美中心研究员)

学习罗荣渠同志的创新精神

马克垚

罗荣渠同志离开我们已经 20 多年了，但他的音容笑貌，依然时常出现在我的面前。有时还回忆起，我坐在他拥挤的书房和他聊天，他善意地揶揄我的书呆子气和老夫子气，一同开怀大笑。

论年龄，罗比我年长几岁；论学历，我俩相差不小，他是西南联大学生，我连沙滩北大都没有赶上，是 1952 年院系调整后入北大的；论学识，那差距就更大了。记得何芳川有次和我闲谈时说，老罗是一飞三千公尺，我是一飞一千公尺，他是五百公尺。其实五百公尺是芳川的自谦之词，他和老罗一样是才华横溢，也一样是离世过早，令人痛惜。

我于 1956 年毕业后留系任教，让我教世界现代史，老罗也是 1956 年从中苏友协调入系内教世界现代史。世界现代史当时是有政治色彩的课程，我摸索了一阵后，感到我不是党员，不适合教这门课，不久系里说世界中古史也缺少教师，问我是否愿意到中古史工作，我一听大喜过望，马上离开现代史，到齐思和先生处学习教授世界中古史。可罗荣渠和我不同，他同样不是党员，一直留在世界现代史的教学岗位上，而且总是能发出一些与众不同的声音，发人深省。可总是难免"踩线"，遭到批评与指正。记得丁建弘和我说起过，老罗脑子里总是要分泌一些怪思想，分泌了他还总是要说出来。老罗虽然挨了批，还是要坚持真理，让人叹服。我这才了解到，老罗之所以愿意搞世界现代史，是有"以天下为己任"的胸怀，努力把自己的史学研究和现实相结合，不断开拓创新，探索历史的规律、国家的发展、人类的前途。他的这种创新精神，永远是我的学习榜样。

"文化大革命"时期，老罗挨了批斗，吃了苦头。后来我们一同下放江西鲤鱼洲，我上了教学班，和工农兵学员在一起。老罗也被派去写中共党史，他和郝斌、石世奇等组成小分队，到江西、福建各革命根据地调查研究，后来我们在井冈山碰头了。他意气风发，把填的一首词贴出来让大家欣赏，说"征程远，步红军脚印，一往无前"。我看他真是要研究党史、写一部新的党史了。我想，写党史是一个政治任务，因为听我系老党员荣天琳说起过，他讲了多年党史，每次都讲遵义会议确立了毛泽东在我党的领导地位，可就是不知道毛泽东那时担任的是什么职务。出去调查一下，那时也不可能得到什么资料。没有材料，禁区很多，如何研究呢？可老罗不然，他仍然努力创新，自以为可以写出有新意、有创见的党史，甚至从鲤鱼洲回来了，党史写作也下马了，发现他还在那里研究如何写一部新党史，他的这种奋斗精神、创新精神，着实使我佩服。而他的党史研究，也为他日后搞东亚现代化准备了理论和材料。

图1　罗荣渠、马克垚（左二）、张芝联（左三）与美国著名社会学家伊曼纽尔·沃勒斯坦合影

打倒"四人帮"以后，老罗的教学科研工作，更是日新月异、异彩纷呈。他在搞现代史的时候，本来偏重于美国史，因为现实要研究第三世界，所以转向拉丁美洲史。我国的拉美史当时几乎是空白，老罗不畏险阻，开拓前行，在这方面已经取得许多成果。可是他不满意于这个论题，提出研究殖民主义史，我因为在中古史后期也涉及殖民主义，所以被老罗拉去参加过几

次讨论会。我觉得这个论题很好,既可以研究帝国主义列强的殖民主义,也可以研究广大亚、非、拉国家的反殖民主义斗争,规模宏伟,气势磅礴,可以写成一大套著作,建立一门新兴的学科。可是老罗仍然不满意,可能他感到这个论题有点老旧,殖民主义的时代已经过去了,应该研究更现实的题目,最终他选择了现代化的理论和进程这一论题,作为自己主要的研究方向。这样将理论、历史、现状很好地结合起来,不但关注世界现代化的历史,而且研究当下现代化的各种不同进程,特别研究东亚尤其是中国的现代化,从这些研究中提升出新理论,探讨新条件下现代化的途径与问题,研究国家的现实道路与发展前途。他的这一研究,已经取得了许多辉煌成果,在我国史学界产生了重大影响。而我则虽然也努力工作,可是一直墨守世界中古史,没有多少创新,今天仍然应该向老罗的精神学习。

图 2　罗荣渠、马克垚(右三)与应邀来华讲学的美国社会学家戴维·阿普特教授(左四)在一起

我和老罗在北大历史学系相处四十年,时有过从,在接触中也学习到不少他的智慧与创见。20 世纪 80 年代,系里曾经发起编写一部新的世界历史教科书,我主编了《世界历史·中古部分》,自以为还是在体例上颇有新意的,拿去请他指正。他略一翻阅,就说"不怎么样",写教科书应该注意如何适合学生学习,你这里面尽写了许多土地所有制,学生不容易懂。他的话

如当头棒喝。确实，我一直想的是写教科书如何写出自己的研究成果，有新材料新观点，但就是没有考虑到如何有利于学生学习，所以编不出一本好的教科书。我想国内的许多同行，在这方面的考虑大概也是不周全的，老罗的意见今天仍然值得我们参考。还有，我们曾经一同在英国萨塞克斯大学访问，共同住过几个月，他后来和别人说起，马克垚这个人，到了外国，仍然整天坐在图书馆里，那和在中国有什么区别。我知道，老罗是抓紧机会，出去调查研究，和外国学者接触，广交朋友，建立联系，甚至还自费跑到法国等地旅行，了解欧洲社会。我确实没有这个本领，也想不到应该活动，所以只能在当地的图书馆，读一些国内没有的书籍，复印、摘录一些材料，做一个书呆子了。

　　谨以此文，作为对我的尊敬的老学长的怀念，可惜纸短情长，实不能表达我的怀念之情耳。

一路风尘君仍健
——罗荣渠先生的治学之路

林被甸

罗荣渠先生在"文化大革命"中身陷绝境,同事郝斌先生暗地里写信劝慰,罗先生心存感念,1975年写下一首题为《答友人书》的七律。

> 洪都共砚未能忘,犹忆鱼洲茅草房。
> 一路风尘君仍健,几回笑说蠢周郎。
> 冬夜冰雪惊凉梦,春宵寒雨暖华章。
> 何处南苑好种树,古今上下任翱翔。

"一路风尘君仍健",诗中原用于描述对方的风雨人生,但细细品读之下,不难发现却也是罗先生本人一生治学道路的生动写照,充分道出了他在漫漫征途中一路走来所经历的艰辛、彷徨、发奋和收获的心路历程。

我和罗先生在20世纪50年代中期几乎同时迈入北大燕园,他受聘任教,我应试入学,不久成了他的学生。从那时起,我们在历史学系相处凡40年。1996年罗先生突然病故,我参与整理了他生前在昆明西南联大、红楼北大求学时期的全部日记以及他的遗稿和书信,最后编成五卷本《罗荣渠文集》。① 这一切,让我对罗先生一生的治学道路,有了较为全面的了解。

---

① 《罗荣渠文集》1~5卷(《现代化新论——世界与中国的现代化进程》《美洲史论》《史学求索》《北大岁月》《美国历史通论》),商务印书馆,2006~2009。

一

罗先生出生于四川省成都市的一个书香世家。父亲罗文谟先生是一位知名的书画家和美术教育家，与张大千、徐悲鸿乃丹青至交，常泼墨于纸。家庭的熏陶和影响，使他从小对中国传统文化产生了浓厚的兴趣。

图1　中学时代的罗荣渠

中学时代，他已表现出对文史的爱好。父亲书房有丰富的藏书，如《二十四史》《资治通鉴》《世界美术全集》等，都成了他涉猎的对象。课余假日更会抱一堆大部头的书来读，胡适、钱穆、萧一山、冯友兰、朱光潜和罗素等人的著作，常让他爱不释手。早在高中时期，他受梁启超倡"少年中国"之影响，发起成立了一个学生社团，取他所倾服的北宋张载"为天地立心，为生民立命，为往圣继绝学，为万世开太平"之说，命名为"四为学会"。一群血气方刚的青年学子，立志要为中国文化寻求出路，以儒家精神为旨意，来"创造人生，改造世界"。

1945年他考入昆明西南联大，次年复校北上，转入北大史学系。从此，命运似乎注定他的一生要与北大、与历史学结下不解之缘。

大学，是他学术人生的真正起点。无论是昆明联大，还是后来的红楼北大，都名师荟萃，学术氛围浓重。在这样的环境里，他如鱼得水。在成都家中父亲宴请，拜见过朱自清和朱光潜（字梦实），入学后常到梦实先生家讨教。朱先生开讲王国维《人间词话》，他也赶去旁听。他还广泛选听了裴文中的甘肃考古、王崇武的明史、唐兰的文字学以及潘光旦、张奚若的西洋社会思想史和政治史等。张奚若教授一次讲马克思思想的课，他是在教室外的墙脚下旁听的，并认真作了笔记。

名师讲座，听众爆满，场面热烈，而爱好思考的北大学子们，则少不了对他们的评头品足。当他听了张东荪教授演讲《西方理性主义和中国理学》

图2　1945年罗荣渠考取西南联大后与高中同学组织"四为"学会。左起第二是罗荣渠，左起第三是罗荣泉

后，在很多问题上不能认同，他又对照阅读了冯友兰的《新理学》，写下长篇日记，对张教授的理论进行了系统的分析，反复提出质疑。[①] 当年同窗好友、现今武汉大学哲学学院杨祖陶教授评论说，"今天读来，我仍禁不住说这是一篇十分难得的哲学论文"，而当时他只是刚刚20岁的历史学系学生。

作为史学系学生，让他受益最多的还要属胡适、向达、郑天挺、杨人楩诸先生。中西交通史专家向达先生讲授的课程，深深吸引了他。大学时撰写过《古代中国文化西来说述略》《古代"琉球"问题争论之总清算》等论文。他大学毕业论文的选题是"明清之际西学东渐时期中西文化的初步冲突"。他后来回忆道："向先生给我的不仅仅是渊博的学识，更重要的是他踏实、严谨的求学作风，深厚的考据功底与贯通中西的治史方法，让我一生都受用不尽。"

罗先生的治学之路正是从中国史起步的，当年他也未想到以后会进入世界史研究领域。但是，后来他在毕生所从事的美洲史、世界史以及世界现代

[①] 罗荣渠：《北大岁月》，商务印书馆，2006，第221~225页。

化进程的研究中能够中西贯通、匠心独运，取得众多令学界瞩目的成果，在相当程度上得益于年轻时代所打下的中国传统文化的坚实功底。

二

1949年从北大毕业，罗先生被分派到中苏友协总会工作，负责编辑《中苏友好报》。1956年，在"向科学进军"的号角声中，他回到了培育过他的北京大学任教。以后，他再也没有离开过燕园。

图3 青年时代的罗荣渠，
20世纪50年代初

满怀激情回到北大的他，万万没有想到面临的是一条崎岖坎坷、迭遇挫折的治学之路；他在北大历尽了磨难，也在这里创造了他学术上的辉煌。

从1956年起，直至1996年去世，在北大整四十年；其间经1966、1976、1986末位皆为"6"的三个年份，正好把他的治学之路，分成各为十年的四个不同阶段。

1956年甫到北大，就立即经受了一场考验。当年的北大历史学系，刚经全国高校院系调整不久，并不缺少中国史方面的教师，他被分配承担世界近现代史的教学研究工作，登台讲的第一门课，是当时教师们颇为畏难的世界现代史。

以前上学时，他缺少的正是西洋史方面的训练，自知根底差，但由于平时涉猎广泛，博览群书，加上对国际问题的关心和潜心备课，讲起来倒也得心应手。但后来，他却遭到了批判，党内重点批判汪篯、田余庆，党外就是罗荣渠。批判中，把他讲课中尊重史实说成是"客观主义"；把打破旧框框说成是"修正主义"；最吓人的是说他把"帝国主义纸老虎讲成了活老虎"，被扣上"政治立场"的大帽子。揭发批判进行了好几个月，直到把他下放农村劳动。当时我还是中国史专业的本科生。这次运动是罗先生回归北大不久的一场遭遇战，也是他治学之路上的第一次劫难。

20世纪60年代初，北大历史学系在我国高校率先创设拉丁美洲史专业（时称"专门化"），开班招收研究生。当时进入经济困难时期，政治气氛有所缓和，刚下放劳动一年期满返校的罗先生，又精神饱满地为研究生班讲授拉美史。我本科毕业时，留系读研究生，原定中国近代史专业，后组织上根据国际形势变化的需要，分配我改读拉丁美洲史专业，成了罗先生的第一批学生。我国对拉美史的研究一片空白，资料奇缺，罗先生以其英语俄语的优势，加上自学的西班牙语，广猎穷搜，昼夜赶写讲稿。经过不足一年的准备，于1962年夏推出了新课，这也是中国高校拉美史教学的第一堂课。虽然"是开山之课，但十分充分和系统，讲得非常精彩，从一开始就把学生吸引住了"。[①] 备受冷落的拉美史一下子成了热门的选修课，除研究生外，来自本系和西语系的几十名学生，济济一堂。这些学生中，后来不少成了我国拉丁美洲研究和教学的第一批骨干，而罗先生则以他的出众才华和突出成绩，被公认为中国拉丁美洲史学科的主要创始人。

罗先生在美洲史方面最有影响的成果，是关于"中国人发现美洲"问题的研究。1962年正值哥伦布发现美洲350周年，"中国人最早发现美洲"说也被重提，一时成为热点。"中国人最早发现美洲"的假说最初是1761年由一位法国汉学家提出来的，在中国，从国学大师章太炎到著名学者朱谦之、《人民日报》总编辑邓拓[②]，皆顺应此说。这一问题引起了初涉美洲史的罗先生的兴趣，很想查明这位中国哥伦布的究竟。他对中国《梁书》等有关扶桑国的史料进行了广博的考证，结果发现这个说法根本不能成立，于是他就从相反方面立论，写成《论所谓中国人发现美洲的问题》。[③]

1962年，他在北大"五四"科学讨论会上作了这个专题的学术报告，以大量的史实、严密的考证，对长期以来国际学术界的这场论争作了完全否定的回答，引起了热烈的反响。那时，拉丁美洲史研究生都由罗先生负责指导，我有机会聆听了他的精彩讲演。年轻讲师罗荣渠，同学界权威进行了一场以寡敌众的"美洲发现论战"，在燕园里一时传为佳话。该文与本校哲学系朱谦之教授的《哥伦布前一千年中国僧人发现美洲考》，为当年《北京大学学报》同期刊载，成为罗先生在美洲史研究领域的成名之作。

---

① 曾昭耀：《忆中国拉丁美洲史学科创始人罗荣渠老师》，见《求索者的足迹——罗荣渠的学术人生》，商务印书馆，2010。
② 邓拓，以马南邨为笔名，相关著作有《燕山夜话》等。
③ 罗荣渠：《论所谓中国人发现美洲的问题》，《北京大学学报》1962年第4期。

罗先生在美国史和中美关系史方面也做出了不少开拓性的研究。60年代初，他围绕美国与拉丁美洲的外交关系史，发表了多篇文章，其中在当时影响最大的是《门罗主义的起源和实质——美国早期扩张主义思想的发展》①。尽管该文如同他同期所写的有关美国的文章，重点都放在揭露和批判上，不免带有那个年代的某种局限；但文章的写作同样是广征博引，论证缜密，反复质难，重在说理，与当时流行的以势压人的高调文章显然有别。因此，本文仍不失为一篇学术功底厚重的力作，与《论所谓中国人发现美洲的问题》同为罗先生在美洲史研究领域的奠基之作。

三

十年的筚路蓝缕、披荆斩棘，罗先生好不容易在美洲史领域站住了脚跟，开创了一处基业。正当他准备有更大作为的时候，1966年，"文化大革命"的暴风雨凶猛袭来，又一次大劫难落到他的头上。

北大是"文革"的重灾区，罗先生先后受到了两次大冲击。第一次冲击，关牛棚，挨批斗，受凌辱，但对罗压力不大。第二次冲击，发生在后期，情况严重了。起因是在"教育革命"中他眼看教学质量江河日下，忧心忡忡，在私下谈话间，议论是非。结果，他被打成什么"俱乐部""小集团"的头头。罗织罪名，无限上纲，新账老账一起算，批斗层层加码，会场从教室升级到学校体育馆，一时间成为全校重点批斗对象。"小集团"的另一个成员就因经受不住迫害而服毒自杀，好心人不免更加为他担忧。郝斌先生暗地冒险写信告慰的动人一幕，就发生在这个时刻。

他当然十分清楚自己可能面临的严重政治结局，在生死关头，他脑子里究竟在想什么呢？后来知道，他当时给亲人的信中曾道出了这个秘密。原来他念念不忘的，乃是"自己一辈子都在读书，总不该把读的书全部带到棺材里去"！

春蚕到死丝方尽，没有把自己肚子里的知识掏出来奉献社会，他死不瞑目。在给他二弟的信中说，现在应该有自知之明，肯定不会在大学里再登台讲课了，要在学术上有所建树，也是妄想了。那么，后半辈子怎么过呢？当

---

① 罗荣渠：《门罗主义的起源和实质——美国早期扩张主义思想的发展》，《历史研究》1963年第6期。

时虽然他心中毫无着落,但在信中自己斩钉截铁地回答说:"不能苟且偷生,潦倒度日。"① 由于有教员自杀引起震动,形势略有缓和,他估计不至于把他当作敌我矛盾处理,遂在给妻子的信中进一步表述了不甘沉沦的想法:"今后的20年里,一定要选定自己的目标,不计成败、不计世俗的毁誉,坚决地脚踏实地地为中国人民和世界人民做一点力所能及的工作。"② 他做了各种设想,如编写通俗读物、翻译文献资料、编撰历史年表等工具书……苦苦寻求出路。

老天不负有心人,一个偶然机遇又给他带来了希望。1974年末,历史学系接到了外交部的一个突击性任务,应即将到访的特立尼达和多巴哥总理威廉斯的要求,急需整理出一份关于19世纪美洲华工的材料。19世纪初的英属特立尼达是拉美地区首批使用苦力华工之地,也是美洲华工最集中的地区之一。这位毕业于哈佛大学的总理,是一位著名历史学家,他准备写一本关于美洲中国移民的书,提出很多问题要与北大学者进行座谈讨论。迫于要完成上级任务的军宣队负责人,只好找到罗先生。他表面上不动声色,内心不禁喜出望外,这一下倒可以"沾外国人的光,捞到一点读书的时间"。他又回到久违的书桌旁。威廉斯受到周恩来总理接见,并与北大学者进行了座谈,但他并不满足,表示明年还要专程来举办专题性讨论。由于准备工作仍需继续,罗先生得到那个年代难得的几个月读书机会。当然,他只能在幕后默默无闻整理资料,不许他参加座谈和接触外国人。

对此他并不在意,而是全身心浸沉在美洲华工和中拉关系问题的研究中。他拜访了熟悉这方面资料的陈泽宪、陈翰笙等老先生,得到不少线索。然后像开矿一样到处挖掘,在北京图书馆发现《古巴华工口供手册》等原始资料,资料尘封已久,无人动用过,他如获至宝。在完成交给的任务的同时,也积累了可观的资料。"文革"结束不久,他接连在《人民日报》《世界历史》各大报刊发表的关于美洲华工和中拉关系的文章,就是在当年准备的资料基础上写成的,《中国与拉丁美洲的历史联系(十六世纪末至十九世纪初)》长篇论文③,也是在那时完成了初稿。他成为国内学界系统研究中拉关系史的第一人。

---

① 罗荣渠:《北大岁月》,第550~552页。
② 罗荣渠:《北大岁月》,第553页。
③ 罗荣渠:《中国与拉丁美洲的历史联系(十六世纪末至十九世纪初)》,《北京大学学报》1986年第2期。

参与美洲华人移民问题资料工作的经历，对他来说，更重要的意义在于重新发现了自身存在的价值。他从内心发问，中国移民问题，现在仅看着外国人研究，"中国还没有人做，更待何时？"当然，当时他不敢奢望自己还能写大块文章，但至少可以动手编纂拉美华工资料吧，编完拉美华工资料，还可扩大范围，把全世界的华侨史料都汇编出来，就这一项，可能自己一辈子也干不完。

图 4　罗荣渠和夫人周颖如结婚留影，1951 年

这样，对于"后半辈子怎么过"的问题，也就有了答案。他在给妻子的信中说："总之，可以做的事很多，需要胸怀大志订出一个 20 年的长远规划来。有了战斗的目标，生活就有了意义、有了方向，就不会昏昏沉沉地过日子。这样，对于世态炎凉、人情冷暖，也就可以不予理睬，而专心一致地走自己的路了。"①

经风暴两次洗礼，看似他坠入了谷底，实际上，他在劫难磨砺中获得了顿悟，不仅坚持活了下来，而且在暴风雨中站了起来。

---

① 罗荣渠：《北大岁月》，第 554 页。

四

1976年，这是一个既悲痛又振奋人心的年份！"四人帮"被一举粉碎，北大教学秩序得到回归，一路与北大共命运过来的罗先生，也否极泰来，迎来了又一个春天。

只有了解前20年他所遭受的劫难，他有过的痛苦、挣扎、希望和绝望，才能理解他会以怎样的心情，来迎接新时期的到来。因为从这时起，他的报国之心和作为知识分子的责任感和使命感，他的才智学识，他长期蕴藏和积聚的潜能，都猛然迸发出来。他精神振奋，文思泉涌，全身心地倾注到他所追求的学术研究和教书育人的事业中。

80年代初开始，他曾多次出国访问，足迹遍及北美、欧洲、日本。走出国门，放眼世界，大大开阔了他的视野，研究工作发生了"从封闭走向开放"的重大转变。他在重新开始美洲史研究之后，首先发出了"美国需要重新认识中国，中国也需要加深了解美国"的呼吁。这篇题为《关于中美关系史和美国史研究中的一些问题》的文章[1]，以开放的心态和宏观的构架，论述"尊重历史，如实地研究美国"的重要性。1980年，他应邀赴美国访问交流，就提交了这篇论文，受到美方重视，被译成英文在美国相关刊物上发表，并在华盛顿"美国与东亚关系学术讨论会"上作了专题报告。

为期一年半的访问，除了钻图书馆、查资料，他还到农场、工厂进行实地考察。他深切感到研究美国，必须改变以往"狭隘""缺乏系统性"的状况，应对美国资本主义发展进行宏观考察，重新评价现代资本主义发展问题。他认为"这是今天学习西方要在思想上解决的大问题。如对资本主义不能正确认识，只派些留学生去学科技，结果不过是一个新的洋务运动而已"。[2] 他本人身体力行，从新视角写出一批美国历史和中美关系史方面的论文，如《略论美国联邦制度的形成和宪政体制的特点》《论美国与西方资产阶级新文化输入中国》《世界风云变幻中的政治选择——对美中关系的一种中国观点》等。这些文章一扫公式化、一般化弊端，表现了他实事求是、勇于探索的精神。

---

[1] 罗荣渠：《关于中美关系史和美国史研究中的一些问题》，《历史研究》1980年第3期。
[2] 罗荣渠：《北大岁月》，第662页。

由于教学的需要，这一时期他研究的重点，仍然放在拉丁美洲史领域。

20世纪70年代，美国加利福尼亚州海下发现"石锚"，有人将它作为公元前一两千年中国沉船的遗物。1980年，房仲甫在《人民日报》撰文《扬帆美洲三千年》，提出"石锚"为3000年前殷人东渡美洲遗物的新见解。于是，中国人最先发现美洲问题的争论再次成为热点。罗挥笔写就《扶桑国猜想与美洲的发现——兼论文化传播问题》[1] 一文，用新的方法和资料充实了他的论断，具体辨析了《惠深年谱》的似是而非，指出"扬帆美洲三千年"是一种"并无实现可能的航海可能论"；"石锚"尚未"水落石出"；《梁书》有关扶桑国的记载"疑点甚多"，其本身即"足以否定扶桑即墨西哥的假说"。他还批判了洋汉学研究中的某些殖民主义偏见，从理论上对研究美洲文化起源及对比不同文化中相似现象等问题提出了精辟见解。扶桑国研究显示了罗先生在古典文献、考古学、文化人类学等领域的功力及地理、气象、航海等方面的学识，已故考古学家夏鼐先生曾7次写信表示支持和赞扬，并就一些具体问题进行讨论。文章气势磅礴，论述精深，成为近年来史学研究中难得的佳作名篇，获《历史研究》首届优秀论文奖。

中国学者如胡适、汤用彤，此前虽然对中国人发现美洲之说提出过异议，但《扶桑国猜想与美洲的发现》及《论所谓中国人发现美洲的问题》两文，则首次对此进行了全面系统的论述，明确提出否定的结论，标志着在"中国人发现美洲问题"研究中异军突起。从此，中国学界改变了"一边倒"的倾向，形成了"肯定说"和"否定说"两派论争的格局。

1992年，为纪念哥伦布航行美洲500周年，罗先生撰写了《15世纪中西航海发展取向的对比与思索》[2]。该文对郑和、哥伦布、达·伽马东西方三大航行进行了分析对比，认为这是具有相似历史外表下的不同内涵的两种类型的航海，从而进一步回答了"为什么不会有中国的哥伦布"。此前他关于美洲发现的文章，主要是从技术和自然条件上回答为什么不会有三千年前的中国哥伦布，此文则主要是从社会历史和文化的大背景上解答为什么不会有500年前的中国哥伦布，从一个新的视角，为"中国人发现美洲"问题作总结。李慎之先生评价该文是一篇比较中西文化"通天彻地、考古论今

---

[1] 罗荣渠：《扶桑国猜想与美洲的发现——兼论文化传播问题》，《历史研究》1983年第2期。
[2] 罗荣渠：《15世纪中西航海发展取向的对比与思索》，《历史研究》1992年第1期。

的大文章"。① 罗先生治学领域广泛，先后开设课程达 9 门之多，在第二次世界大战史、欧洲史、殖民主义史和帝国主义史方面皆有很深的造诣。

正当他动笔撰写酝酿多年的《美国历史与文明》一书时，国家社会科学"七五"规划启动，一个历史学家的责任感和使命感使他转而投身去开拓另一个全新的研究领域。

五

从 1986 年起，在他生命的最后十年里，罗先生在我国世界史领域中开辟了现代化理论和现代化世界进程的研究，他作为这一研究方向的开拓者和创始人，登上了一生学术事业的高峰。

这是他治学之路上的一次新选择。在以往的 30 年中，他在专业领域上有过两次大变更，那都是组织安排下被动的适应，而这一次则完全是出于他本人主动的抉择。

为什么要重打锣鼓另开张呢？这并非一时心血来潮。20 世纪 80 年代初，在改革开放的新形势下，他通过对当代西方学术思潮的研究及欧美、东亚各国的实地考察，大大开阔了视野。他认为一个对当前中国现代化建设具有直接现实意义，对历史研究也能起到推动作用的世界史研究课题，就是关于现代化问题的理论和历史的研究。在美国访问期间已萌生此意，回国后经多年酝酿更下定了决心，着手撰写现代化理论的文章，经常见诸报端。当时正值实施"国家社会科学'七五'规划"，他想争取把现代化研究纳入国家"七五"规划中。

然而，他未曾料到的是，开局并不顺利。世界现代化进程这个大课题，并非个人单枪匹马可以完成，它需要组织一个团队。可当他在历史学系全体教师大会上提出这个设想时，竟一片沉默，应者寥寥。会后了解到，多数人对搞历史也要研究"现代化"很不理解，甚至有点愕然；一些好心人提醒他谨慎为上；另有一些人则持坚决反对的态度。当时，正值校内外反对资产阶级自由化之际，反对者把两者联系起来，写成书面材料上告，上纲上线，说"搞现代化研究就是反对马克思主义"，实质是"要在中国复辟资本主义"。

---

① 李慎之：《痛失良史悼荣渠》，罗荣渠：《美洲史论》，中国社会科学出版社，1997。

形势骤然紧张起来。难道第三次劫难又要落到罗先生的头上？

当年，我作为历史学系副主任，分管科研工作，不免为之担忧。可当我把一些信息传递给他时，他神色镇定，淡淡回答说："甭管别人说什么，走自己的路吧！"他这样说，也这样做了。几年间，一篇又一篇关于现代化研究的大块文章，见之于《人民日报》、《历史研究》、《中国社会科学》和《新华文摘》各大报刊的显著版面上。

是时代不同了。中国已不是他曾遭劫难的1959年，更不是令人恐怖的1966年，而是进入了改革开放和社会主义现代化建设的伟大年代。因此，现代化研究的倡议很快在全国学界引起热烈反响，北大历史学系以罗先生为学术带头人的"现代化理论和世界现代化进程"，也作为重点课题被列入国家社科"七五"规划。罗先生不负众望，新的论著不断问世，连连获得了国家多项大奖。

他以花甲之年，顶风冒险、呕心沥血从事的这项研究，究竟有什么学术理论价值和重要意义呢？

罗先生现代化研究最重要的贡献是以历史唯物主义为指导，提出了以生产力作为社会发展中轴的一元多线历史发展观。[1]

作者对现代化的研究，首先是从历史发展基本理论方面的突破开始的。二战以后的现代化理论和基本概念，是由社会学家首先提出来的。他们的研究以社会进化论为基础，这种进化史观，相对于传统旧史学的循环史观，是史学研究的一个重大进步。但是，以往的现代化理论同时是一种单线的社会发展理论，即把现代化看成是传统农业社会向现代工业社会的单线演进过程。西方现代化理论的重要代表 T. 帕森斯、H. 罗斯托就是根据这种单线论，把世界各国现代化进程归结为"西方化"或"美国化"的过程。

马克思主义历史发展观，强调从生产方式的演变来考察人类社会的演进，但过去在苏联理论界的影响下，简单用"五种生产方式说"来解释世界各民族的历史发展，同样变成了一种社会单线演进的发展理论。因此，罗先生提出必须依据马克思主义唯物史观，来重新探讨这个社会发展的重大理论问题。

他认为，从宏观历史看，世界不同地区、不同民族、不同社会发展并不

---

[1] 参见罗荣渠《现代化新论》（增订本），商务印书馆，2008。

是划一的、同步的。这是因为，同一性质与水平的生产力在不同的自然条件、历史条件和社会环境中，可与几种不同的生产关系相结合，形成不同的发展模式和不同的发展道路，表现了多样性的特征。这是"多线"的含义。"一元"则是指社会发展的物质基础是生产力，推动社会发展的根本力量离不开生产力的变革；三大生产力形态（原始生产力、农业生产力和工业生产力）的演进，才是世界不同地区文明演进的共同顺序和阶段。于是，人类社会发展总体上呈现"一元多线"的发展图式。这样，对历史进化论的辩证解释，就代替了机械的片面的单线解释。

正是立足于一元多线历史发展观，他对世界现代化进程中的不同发展道路和发展模式，对于第三世界的崛起和发展，特别是对中国近百年的现代化进程进行了新的探索。这一切，对于我们正确认识当代世界的发展趋势及我们中国自己的发展道路，无疑都具有重大的现实意义。

开展现代化研究对于历史研究又有什么意义呢？罗先生认为不能把现代化研究看作仅仅是为历史研究开拓了某个新的领域，提出了某些新观点，这是远远不够的。其意义是在于把"现代化"定位为一个"世界历史范畴"，看作一个有特定内涵的全球历史大变革的过程，看作有其起点也有其终点的人类社会发展的一个必经阶段。这样，就把"现代化"引进历史研究领域，以现代世界的变革和发展进程作为史学的重要研究对象；当然，更为重要的是一元多线历史发展观为创立历史研究的新范式和建构世界历史写作的新体系打下了基础。

罗先生生前共发表了有关现代化理论和历史的论文80余篇，撰写、主编和主持翻译了著作13部。其中包括代表作《现代化新论》等主要论著，都是在他生命的最后几年完成的。已届古稀之年的他，不仅没有放缓脚步，反而对自己提出"在生命末班车上，仍当全力以赴"，甚至自定指标，每月出论文一篇。最后，终因辛劳过度而倒下。大家都叹息他走得太快了，也太早了，因为还有太多的项目如美国史、拉丁美洲史、殖民主义史……等着他去完成。其实，同人们也清楚，他计划表上的项目，总是越列越多，不会有完成之日。

值得欣慰的是，他留下了一份可观的学术遗产，为后人提供继续前进的基础。这里，我不禁想起开头所引的《答友人书》中的"何处南园好种树，古今上下任翱翔"，其中"南园种树"一说，取自唐代柳宗元诗作《冉溪》中的"却学寿张樊敬侯，种漆南园待成器"。当年柳宗元惨遭贬谪，他借用后汉樊重不畏流言,种梓漆之树以待来年的历史典故,来抒发自己的信念和抱负。我们可以说,既然罗先生已把"梓漆之树"深深栽在历史学这块大园地上,其就必定会如他生前所期待的那样,茁壮成长,枝繁叶茂,带来史学研究的更大繁荣。

(作者系北京大学历史学系教授,北京大学图书馆原馆长)

"士"与"师"
——怀念罗荣渠先生

袁 明

罗荣渠先生去世21年了。21年前初闻噩耗的震惊与悲痛,21年来对先生旧作的再习与重温,21年中对与先生相处时光的回忆及思念,逐渐沉淀,在内心慢慢定格为罗荣渠先生的一幅人生写照。

余英时先生曾言:"如果从孔子算起,中国(士)的传统至少已延续了两千五百年,而且流风余韵至今未绝。这是世界文化史上独一无二的现象。"身为今人,我自然不可能见过中国历朝历代的"士",但是作为读书人,对"士"的"心向往之"则是一种精神追求与好奇,因为里面一定有一种中国品格在内。当然,究竟什么人、什么品格,才能称得上"士"?这是一个可以无限伸展讨论的话题。我只是谈罗先生。

20世纪70年代末,我回到北京大学,攻读研究生。我没有回本科生时学习过的西语系,而是由李赋宁(英语系)、张祥保(英语系)、石幼珊(英语系)、陶洁(英语系)、马士沂(体育教研室)等北大昔日老师推荐,考了法律系王铁崖先生的研究生,攻读国际法与国际关系史方向的硕士学位。我1968年离开北大,整整10年没有进过北大校园。而我上面提到的这些老师,都在"文革"中历尽艰辛,进过"牛棚",后来又远赴江西鲤鱼洲劳动。从苦难中坚持下来的存活者,其实也在苦难中学会了识人与行事。我返回校园的最初感受是,这些来自不同院系的老师,遇到了"科学的春天",要全身心投入的心情是何等的急切,而且相互之间还举贤荐才,一人发现,共同托举。这个节点,我回到北大,是一生之幸。

王铁崖先生说,他的主要精力在国际法方面,而我的主修是国际关系史，他已经托历史学系的两位老师帮助我补习与辅导，他们是罗荣渠和张广达。

我在中关村一公寓 501 王先生的书房中，第一次见到同住在中关园宿舍的罗先生。他戴着深度近视镜，正襟危坐，仔细听我讲自己的经历。当时谈话的细节，我已经不记得了，只记得罗先生很认真地说："你的外文基础好，要多读外文原版书。"我向他报告了王铁崖先生开出的英文书单，他呵呵笑着说，这些书都是国际关系史中的经典之作，同时诚恳地讲，有问题随时找他问，他每天都要到二院（历史学系）去。罗先生给我留下的最初印象是，淡然处透着一种凛然。也许，这就是我想象之中的"士"的风度。

图 1　罗荣渠与参加中美关系史讨论会的中美学者在北京陶然亭，前排右一袁明，站立者左六罗荣渠，1986 年 10 月

我真正"有问题就问他"，是在读了他在《历史研究》上发表的《关于中美关系史和美国史研究中的一些问题》（1980 年第 3 期）之后。在文章中，罗先生写道："对于中国人来说，美国历史中引起我们兴趣的问题很多。有些问题，例如这个民族的本质上的特点，以及这个国家为什么能够如此迅速发展的原因，过去很少有人注意。"我深被文章的立意、视角、大气所吸引。它不是就美国说美国，更不是用当时教科书上的概念说美国，而是将观察的角度调整到两种文明与政治文化比较上来。其中没有直接言明的一点是：研究美国，其实是为了中国的将来。文章的观点给了我许多启示和无

限想象的空间，更重要的是，我感到自己受到一种情怀上的深深触动。同时我也知道，罗先生的这篇文章，在当时的中国美国史研究界引起一些争论。我的一位表妹正就读一位美国史研究知名专家的研究生。她告诉我，她的导师非常不赞成罗先生的文章，说是"立场错误"。我对这种"批判"不以为然。"文革"结束，痛定思痛，人们的思想和精神正处在逐渐苏醒的阶段。校园中满目都是读书、讨论的景象，还不时听到广播里《在希望的田野上》悠扬又激越的歌声。我找到罗老师，说了自己的想法，他昂首呵呵一笑，说好好讨论嘛，要讲道理！我又一次感到他的坦荡与凛然。当时上海复旦大学的汪熙先生也发表了一篇关于美国对华政策和"门户开放"的文章，引起了更大的争议。罗先生对我说："你看，我比他'狡猾'多了，我就是提出问题，大家来讨论嘛。"这样，我和罗先生就开始了"路谈"，常常是他在历史学系上完课，我陪他从二院走回中关园。一路上听他滔滔不绝地讲自己写这篇文章的初衷和思考的重点。他认为，中美两国学者面临的沟通挑战是，美国需要重新认识中国，中国也需要加深了解美国。对此我深以为然。很快，罗先生就去美国密歇根大学访学了。

　　罗先生在我心里播下的美国研究的种子，到我选择硕士毕业论文题目时起了重要的作用。王铁崖先生曾建议我以 20 年代《东方杂志》为研究论题，做一个民国时期中国国际问题专题研究。我虽然也感兴趣，但是脑子里挥之不去的还是中美关系研究中的许多问题。正好加州大学圣塔芭芭拉分校历史系教授徐中约先生来北大访问，他介绍说，美国历史学界正在热议 40 年代末的美国对华政策，"谁丢掉了中国"成为讨论中心，他又指出中国学界不重视对美国国会的研究，应当补上。我选择了 1947~1948 年间美国国会就"援华法案"的争论与美国对华政策作为研究重点。论文写作时我看了当时可以收集到的所有中外文献，专程去南京第二档案馆查阅资料，也走访了历史亲历者，如陈翰笙先生。越是做到细节上，罗先生的话"美国需要重新认识中国，中国也需要加深了解美国"就越会浮现出来，因为这些具体细节、被重新唤起的历史记忆都在告诉我，中美两国之间何止是地理距离遥远，精神层面更是各有气象，如同康有为说的"本源不类，精神皆非"。我写这一篇论文，只是用一个具体例子，来更深地理解罗先生的立意。立意是最根本的。罗先生有"大问题意识"，所以他的立意在当时就比一般同代人高远。

　　罗先生访学归来时，我已经留校工作，而且也准备赴美访问了。他告诉我，他在美国一年多的访问，结识了许多美国历史学者，其中包括外交史学者。我表示还是想继续做"中国人如何看美国？美国人如何看中国？"这篇大文章，他非常赞成。

我在美国加州伯克利大学访问两年，记着罗先生的提醒，要到美国各地去实地观察，体会与中国很不一样的民情。给我同样提醒的还有钱端升、陈翰笙、吴其玉、王铁崖、赵宝煦等前辈。这些前辈都从自己的亲身经历中，观察并感受到中美之间相互吸引又相互排斥的精神现象，而如何拆除文化间的藩篱，则要做许多努力。

罗先生再度亲自出手帮我，是在我1985年初回国，并着手组织"1945~1955中美关系史国际讨论会"这一段困难又有趣的时日。这项工作是我在美国访学两年，走遍东西两岸以及中部的著名高校，并与几代美国研究中国的历史、政治、社会学者探讨后的一个聚焦点。当时我40岁了，虽然有热情想推动中美两国民间交流，但是对世情、世事、世故还是太不了解。其实，一个社会在组织、运作上有着太多的结构、人事、环节，更不用说中美两个社会了。现在回想，当时如果没有丁石孙校长、王学珍书记、章文晋大使、韩叙大使、赵复三先生、庞朴先生等前辈支持，这件事情做不起来。

我找到罗先生，希望他当会议的中方学术顾问，另一位是资中筠先生。罗先生一口答应。他当时已经下定决心，放下正在撰写的《美国历史与文明》书稿，去开拓一个全新的领域：现代化研究。他认为，这才是北京大学应该做的事情。不过，对我组织这个会议的初衷和具体设计，他完全理解并支持。因为我请了两国以中青年学者为主力，以资深学者做顾问的团队。罗先生讲，讨论中美关系史的问题，要跨越国界，才会激发思考。当时不赞成开这个会议的主要意见是，中美关系好好的，为什么要去谈马歇尔使华、朝鲜战争、台海危机这么多敏感问题。我把这些困惑告诉罗先生，他说，这么多重要问题不研究不讨论，等出了更多的新问题就更不好办了。不过他也告诉我，他已经开始考虑，要寻找一个更大的问题研究框架。

罗先生已经看到我1985年底在《历史研究》上发表的《四十年代后期中美关系史研究的动向》一文。我在文章中写道，"四十年代后期中美关系的演变所产生的影响比有形的武力对抗更为深远。雄踞太平洋两岸的两个大国长期隔绝，互不沟通，形成了两国在政治、经济、文化及社会发展诸方面的巨大隔膜。而台湾问题也自那时始，至今仍是中美关系正常发展中的一个障碍。在对这一时期的中美关系进行深入研究与思考时,是很难将历史与现实截然分开的"。我在文章中也提到文化因素对两国关系的影响。当时一些资深前辈给了我巨大的精神支持。在前三门大街的斗室中,资中筠先生告诉我:"李慎之说袁明这篇文章写得不错,他可不轻易夸奖人。"陈乐民先生在一边呵呵笑着。如果当时没有这些令人可敬可亲的前辈,我很难有足够的勇气去组织这个会议。1986年11月,北京已进入冬日,为了节省经费,会议在陶然亭公园宾馆举行,前后共三天,有一次会场还突然坏了暖气管道,大家不得不穿着厚厚的棉衣讨论。十六位论文写作者早在半年前就写好了初稿,讨论时十分热烈。罗先生始终在会场端坐,神态凝重,但到休息时,他又谈笑风生。美国来的学者中有入江昭(Akira Iriye)、孔华润(Warren Cohen)、韩德(Micheal Hunt)等等。他们对罗先生都非常尊敬。孔华润对我说,罗先生是他从内心钦佩的中国学者,"只要是罗先生提出的意见,我一定会认真去想。他是我见到的最优秀的学者"。入江昭是日裔学者,平时不苟言笑,在美国学术界有很高的声誉和地位,曾经担任美国外交史学会主席。罗先生在1985年就请他到北大历史学系讲学,可见罗先生的识才。会议结束后,他请我到房间,拿出三盒专程从日本带来的精美小手绢送给我。我道谢之余,忍不住说了一句:"先生,您太讲究礼数了,这是典型的亚洲礼数吧。"没有想到我的随心一句话,却引起这位学者的认真反应,他大致说了一些东西礼节区别的话,并说文化之间的精微之别,到了政治外交里面,可就是大事了。他提醒我,罗先生在会上的插话,就点到了这个方面。当时没有条件录音,我除了参加讨论,还要顾及会议后勤等方方面面,竟错过了罗先生的插话与评点。但是入江昭如此重视罗先生的意见,也还是让我深为感动和难忘的。

会议结束时有一个晚宴。中国前驻美大使章文晋先生在晚宴上发表即席讲话。章先生曾在1971年受毛泽东、周恩来派遣,到巴基斯坦迎接基辛格秘密访华,1983年又到华盛顿担任中国驻美大使,是中美关系史的重要亲历者和见证人。他说起1946年跟随周恩来参与马歇尔使华时的情景,尤其是中共代表团与美方谈判的往事。章大使回忆说,谈判破裂,中共代表团准备撤离南京回延安。周恩来对身边的工作人员说,一定要保存好所有的资料,"将来总有一天,我们要重新来研究这一段历史"。章大使说得很动情,我忍不住热泪盈眶,罗先生在我边上说:"这研究才刚开始。"他非常冷静。

会议后我忙于论文集在中美两国以中英文两种文字的出版以及日常教

学，等到再见罗先生，才知道他已经在现代化研究上披荆斩棘了。他认定这关乎中国改革开放的未来大局，北京大学要做理论上的贡献。我不懂他的具体工作，只是觉得他那种凛然的"舍我其谁"，让我高山仰止。现在再读他在1993年出版的《现代化新论》中的文字，可以窥见他的底气从何而来："历史学是各门社会科学的基础。本书对现代化进程的研究，属于一种基础性的研究，而不是具体操作性的研究。但我深信，对于现代化的总体认识，对于现代化内涵的各种分歧看法与争论，只有对现代化的实际历史进程和大趋势有较好把握之后，才可能得到解决。"学问，可以越做越"古"，也可以越做越新。罗先生显然取了后者，因为他认定中国在面对几千年未有之大变局时，需要有这样的开拓。

图2　罗荣渠与袁明参加同一次学术会议，20世纪90年代中期

　　1988年底，为准备纪念五四运动70周年，我写了一篇文章，罗先生看到了。有一天在路上遇见，他主动说要借一本书给我看看。第二天他从书包里拿出那本书时，竟没有常见的那种凛然之气，反而有点活泼调皮之态。我见那小小薄薄纸页已经泛黄的旧书封面上，俨然三个字——"厚黑学"，那是一本民国时期的旧书。我竟然一下怔住了，因为从来都没有听说过。罗先生说我读书太少，还说"这可是借你的，是我从四川带出来的"。可惜我一直没有时间细看。待到商业大潮涌起，连机场书店都陈列出各种新版的"厚黑学"时，我才想起，当时没有看这本书，没有听到罗先生对传统中国

文化的大评论，真成了遗憾。因为做现代化研究，对传统文化的态度是一个绕不过去的问题。我后来看《现代化新论》与《现代化新论续篇》，想到当年的"借书"情景，会努力地在字里行间寻找特别的答案。

罗先生开创的现代化研究，曾经被说成是"不务正业"，他以一片赤子之心，从无路之处走出路来。罗先生当年不会想到，他做这项工作的影响，其实已经远远超越了他所在的学科。30年来，我到过许多地方，见过许多80年代在北大校园里读过书的校友。我常常会听到这样的表达："当年历史学系罗荣渠老师的现代化研究，对我们而言是一束亮光，它是照耀一生的。"这样的表达，不但出在文科院系，也同样出在理科院系。罗先生以自己的生命照亮那么多的生命，他的人生价值，无须多言。

在北大做一名教师，究竟意义在哪里？罗先生用生命给出了答案。1996年他遽尔离去时，只有69岁，这是现在想来都心痛的。我小罗先生18岁，现在也已经72岁了。我还在继续努力做"中国与世界"这篇大文章，当然只是其中极小的一部分。1985年秋天随罗先生南下开会，在火车上听罗先生宏论，这篇文章何时是个头呢？世事茫茫，但是人类总要向前走，"现代化"是一个永无止境的人类历程。以罗荣渠先生的风骨与人生态度做榜样，参与其中，认真前行，这是我的态度。罗先生是"一束亮光"，跟着心里的光走，亮光在，希望就在。

罗老师与拉美现代化研究

徐世澄

1960年至1964年，我在北京大学西语系西班牙语专业（现为外国语学院西葡语系）学习，1962年我们西班牙语专业的学生在历史学系听罗荣渠老师开设的拉丁美洲历史课，这是我们的必修课之一。收入《罗荣渠文集》之二《美洲史论》的《拉丁美洲史大纲》就是当时罗老师给我们授课的提纲。我作为班长，与罗老师接触比较多。我曾请罗老师利用晚上时间到民主楼给我们西班牙语专业的学生做了5次西班牙历史讲座。1979年中国拉丁美洲历史研究会成立后，罗老师先后担任研究会的副会长和会长，他关于《中国人发现美洲之谜》和有关对玻利瓦尔、历史上美国对古巴的野心和侵略等论述，对促进我国拉美历史和现状的研究起了重大的推动作用。

今年是罗荣渠老师诞辰90周年，2006年9月24日，曾在北大举行"纪念罗荣渠先生诞辰80周年暨《罗荣渠文集》出版发行座谈会"。11年过去了，今天，我作为罗老师的学生，想重点谈谈罗老师在20世纪80年代后期开创的中国对现代化的研究对我国对拉美现代化研究所起的重大推动作用。

1993年罗老师出版了《现代化新论》，随后，1997年又出版了《现代化新论续篇——东亚与中国的现代化进程》。1995年拉美历史研究会在湖北大学召开年会，会上罗老师做了"发展：跨世纪的挑战"的主旨报告，提出发展是即将到来的新世纪的全球问题，发展不仅包括经济发展，而且应该包括社会发展的新概念；对广大发展中国家而言，发展是加快现代社会的有序的转变，对发达国家而言，是探索现代社会的自身完善与持续发展；各民族的发展模式与发展战略应适合自己的国情。发展是多模式的，没有什么放之四海而皆准的发展理论，必须正确处理发展的共性与民族性。罗老师的这一讲话以及他关于现代化的一系列论著，有力地推动了我国拉美学界对拉美现代化的研究。此后，拉美历史研究会曾就拉美现代化问题召开了多次年会。

下面，根据我掌握的不完整的资料，介绍一下在罗老师中国现代化理论的推动下，我国对拉美现代化研究的状况。

1993年在李春辉教授的主持下，中国社会科学院拉美所所长苏振兴等6位研究人员出版了《拉丁美洲史稿》下卷，即现代部分。该书第一篇总论部分第一章专门论述了拉丁美洲的现代化思潮和拉美的现代化进程，认为"第二次世界大战结束以来，拉美国家工业化、现代化的历史进程既推动了经济的发展，也深刻地改变着社会的面貌"。[①] 21世纪初，在苏振兴所长的主持下，包括本人在内的拉美所5位研究人员完成了《拉美国家现代化进程研究》（社会科学文献出版社，2006年出版），内容包括拉美现代化的理论、工业化进程、现代化进程中的农业与农村、经济改革与现代化进程、现代化与国际环境、政治体制的变革与发展、现代化进程中的社会变迁、城市化、拉美文化与现代化以及拉美现代化进程的若干启示等。该书认为，拉美的现代化进程比大多数发展中国家早了20年，然而拉美国家的现代化进程已明显地落后于一些亚洲新兴工业化国家。拉美国家在现代化方面既是"先行者"，又是"落伍者"。[②]

中国社会科学院拉美所曾昭耀研究员于1996年出版了《政治稳定与现代化——墨西哥政治模式的历史考察》，对墨西哥的政治现代化进程进行了历史考察，力图以墨西哥的例子证明：一个国家如果没有一个能够保证政治稳定和社会稳定的政治模式或政治制度，要想实现社会经济和文化的高速增长是根本办不到的。[③] 2000年曾昭耀研究员主编出版了《现代化战略选择与国际关系》，8位研究人员从国际关系的角度分析研究了拉美现代化战略及墨西哥、阿根廷、巴西、智利、委内瑞拉、巴拿马、古巴等国的现代化战略选择与国际关系。书中论述了拉美三次现代化战略选择及其国际关系，以及这些战略成败的经验。2011年曾昭耀研究员又出版了《拉丁美洲发展问题论纲——拉美民族200年崛起失败原因之研究》。

---

① 李春辉、苏振兴、徐世澄主编《拉丁美洲史稿》下卷，商务印书馆，1993，第36页。
② 苏振兴主编《拉美国家现代化进程研究》，社会科学文献出版社，2006，第595页。
③ 曾昭耀：《政治稳定与现代化——墨西哥政治模式的历史考察》，东方出版社，1996，导论第1页。

中国社会科学院拉美所张宝宇研究员于 2002 年出版了《巴西现代化研究》一书，对巴西现代化进程中的经验与教训进行了比较系统的总结。作者认为，如果按照美国社会学家阿列克斯·英克尔斯提出的现代化 10 项标准，可以认为巴西已基本实现现代化。但如果对巴西的社会状况作进一步分析，就会发现，巴西的社会发展程度与全面进入现代化阶段尚有相当大的距离。① 作者认为，"巴西尚未完全进入现代社会"，"巴西虽然尚未完成现代化的历史使命，但它的不间断的工业化努力已使其取得了显著的成就，现已建成了完整的工业体系"；"巴西的农业已发展到一个新水平，从而使它在国际上居于重要地位"；巴西"对世界经济发展具有一定的影响力"，"巴西在世界经济发展中重要地位的确立，从根本上说是由其经济实力决定的"；"巴西在国际政治中的角色日益增强"。② 应该说，巴西现代化进程使巴西成为世界经济十大强国之一，成为"金砖国家"成员国，这证明张宝宇研究员的观点是正确的。

巴西现代化进程是国内不少学者研究拉美现代化的重点。中国现代国际关系研究院拉美所所长吴洪英研究员于 2001 年出版了《巴西现代化进程透视——历史与现实》一书，对巴西从 19 世纪 80 年代末至 20 世纪 90 年代中期的巴西现代化进程，从纵向和横向的视角进行了勾勒。作者认为，"不断进步，逐步富强，时常创新推动巴西现代化列车向前奔驰，终于使巴西从一个落后传统的农业社会跃迁到一个初步现代化的工业社会。到 70 年代末，巴西已崛起成为新兴工业化国家，跻身于世界中等发达国家的行列。1999 年巴西已是世界第八大经济大国。巴西在漫长的现代化道路的求索与跋涉中，逐步形成了自己的现代化模式"。③

湖北大学巴西研究中心（2017 年又成立了拉美研究中心）陆续出版和发表了不少关于巴西现代化的论著。2016 年和 2017 年该中心先后出版了《巴西发展与拉美现代化研究》和《巴西发展报告（2016）》，对推动我国对巴西现代化的研究起到了积极作用。

南开大学教授、中国拉美历史研究会会长韩琦主编的《世界现代化历程》（拉美卷）于 2010 年问世。韩琦教授在"作者的话"中认为，"拉美的

---

① 张宝宇：《巴西现代化研究》，世界知识出版社，2002，第 308 页。
② 张宝宇：《巴西现代化研究》，第 310、312、316~318、320 页。
③ 吴洪英：《巴西现代化进程透视——历史与现实》，时事出版社，2001，第 330~331 页。

现代化有成有败，有喜有悲。不可否认，通过现代化，这些国家的生产力和综合国力得到了巨大提高，当然，收入分配的问题一直没有得到很好地（的）解决也是事实"。① 韩琦教授还主编了"拉美国家现代化道路研究丛书"，其中包括北京大学董经胜教授著《巴西现代化道路研究——1964～1985年军人政权时期的发展》、南开大学董国辉教授著《阿根廷现代化道路研究——早期现代化的历史考察》、暨南大学贺喜博士著《智利现代化道路研究——1970～1973年阿连德政府"社会主义道路"的探索》等专著。

河北大学教授张家唐发表了多篇关于拉美现代化问题研究的论文。如《论拉美的"现代化"》（发表在《国际问题研究》2001年第1期）、《简述拉美现代化进程及问题》[《河北大学学报》（哲学社会科学版）2000年第1期，《新华文摘》2000年第6期转载] 等，受到国内学界的重视和好评。②

上海社科院张家哲教授于1999年出版的《拉丁美洲：从印第安文明到现代化》（中国青年出版社），以现代化为线索，论述了拉美"艰难崎岖的现代化之路"。

需要指出的是，国内拉美学者对拉美现代化的评价是不尽相同的。主要有三种观点，第一种是悲观的观点，认为拉美是"现代化的失败者"，拉美现代化是"零成功率"，认为过去的200年，拉美民族的崛起一再失败。③第二种观点，认为拉美现代化进程既有成功的一面，又有失败的教训，可以说是对半开。第三种观点，认为拉美现代化进程的成功方面是主要的，失败方面是次要的。巴西、阿根廷、墨西哥现在是二十国集团成员，墨西哥、智利是发达国家俱乐部经合组织的成员国，巴西是"金砖国家"成员国。中国学者们比较一致的看法有：拉美现代化的发展是不平衡的，不仅各国之间存在不平衡，在一国内的发展也存在不平衡。到目前为止，国内学者与国外学者一样，对拉美现代化进程或对某一国家（如巴西）的现代化进程的评价仍然存在不同的看法和评价。

值得一提的是，进入21世纪以来，我国国内，从最高领导层到企业界、

---

① 韩琦主编《世界现代化历程》（拉美卷），凤凰出版媒体集团、江苏人民出版社，2010，第6页。
② 张家唐：《全球视野下的拉丁美洲历史研究》第四章"拉美现代化问题研究"，人民出版社，2016，第88～130页。
③ 曾昭耀：《拉丁美洲发展问题论纲——拉美民族200年崛起失败原因之研究》，当代世界出版社，2011，第28、35～44页。

学术界,对拉美现代化发展进程中出现的"拉美现象""拉美化""拉美病""中等收入陷阱""拉美陷阱"问题高度重视,展开了激烈的讨论。

2004年"两会"期间,国家发改委主任马凯在中外记者招待会上说:"已有的国际经验显示,很多国家在人均GDP超过1000美元之后,可能会出现这样两种前途:一种是进入'黄金发展期',即保持一个较长时间的经济持续快速增长和实现国民经济整体素质的明显提高,顺利实现工业化和现代化;另一种是出现所谓的'拉美现象',即面对各种矛盾凸显,处理不当,结果走向贫富悬殊、失业激增、分配两极化、社会矛盾激化,导致经济社会发展长期徘徊不前,甚至引发社会动荡和倒退。"[1] 马凯这番讲话引发了国内关于"拉美现象""拉美化"的广泛讨论。对"拉美化"有着不同的解释,普遍认为,"拉美化"问题的提出与中国现代化进程进入关键阶段有关。但也有学者认为,用"拉美化"概念来预测中国经济和社会的发展是不正确的,还有学者认为,"拉美化"是个伪命题。[2]

2006年之后,我国国内学术界又对"拉美陷阱"展开了激烈的讨论。世界银行发表的《东亚经济发展报告(2006)》首次提出了"中等收入陷阱"(Middle Income Trap)的概念,基本含义是指:很多发展中国家当发展到中等收入阶段的时候,即在人均GDP达到3000~5000美元时,会遭遇一个泥沼期,就此止步不前,很难突破并跻身高收入发达国家行列。世界银行把这个很难突破的"瓶颈"称作"中等收入陷阱"。所谓中等收入陷阱,也叫"拉美化陷阱"(The Latin America Trap),因为最早在南美国家常见。南美洲一些国家通过一段时间的高速经济增长,已经基本实现了工业化。但当要迈进准发达国家行列的时候,突然相继出现不可逆转的经济危机,阿根廷、巴西和委内瑞拉等国发生的经济危机就是典型。这些国家看起来拥有经济发展的一切要素——资源、人口以及发展环境,但是迟迟没有把潜力转化为实力,反而被社会问题裹足,陷入恶性循环的泥淖而不能自拔。这些病症的根源在于现代化过程中,政府、社会和市场三者都没有发挥正常的功能,从而出现了发展的阻滞困局。在国内学术界,也有人认为,"中等收入陷阱"和"拉美陷阱"也是个伪命题。

---

[1] 曲力秋:《中国如何绕开"拉美化"》,《中华工商时报》2004年3月15日。
[2] 对"拉美化"的不同看法,参见曾昭耀《拉丁美洲发展问题论纲——拉美民族200年崛起失败原因之研究》,当代世界出版社,2011,第1~16页。

本人认为，无论是关于"拉美化""拉美病"，还是关于"拉美陷阱"的讨论，对于我们深入对拉美现代化的研究，以及对于我国现代化进程中如何吸取国外的经验教训来说，都是有益的。这也从另外一个角度说明，随着中拉关系的迅速发展，拉美现代化进程中的经验教训越来越受到国人的关注。作为拉美研究队伍中的一员，对此感到庆幸，同时，我深深感到，应该感谢罗老师开创的中国对现代化的研究。

（作者系中国社会科学院拉丁美洲研究所研究员）

怀念严师罗荣渠（暨附录）

牛大勇

我 1978 年考入北京大学历史学系时，罗荣渠老师尚属"中年教师"，主讲拉丁美洲史。那时专业划分得很清楚，我是中国史专业的学生，几乎没机会选修他的课。但他发表的一些论文，在学术界影响很大，我拜读过。在差不多每隔 20 年就会出现一轮的中国先祖是南美大陆发现者的热议中，他分别在 1962 年和 1983 年以严密细致的论证，指出中国先祖并不具备这个条件和能力，学术界因此便冷静了一些。出于对国家面临的重大问题的敏锐感觉和兴趣，他跨越学科分界，从拉美史、"门罗主义"研究走向美国对外关系史研究。特别是在美中关系史这个有待突破的研究专业，他马上带来了新的学术活力。

当时，随着改革开放新局面的出现和中美关系的新发展，学术界开始热烈争论是否只能在"友谊还是侵略"的思维框架中审视中美关系史，是否只能将美国对华关系史归结为侵华史。争论从《历史研究》《近代史研究》这样的顶级史学期刊蔓延到诸多刊物，背景是改革开放后不同思想理论和实际政治经济走向在探索中发生的碰撞。罗老师在 1980 年第 3 期《历史研究》上发表了《关于中美关系史和美国史研究中的一些问题》，提出：根据实践是检验真理的唯一标准，理论必将随着实践的不断发展而发展。美中关系的性质必须根据历史的实际演进，分阶段地加以概括，不能因为美国后来成为头号敌人，就认为其在一切历史时期都对华为害最烈。例如，鸦片战争以前两国是相对平等互利的关系，鸦片战争以后美国有一个从追随到主导列强侵华的过程，但在世界反法西斯战争中，两国又结为盟友。又如争议很大的美国对华倡导"门户开放"政策问题，罗老师认为其客观效果和主观意图既有联系，又有差别。对复杂的问题只能具体分析其复杂的因素，不能简单地下结论。

　　罗老师的这些论点，在学术界得到广泛认可，对我们这一辈同学的治学思路有深刻的影响。我在敬佩之余，对他论述的一些具体问题尚有存疑。后来我根据原始材料撰文指出，列强保持中国"门户开放"政策，是英国于1898年3月最先提出并向各国倡导，后来传输给美国的。前人研究中提过这个事，被后人忽略了。另外，美国于1899年9月对列强先后发出在华实行"门户开放"政策的第一批照会，措辞是看碟下菜，各有不同的。其中给英国等国的照会中，就明确说出其目的是"助成加强清帝国政府和维持中国完整所急需的行政改革"。这些原始材料并不难找，但争论的各方也都忽略了。对于英美推行这种政策的缘由，我也提出了自己的分析。罗老师对这篇《历史研究》上的补正文章表示赞赏。

图1　罗荣渠在广州与参加中美关系史学术讨论会的部分与会者合影。左起依次为牛军、汪朝光、罗荣渠、牛大勇、陶文钊、杨群，1995年

　　他在美国史和美中关系史研究领域很快奠定了学术引领地位，佳作连篇，成为全国性的相关学术会议的主题报告者或研讨主持人。1985年11月在复旦大学召开全国首届中美关系史学术讨论会，我因刚在《历史研究》上发表了一篇北伐时期美国对华政策问题的争鸣文章，被召集会议的汪熙教授邀请与会。我们那场讨论就是罗老师主持的。那时我年少气盛，逐点反驳争鸣对手在会上对我的批评，情绪稍显激昂。罗老师马上制止我继续讲下去。回北京后，他遇见我，给我讲了争鸣应注意的方式方法问题，我心悦诚服。

次年10月，在陶然亭召开了一次以中美青年学者为主体的1945~1955年中美关系史学术讨论会，罗老师担任中方代表团的顾问。会外，他把参会的美国著名学者入江昭请到北大历史学系作了一场专题报告。在人们心目中，他们二位分别是中美两国亚太国际史研究领域的顶尖级史学大家，得以亲聆他们的报告和评论，难能可贵。他们之间的学术交谊，也一直持续下去。直至我1997年到哈佛大学做访问学者，和入江昭先生谈起往事，他还表示了对罗老师的怀念。

我们入北大后，发现历史学系的老一辈史学家们对撰写和发表学术成果持两种不同的态度。一种认为，学问是人内在的涵养、修炼和追求，读书和求知没有止境，写作和发表是次要的，不够成熟和完善的观点，不要拿出去发表。另一种认为，学问是一个求索、切磋和交流的过程，恰恰因为历史认知永无止境，所以写作和发表是重要的，以此才能求得同道、读者之间的互学互动，在切磋和批评中走向成熟和完善。持这两种不同意见的前辈，都赞同"板凳宁坐十年冷，文章不写一字空"。即使主张写作和发表很重要者，和当下学术界那种出于功利目的而宣扬"不是发表就是消亡"的法则，也不在同一境界。

记得有一年北大历史学系举行研究生论文评奖大会。我作为评委中的青年教师，对参选作品加以讲评之后，顺口就鼓励同学们今后要"多读书、多思考，多写作、多发表"。随即有一位老前辈走上讲台，开门见山地表示不同意"多写作、多发表"，希望大家还是要沉下心去做学问，不要汲汲于写作和发表。我闻之顿感惭愧，觉得是自己肤浅了。这时，罗荣渠教授走上讲台，结合自己从西南联大一路走来的治学体会，表示还是应该提倡多写作、多发表。他形象地比喻：当学问凝聚在自己的脑海中时，好像是一种混沌的气体状态。当把所得学问讲述出来时，好像是流动出来而可塑的液体状态了。当把自己的学问写出来的时候，则是经过字斟句酌而相对物化的固体状态了。这种变成文字状态的学问，才便于传播和改进。他这番话把我从惭愧中解脱了出来。我更坚信写作和发表是努力治学和切磋改进的必要途径，也是人类知识创造、积累和流传的有效方式。

1989年暑期后，处于学术起步阶段的我，陷入空前烦恼的境地，对治学方向也一度感到困惑。在这人生的十字路口，田余庆、马克垚先生对我的研究路数予以充分的鼓励。邓广铭先生每次碰到我，都和蔼可亲地和我拉话，谈古论今，谆谆开导。罗荣渠先生这时已经开启了他认为对国家更为重要的现代化比较研究，连年发表煌煌大作，成就骄人。大概是为了安定我的情绪，他特意委托并无现代化研究经历的我，协助他选编一部论文集《中国现代化历程的探索》。他在出国前，把选编思路和已经搜集到的论文都交代给我，让我继续搜集一些有代表性的文章，并翻译几篇外文论文。这使我那段时间能排遣烦恼，潜心在陋室中钻研。我知道他对学生甚至同事的学术要求非常严格，动不动就直言批评。他的学生都挨过批评，有的还被他淘汰。所以我领受他布置的工作，一则以喜：难得严师的指导；一则以忧：怕是交不了差。这种心态让我只有加倍努力了。他回国后，对我的工作似乎尚感满意，认为挑选的论文还算上乘，翻译的英文还算通达。其实那些社会学外文的专业术语十分难懂，我的翻译难免生涩。他表示满意，主要是出于鼓励吧，我还是知道自己是几斤几两的，只是庆幸这次答卷算是过关了。

但接着我就在他那里碰了壁。那年国家社会科学课题中有中国现代化问题的研究，我就一时忘了自己是几斤几两，匆匆忙忙地写出一个中国现代化研究的课题申请，兴冲冲地拿给他看，希望得到他的支持。他是国家社科基金的评审委员，我知道他对世界现代化进程的比较研究，归根结底是瞄着中国现代化进程这个大目标的，所以我很期望得到他的支持。过了两天，他把我叫到家里，毫不客气地说：你写的申请我看过了，不行！我不支持你这个申请，你根本不具备这项研究的基础。哎哟，这一盆冷水泼得我，只觉得痛快服气，又找回自己几斤几两的感觉了。

大概在1991年下半年，根据苏联阵营解体、国际冷战结束后各国档案陆续解密的新形势，著名的美国威尔逊国际学者中心（Woodrow Wilson International Center for Scholars）设立了冷战国际史研究项目。罗老师大概是为了帮我摆脱困境，指点我去申请这个项目做访问学者。他是这个项目所邀请的推荐人之一，为我写了强有力的推荐信。新年前后，他又把我叫到家里，说已收到该项目学术委员、老朋友孔华润（Warren I. Cohen）教授的贺年片，其中提到已经为"Mr. Niu"做了安排。这对困顿中的我当然是个好消息。后来，项目委员会发来了正式通知，给我提供了整一年的访问学者全额奖助。迄今为止，这也是该项目对中国学者的最高奖助了。虽然我的出国手续又遇到一些意想不到的麻烦，但到1992年底终于成行，由此我步入了冷战国际史研究的新领域。

这些事使我深深感到，罗荣渠在我的学术道路上是严师，也是恩师。

我回国后，他已经是现代化研究的国际名家了，正在组织学术团队进行世界现代化的比较研究。那时，颇有一些人以冷战时期美国某些政客和学者曾试图以现代化对抗共产主义为由，给现代化研究贴上"资本主义学说"的标签，纠缠于"姓资姓社"的问题。罗老师在同辈知识分子中，是长期熟读马克思主义经典著作，也非常熟悉"革命话语体系"的学者。他引经据典，论证现代化是马克思主义的要义之一，也是共产党人长期为之奋斗的目标之一。他尖锐地指出，干扰和破坏中国现代化进程，是日本帝国主义的侵华罪行之一，也是以"四人帮"为代表的"左"倾祸国的恶果之一。在一时思想混乱、议论纷纭的情况下，他以"苟利国家生死以，岂因祸福避趋之"的士人襟怀，不畏艰险，敢于担当，披荆斩棘，和同道们一起，坚忍不拔地开拓着富有中国特色的现代化理论和实证研究。他果然从对世界现代化的比较，转入了最迫切也最敏感的中国现代化进程研究，开始系统地阐发自己对这个亟待创新而又很有风险的问题的真知灼见。

吾辈可能不大了解，"文革"期间世界史的教学与研究一度中断，罗老师在随时代潮流钻研马列主义、毛泽东思想之余，曾投入相当精力研究中共党史和中国现代史。至90年代中期，他既有长期的理论积淀，又对中外相关领域的成果和论点了如指掌，创新思维达于高潮，创作方法驾轻就熟，文思泉涌，笔锋雄健。每年他都会有一批又一批颇有创见的论文问世，有时一年仅在《历史研究》上就发表两篇大作，是史学界罕见的纪录。1996年2月16日在全系教师的新春团拜会上，他兴奋而又自信地对大家说：我今年打算每个月发表一篇论文！我相信，他说这个话，是胸有成竹的。

可惜天不假年，正值创作高峰期的他遽然去世。大约就在这年4月的一天，突然传来他骤发心脏病，正在北医三院抢救的消息。当我赶到病房时，正撞上医护人员撤出一切抢救设备。简直不敢相信斯人已逝！因为两天前我还在系里碰见他，说了几句关于我去年在《历史研究》上那篇抗战胜利时美军空运一批中共将帅去前线的论文所涉及的历史偶然性和机遇问题。当时他气色如常，全无异样，这一下竟天人永隔了？看着他苍白的遗容，真令人悲从中来！

这些年，我常想，哪怕上天能再给罗荣渠老师10年时间，中国的学术研究一定会有突破性的进展。现代化研究是一个关乎中国与世界发展前途的跨学科重大课题，罗老师又是一个兼具宏观思维和世界视野、立论恢宏而逻辑缜密、能旁征博引又通古今之变的大学者。诚如李慎之先生《痛失良史悼荣渠》一文所言：中国有大视野、大魄力又有实实在在的学力的学者真是稀少与可贵，"荣渠未能尽展所长而猝然辞世，使我不能不为中国学术界感到深深的悲痛"。

罗老师离世对思想理论界和学术界造成的损失，从另一个角度也许可以看得更清楚。当面临世纪之交，需要草拟《高等学校人文社会科学研究"十五"规划及课题指南》时，又一度出现思想混乱。某些人士在有关的咨询报告中，竟然把罗老师已经澄清的理论问题又搅成浑水，试图以"淡化马克思主义""淡化反帝反封建的中国近代史基本主线"为名，批判现代化研究。北大历史学系接到这个咨询报告草案，觉得如果不严肃批驳，将对我国新世纪的人文社科发展造成严重误导，对中国第一大课题——现代化研究造成严重误解。于是有部分教师向有关部门送交了严正意见，要求抵制那股反现代化的逆流。

今天，人们已经越来越清楚，罗老师当年的论断是有根有据的：现代化研究的基本理论，很重要的一个来源就是马、恩的学说。正如后来"全球化理论"兴起时，国际学术界公认马克思是全球化理论的始祖一样。这已经是不争之事实。但另一方面，令人遗憾的是，罗老师当年开创现代化研究的艰难，在人人高谈现代化、全球化的今天，好像也被淡忘了。对那些打着马克思主义旗号批判现代化研究的文章和作者，其思想之僵化而颟顸似乎是不可理解和想象的。有鉴于此，有必要把北大历史学系部分教师为维护现代化研究的正当性而撰写的意见附录于此，作为对开创者罗荣渠老师的纪念。

2018年1月15日

附 录

对《高等学校人文社会科学研究"十五"规划及课题指南》历史学咨询报告的批评修改意见

北京大学历史学系收到《高等学校人文社会科学研究"十五"规划及课题指南》的历史学咨询报告（以下简称"报告"），即分送部分教授征求意见。教授们对报告起草人的辛勤工作表示肯定，对报告中的许多论点表示赞成，但对报告中的另一些论点则不能同意。现将修改意见综述如下。

一 关于我国史学发展的指导思想和反错误倾向问题

"要警惕右，但主要是防'左'"，这是我们在新时期发展历史科学的唯一正确的指导方针，是我国史学教育与研究工作健康成长的重要保证，也是广大学者和人民的共同心声。报告撰稿人应该对邓小平同志的有关论述有完整准确的理解，对数十年来历史实践反复证明了的真理有全面深刻的认识，并将这种理解和认识贯穿和体现于报告之中。不要背离正确的政治原则，以偏概全地另搞一套只防右不防"左"或将右和"左"的危险轻重倒置的方针。无论这样搞的动机如何，其结果必将给我国的历史科学在新世纪初的发展造成有害的影响。我们诚恳希望报告撰稿人深思这个问题，增写"左"的倾向给史学发展造成的严重危害（难道没有吗），以及今后怎样贯彻"要警惕右，但主要是防'左'"的方针。

具体地说，报告第5页末段、第6页首段和第7页第2段中关于"淡化"马克思主义问题的论述，是过于简单和片面了。反对错误倾向，必须坚持反"左"和反右两条战线的斗争，而且主要是反"左"。这才是正确的政治立场，必须旗帜鲜明，毫不含糊地站稳和坚持。建议报告修改这里的论述。

"十五"期间我国史学教育与研究的指导思想，只能是中共十一届三中全会制定的"解放思想，实事求是，一切从实际出发，理论和实际相结合"的思想路线，不能是一条"束缚思想，两个凡是，一切从本本出发，理论和实际相脱离"的错误路线。面对这两条根本对立的思想路线,史学工作者应该坚持什么?反对什么?希望报告有明确的表述。

二 关于对过去五年国内外研究概况的总结

这是比较难于总结的问题。但必须看到,"国际历史科学大会"对史学新前沿所能反映的广度和深度极为有限。世界各国的一流学者多数不去参加被欧洲某几国的史学协会所主持的这种题目空泛而专题同行较少的"罗马大会"。真正反映最新前沿与动态的,是国际一流的学术刊物、专著,和一些专业性强、规模小、学科分支同行相对集中的专题学术研讨会。只不过这种动向需要下极大的功力去搜集和分析罢了。但无论如何,不能仅凭两次"国际历史科学大会"的论题来概括当今国外史学研究的趋向和热点。

至于90年代以来国外史学研究方向的转变,与报告第2页末段所说的正好相反,我们认为对史学体系和全球性解释公式的构建是加强了,至少没有减弱。而微观史学则早已有之,不是新出现的。

国内的一个特点确实是喜欢围绕重大纪念活动召开学术研讨会,但这是很有争议的一个特点。国内外都有一些著名学者认为这不是学术发展的正常风气。

中国古代史领域"大型史学工程相继问世"也是一个特点,"反响强烈"也是事实,但其中也包含着很多对这些"大型工程"的批评甚至否定意见。史学发展还是要以"小型""个体"深入扎实的研究为根基,不要好大喜功。以报告赞扬的"夏商周断代工程"为例,其投入产出效益,在国内外颇受非议。不过是报喜不报忧而已。

中国现代史领域取得较大进展的是二十世纪的中外关系、现代化进程、社会史、思想文化史、中华人民共和国史等分支。抗战史研究的主要进展是根据地建设、正面战场、日军暴行(不只是南京大屠杀)。报告对这些成就的论述不到位。

报告第11页之"(三)"断言中国的世界史研究历来"在研究进程和学术水准上,都相对滞后于中国史研究"。我们认为不尽然,应该是有所短也有所长,以前和近年皆如此。请撰稿人再推敲一下,避免做绝对化的结论。

三 关于对马克思主义的态度

马克思主义是科学的开放的发展的思想体系。科学是因为它引导人们对真理不断进行探索并在实践中反复检验;开放体现在它能充分地批判性地吸收人类思想(包括资产阶级思想理论家)的精华,发展意味着它能不断吸取新的研究成果、回答新的现实问题。

我们对马克思主义的态度,一是要坚持,二是要发展。坚持和发展马克思主义,就必须结合具体的历史条件去分析解决实际问题,必须允许在实践(包括科研)中探索、争鸣和创新。不能把马克思主义当作空洞的、封闭的、僵化的教条,不要以唯一握有马克思主义解释权的垄断者自居,不应对运用马克思主义基本原理去分析新现象、研究新问题、提出新观点的大胆尝试抱敌视和排斥的态度。这种尝试的结果可能不够成熟,甚至可能失误(在科学研究中,失误不可避免),但是,敢于坚持和发展马克思主义,勇于探索和创新的精神是永远值得鼓励的。

马克思主义史学理论也是一个科学的开放的发展的体系,肯定会在吸收史学研究的新成果中不断地丰富和前进。报告不止一次地指责史学界存在"淡化"马克思主义的倾向,却丝毫不提"僵化"和"教条化"马克思主义的危害。而所谓"淡化"和"不讲甚至取消马克思主义理论的指导"云云,实在是一些大而无当、含义模糊的政治帽子,可以上挂下联,打击一大片。如果"不讲"马克思主义理论的指导,就意味着"淡化"甚至"取消",那么绝大多数学者的绝大多数论文著作,都难逃这顶政治帽子,因为"文化大革命"时期的那种动辄以"最高指示"挂帅的文风毕竟已不多见。报告本身似乎也"不讲"列宁主义、毛泽东思想和邓小平理论,不知有没有"淡化""取消"之意?建议报告撰稿人还是正确地对待自己和广大学者,放下手中的帽子和棍子。

四 中国现代化研究是"淡化"还是丰富了马克思主义史学

报告第 4 页为我们提供了一个"淡化"的实例:"即淡化中国近代史中的反帝反封建的基本历史主线,而突出'近代化'的历史要求;尽管这一看法受到了应有的批评,但是并不等于这种看法真正得到了纠正"。这里用的是一条很奇怪的逻辑!把马克思主义经典作家关于现代化(旧译"近代化")的论述同中国历史发展的实际相结合,建立起有中国特色的马克思主义现代化史学体系,这是我国人文社科"七五""八五"和"九五"规划的重点课题和重要成果。以罗荣渠、章开源等为代表的一大批学者在这方面披荆斩棘、艰苦开拓，从理论构架到实证研究，成就斐然，有目共睹。可以毫不夸张地说，现代化研究是我国学术界十几年来取得的最重大进展之一，它增强和充实了中国近代史反帝反封建的基本线索，是"好得很"，不是"糟得很"。所谓"突出'近代化'的历史要求"，就"淡化"了"反帝反封建的基本历史主线"，是个什么逻辑呢？是指反帝反封建的革命不是出于中国人民对现代化的历史要求吗？是指中国的现代化和反帝反封建革命只能舍此取彼，没有历史的内在联系吗？是指革命目标不是解放生产力，革命政党不是先进生产力的代表吗？我们不敢赞同这样的逻辑。

建议报告撰稿人对学术研究的新进展，予以客观公正的介绍。不宜自任裁判，对不同的流派、观点、方法和视角，简单地用"正确"或"错误"来加以判决，也不宜对不同意见的争鸣，正常的批评与反批评，片面地下"应有"或"不应有"的断语。

五 关于"十五"期间的主要任务

建议报告在第7页关于"十五"的重要目标任务的段落中，加写"继续努力营造民主、科学、百花齐放、百家争鸣的学术环境，抵制来自'左'和右的各种干扰"等类的内容。

报告提出"要鼓励开拓新的研究领域，特别是改革开放以来提出的历史问题和现实问题"。我们非常赞成。但觉得要想实现，须有两个必要条件：一是要有如上所述的学术环境，至少别帽子漫天，雷区遍地；二是要依法开放档案等原始材料，否则"巧妇难为无米之炊"。希望报告补充呼吁一下。

六 关于重点领域和研究课题的布局

目前的报告比较强调史学理论和史学史研究，我们也认为史学理论和史学史是重要的，应该加强。但这里有两个问题：一是不能仅仅从理论到理论地谋求发展，或只是结合史学史来研究理论，而必须同历史实际问题结合起来研究理论，遵循"实践—认识—再实践—再认识"和从具体到抽象、从特殊到一般的认识规律，让理论来源于并验证于具体的历史实际；二是作为高校历史学的五年规划，对重点领域和研究课题的分布应照顾全局，力求公道。至少应照顾到所有二级学科甚至三级学科的平衡发展，不宜让撰稿人自己的学科独享优先照顾，凌驾于其他二级学科之上。

历史学毕竟是一门实证性的科学，一切理论都必须从实际出发，密切联系实际。应吸取史学史上的教训，注重史论结合的研究，避免空论，不再重蹈"以论代史"的覆辙。

建议参照前几个五年规划的重点领域和研究课题的布局，根据世纪之初的特点与需要，重新调整高校"十五"规划的学科分布、重点选题和一般选题。

我们对报告开列的具体选题大体上是赞成的。在此基础上建议：

在中国史领域增加下列课题：中华文明的历史特点与发展趋势，中国政治经济体制变革史，中国疆域的形成与变迁（不限于近代），城乡社区管理史，中国大区地貌结合部（如北方农牧交错带、西部藏彝走廊）的社会变迁，区域生态环境史，中外政治文化比较，中国周边关系史研究，中国跨边界民族史研究，中国海外学人对现代化的影响，中国改革开放的历程，现代中国与世界体系的关系，中国与国际冷战的互动关系，沿海地区的现代化及其对近代中国的影响，中国东西部地区互动关系史，近现代中国的经济变迁与生产力发展，近代中国的市场经济与市民社会发展史，近现代中外科学技术的发展比较，二十世纪中国高教体制变革史，中外历史学高等教育比较研究，等等。

在世界史领域增加下列课题：马克思社会形态理论研究，各大国（不仅是美国）对外政策与对华政策研究（文化政策是次要的），主要国家与地区的战略关系变迁，二十世纪社会主义与资本主义两大体系的发展、对抗、危机控制与共处，冷战国际史研究，二战后国际政治格局的变迁趋势，二十世纪民族独立运动与殖民体系瓦解，百年来国际安全体系与国际秩序的建立、破坏与重建，二十世纪的高科技革命及其历史意义，百年来各种局部战争的起因、控制与后果，全球化、区域化与本土化历程，人类环境变迁与各国对策研究，美国史研究，欧洲一体化进程，等等。

最后声明：以上意见，仅供参考，并不意味着历史学咨询报告受到了"应有的批评"。当然，如果认为这些意见属于"不应有的批评"，我们愿意和广大学界同行开诚布公地进一步讨论这些问题。

北京大学历史学系部分教授
2000 年 6 月 17 日初稿
2001 年 1 月 22 日修订

山高水长有时尽，唯我师恩日月长

——恩师罗荣渠教授90冥诞感怀

严立贤

今年8月29日是恩师罗荣渠教授90周年冥诞。也就是说，从恩师1927年的8月29日出生，到今年的8月29日，已经过去整整90个年头了。如果恩师还活着，可就是一个真真正正的华诞了。因为恩师的业绩，他对国家和人民的学术贡献已经为世人所共知、为学界所公认，可谓是一个名著学界、学贯天下的大学者了。华诞变而为冥诞，其中包含着他的亲人、朋友和学生的多少伤痛和对他绵绵无尽的哀思……

众所周知，恩师最重大的学术贡献就是在我国学术界亲手开辟了马克思主义现代化研究这个新的领域。

笔者认为，恩师之所以最终走上现代化研究并开拓出马克思主义现代化理论新境界，也是经历了一个艰难曲折的历程。笔者通过阅读恩师的日记集《北大岁月》，发现恩师还在大学时代就萌发"现代化理论"的某些思想火花。恩师之所以能够在晚年开拓出这个新领域，并不是偶然的，而是有着其深刻的思想基础的，是与他的历史观有着密切联系的，这个历史观在大学时代就开始形成，以后逐渐成熟并且一直坚持、一以贯之。这个历史观就是唯物史观，真正的马克思主义的唯物史观。恩师从大学时代萌发有关现代化的一些最初思想到形成成熟完善的现代化理论体系，大体经历了四个阶段：①在大学时期积极追求进步，通过学习马克思、恩格斯著作，接受唯物史观；②50年代至"文革"结束，身处逆境、自强不息，对涉及唯物史观的重大理论问题进行独立思考，成为现代化研究的先期探索；③自粉碎"四人帮"到1980年赴美进修出国前，对历史唯物主义关于历史动力问题进行了新探索，为开创马克思主义现代化研究进行了前期准备；④自赴美进修归国后，解放思想、上下求索，终于开拓出马克思主义现代化研究的新领域。①

大学时代的四年，是恩师初步掌握了历史学的基础知识，并自觉地接受了马克思主义唯物史观的四年。恩师在大学时代所理解的唯物史观，就是经济基础决定上层建筑、阶级斗争是经济基础的反映的真正的马克思主义唯物史观，而不是那种认为人类文明史就是阶级斗争史的假马克思主义的唯物史观，这为他以后进一步深化对马克思主义唯物史观的理解，最终开辟出马克思主义现代化研究这个领域打下了一个有益的基础。如他在1948年3月15日的日记中写道："日来学究们在现实的苦闷中多爱谈论中国文化问题。想在这方面找出路的人有张东荪、梁漱溟等先生。……好久我就想写篇文章痛斥此型文化论派了，无奈总懒得动笔。翻开Engels的《空想社会主义与科学社会主义》（林超真译本）来看，我见恩公早比我先骂了。"恩师接着摘录了恩格斯该书中那段著名的关于社会变革的根本原因不应当在人的思想中寻找，而应当到生产方式、到这个时代的经济中去找的话，说道："这段话，批评得完全恰当。当代这些先生们论所谓文化，不过就是在纸堆里拣点死哲人的话来引申一番，或者痛骂一番而已。仿佛文化除了讨论这些以外就没有东西可说了，又仿佛提起笔来'随心所欲，不逾矩'地谈谈，中国文化问题就可以如此解决了似的，真是令人喷饭！"恩师在大学时代就能够用马克思主义唯物史观的基本观点来批判当时的文化大家，真可谓大智大勇者也！

恩师在北大教学的最初20年，作为一名"老运动员"受尽磨难，但在逆境中仍自强不息，博览群书，在教学与研究中涉猎党史、世界史、拉丁美洲史、社会发展史、中国史等众多领域。这些综合知识的积累为他以后从事本身属于综合研究的现代化研究打下了扎实的基础。特别是从对农民革命的评价入手，触及马克思主义唯物史观的基本理论问题，在认真阅读经典作家原著的基础上进行了独立思考，得出了科学的结论。如他在1972年9月2日的一封信中写道："（《张献忠屠蜀记》）虽然文学价值没有（《水浒》）那样高，

---

① 严立贤：《走向马克思主义现代化研究的曲折道路——罗荣渠教授在〈北大岁月〉中的艰难路程》，南开大学现代化进程研究哲学社会科学创新基地主编《现代化研究》第4辑，商务印书馆，2009。

但作为研究农民运动的价值来说，则大大超过。"他还写道："请读一读马克思对于太平天国的评述吧！这里的确是反映了'用丑恶万状的破坏与停滞腐朽对立'的历史。只是马列的书已经不被人读了，很多重要的原理也被人遗忘了！那种把农民运动描写成无产阶级革命一样的假历史到处都是，总有一天要走向否定之否定的。"在1975年11月9日的一封信中写道："马克思主义者肯定历史上农民起义的进步性和革命性，一方面是恢复历史的本来面目，一方面是宣扬造反有理。但是，马克思主义者是站在无产阶级的立场来宣扬农民起义的，而不是把自己降低到农民阶级的水平去宣扬农民起义。因此，对于农民起义当然应持两点论。我的看法是：农民被剥削压迫，忍无可忍，铤而走险，揭竿而起，敢于革命，这就是农民的革命性的一面；而农民不可能认清封建制度的本质，也不可能找到自己解放的道路，这就是农民的历史局限性的一面。中国史上的汉、唐、明、清四大帝国都是在农民大起义的基础上建立的，但丝毫没有越出封建制度一步。清代的太平天国起义，是在西方基督教的意识形态影响下搞起来的，也仍然没有越出其历史局限性。这就是农民局限性的历史悲剧。马克思主义者研究历史，必须在充分肯定农民的革命性的同时，指出其历史的局限性或落后性，才是真正的无产阶级革命家的立场，否则就倒退到农民革命家的立场上去了。"这些工作都是日后开拓马克思主义现代化研究所必不可少的基础性工作。恩师对把农民运动无限拔高、描绘成无产阶级革命的假历史，进行了严厉的批评，认为这是一种假马克思主义，是对马克思主义的肆意扭曲。对农民运动在中国历史上的作用如何认识的问题，是一个在中国历史研究中是否真正贯彻了马克思主义唯物史观的基本问题。恩师一接触这个问题，就表现出一位真正的马克思主义历史学家的独特素质，表明他比当时的许多著名人物都要高远见许多。

从粉碎"四人帮"到1980年赴美国进修前这四年，是恩师走向现代化研究的关键之年。在这四年中，恩师紧紧围绕着历史前进动力问题，对马克思主义唯物史观的基本理论进行了重大的探索，取得了突出的成就。在唯物史观关于历史发展动力理论上的突破，是恩师对我国马克思主义唯物史观研究的重要贡献，同时也为不久就要展开的马克思主义现代化研究准备好了前期条件。发表在《历史研究》1980年第5期的《略论历史发展的伟大动力与终极原因的内在关系》一文是恩师在这一时期的代表作。[①] 在该文中，恩

[①] 罗荣渠：《略论历史发展的伟大动力与终极原因的内在关系》，《历史研究》1980年第5期。

师根据马克思、恩格斯的论述，以及理论与历史相统一的原则，阐明了马克思主义唯物史观中生产力与阶级斗争在历史发展过程的作用以及二者之间的相互关系。恩师在总结了马克思、恩格斯的论述后提出："经济力量是历史发展的终极原因，这是历史唯物主义的根本观点，它规定人的能动作用的物质条件和不可超越的客观界限。阶级斗争是历史发展的'伟大动力'，这是历史唯物主义的另一基本观点，它强调人对历史的直接创造作用和不同社会集团在历史舞台上的不同作用。"但是，阶级斗争的"伟大动力"作用是受生产力条件的制约的，并不是任何阶级斗争都可以发挥"伟大动力"作用。"马克思主义认为，只有导致阶级关系变动、生产关系变革、社会进步的反抗斗争，才具有真正的社会革命意义。"也就是说，只有在新的生产力发展到一定的水平，发展到与旧的生产关系发生冲突的时候，代表着这个新的生产力的阶级所发动的斗争，才能够成为历史发展的"伟大动力"。"社会从一种社会经济形态发展到另一种社会经济形态，从一种生产方式过渡到另一种生产力式，都必须有一定的社会经济前提和物质基础。新的社会经济因素是社会物质生产规律起作用的产物，不是单纯的暴力的产物。如果在旧社会的母体中没有代表先进生产方式的新的社会经济因素出现并趋于成熟，单纯的革命暴力只能引起改朝换代，而不能造成真正的社会革命。"恩师特别指出，必须"完整地准确地理解马克思主义的科学思想体系，坚持历史唯物主义的立场、观点和方法，大力加强对历史过程中的经济因素的研究，特别是加强阶级斗争与经济发展的关系的研究"。"这样做，当然不是说应该削弱关于阶级斗争的研究，而是说不能片面地孤立地研究阶级斗争，应该把阶级斗争作为一种经济力，作为生产关系内在矛盾的社会体现来加以考察，并且要追溯动力背后的动因，透过阶级斗争的脉络去把握历史发展的经济脊梁骨。"这种以经济研究为基础，把历史过程中的经济因素和政治因素结合起来，揭示历史发展的经济脊梁骨的研究方法，正是现代化研究。这一时期，恩师通过对历史唯物主义的重大理论问题的探索，已经走到了马克思主义现代化研究的家门口，剩下的就是找到一个机会，打开这扇门，进入马克思主义现代化研究这个新的殿堂。

这个机会很快就来了。1980年11月，恩师获得了赴美进修的机会。在美国，恩师结识了美国著名现代化研究者布莱克，开始接触现代化研究这个新领域。一接触到现代化研究，恩师立刻发现现代化研究与他长期以来的研究目的和研究方法具有相同之处，于是决定回国后开辟这方面的新路。1986

年6月，恩师在《历史研究》第3期上发表论文《现代化理论与历史研究》，阐述了现代化概念的基本含义及其对历史学研究的意义。1987年初，恩师在北大成立世界现代化进程研究中心并承担国家"七五"社科基金重点项目"世界各国现代化比较研究"。恩师在回顾自己选择转入现代化研究时这样说道："从美国归来后，我本来是准备从中国人的视角写一部新的美国史：《美国的历史与文明》，做一个美国史专家的。但中国社会主义现代化的大潮使我改变了主意。在美国期间，我读到布莱克教授的《现代化的动力》一书，后来又在普林斯顿大学与他本人和研究中国现代化的课题组成员见了面，这给我以新的启示。我年轻时即有志于中国文化出路的探索。中国搞了一百多年的现代化运动却没有自己的现代化理论，备尝'摸着石头过河'的艰辛。我认为从世界各国现代化进程的比较研究着手去探索中国的现代化历程，是当前中国史学界面临的一个具有重大现实意义的研究课题。历史学必须与时代同呼吸共命运。于是我毅然中断了美国史的写作，开始踏入了现代化研究这个新园地。"①

恩师对自己的现代化研究进行了总结。他说道："几年来，我从基本理论入手，根据马克思逝世一个世纪以来世界发展进程的丰富经验，按马克思本来的构思，提出了一元多线历史发展观，初步形成了建立马克思主义现代化理论的中国学派的基本架构；运用新的发展观，探索了两个世纪以来现代化的全球发展趋势，特别是把中国现代化的进程放在世界大变革的背景中进行了新的研究，对旧的理论、方法与结论都有所突破。对我自己来说，也完全突破年青时代为中国文化寻找出路幼稚想法，认识到现代生产力的大发展才是现代中国发展的根本性问题。"②

恩师在马克思主义现代化研究领域所取得的成就是巨大的。根据林被甸教授的总结，主要包括以下三个方面：①以历史唯物主义为指导，提出了以生产力作为社会发展中轴的一元多线历史发展观；②从宏观史学角度，探讨了现代化世界进程的总趋势，对两个多世纪来现代世界的历史巨变做出了新概括；③在世界大变革的总进程中考察了近代中国的巨变和艰难的现代化历程，对一百多年来的中国近现代史进行了新阐述。③

---

① 《罗荣渠自述》，罗荣渠：《北大岁月》，商务印书馆，2006，第3~4页。
② 《罗荣渠自述》，罗荣渠：《北大岁月》，第4页。
③ 林被甸：《灿烂的学术人生》，林被甸、周颖如编《求索者足迹——罗荣渠的学术人生》，商务印书馆，2006，第172~178页。

笔者认为，恩师开创的马克思主义现代化研究在马克思主义理论发展史上具有很高的地位，在当代中国学术史上写下浓墨重彩的一笔。

笔者认为，在马克思的理论中，既有关于现代生产力和现代工业社会发展的理论，也有关于生产关系、阶级斗争和无产阶级革命的理论。由于马克思所处的时代是资本主义社会矛盾最尖锐的时代，马克思预计已接近无产阶级革命的直接序幕，因此，他比较注重后一方面理论的建设，在其庞大的理论体系中，关于后一方面的理论发展得比较完善，而关于前一方面的理论则比较薄弱。马克思理论的这一缺陷在列宁那里获得某种程度的改善，但后来又被斯大林推到了极端。在我国，由于在相当长的一个历史时期内，在理论上一直受"左倾"思潮的支配，马克思主义也一直被曲解为只是关于阶级斗争和无产阶级革命的学说。党的十一届三中全会以后，中国开始实行以经济建设为中心的改革开放政策。老师以一个历史学者和马克思主义理论家的气魄与洞察力，准确地把握住了这场变革的内涵及其意义，认识到将长期被忽视的马克思主义理论中关于现代生产力和现代工会的理论加以引申和发展，以确立马克思主义现代化理论的伟大现实意义。马克思主义的现代化理论既然是从马克思主义的理论体系中引申和发展出来的，就必然要坚持马克思主义辩证唯物论和历史唯物论的基本原理。老师曾多次谈道，我们研究现代化理论，必须坚持马克思主义，坚持唯物史观，否则现代化理论就会失去科学性。另一方面，马克思主义现代化理论既然是对马克思主义理论体系中关于现代生产力和现代工业社会发展的理论的引申和发展，就不能完全局限于原有理论体系中的不完整论述，它必须用马克思主义的基本原理分析在新的历史条件下所出现的新问题，以得出新的结论。事实证明，由于受历史条件的限制，马克思甚至列宁的一些预测并不完全准确。随着科学技术的飞速发展，资本主义社会的矛盾运动方式甚至社会主义的具体形式也会随之发生变化。我们必须探索马克思主义的基本原理在新的历史条件下的新的作用形式，以发展马克思主义。否则的话，就会由于作用形式的变化而使人误解为基本原理的动摇，从而从根本上怀疑马克思主义。在新的历史条件下，只有发展马克思主义才能真正地坚持马克思主义，而在马克思主义基本原理的指导下，建立现代化理论的中国学派，则是发展马克思主义的一个重要内容。

建立马克思主义的现代化理论和现代化研究的中国学派，还必须充分借鉴和吸收西方资产阶级发展理论的合理因素。马克思主义中关于现代生产力和现代工业社会的理论长期得不到发展，而西方资产阶级的发展理论却随着历史条件的变化不断得以发展。特别是第二次世界大战以后，在西方国家出现了发展经济学、发展社会学、现代化理论、依附理论、现代世界体系论等各种发展理论，使资产阶级理论获得了长足的发展，借鉴和吸收这些理论中的合理因素，对于我们建立马克思主义的现代化理论和现代化研究的中国学派，有着重要的意义。恩师正是这样，以马克思主义的基本原理为指导，借鉴和吸收西方资产阶级发展理论的合理因素，对世界范围内的由传统农业社会向现代工业社会的转变过程，进行了独创性的分析和研究，为建立马克思主义现代化理论和现代化研究的中国学派，为实现马克思主义在新的历史条件下的新的发展作出了重大的贡献。

笔者有幸从1988年9月投入恩师门下，攻读世界现代化进程研究方向的博士学位。在恩师于1996年去世以前，笔者一直（包括1993年获得博士学位转入中国社会科学院近代史研究所工作以后）在恩师的指导下从事中日早期现代化进程比较研究。1996年恩师去世后，笔者转为马克思主义唯物史观与中国现代化进程研究，立志按照恩师生前的教诲，以马克思主义唯物史观为指导开辟中国近代史研究的新局面，也就是要建立中国近代史研究的能够取代"革命史范式"的"现代化范式"。

应当说，在20世纪八九十年代，从事现代化研究的学者或学派名目繁多。但是，各种形式的所谓"现代化研究"，基本上都是只注重生产力发展及由此带动的社会结构转型而忽视阶级斗争的，有的甚至将现代化研究直接等同于资本主义或资产阶级研究，只有恩师的"现代化研究"在注重生产力发展及由此带动的社会结构转型的基础上，注意到了阶级斗争在中国近代史上的特殊地位和作用，主张将阶级斗争（或政治革命）纳入"现代化研究"中来，以此扩展"现代化研究"的视野，丰富和完善"现代化研究"的分析架构，使"现代化研究"真正成为一种能够充分解释近代以来中国历史的分析架构，真正成为一种研究"范式"或成熟的研究方法。恩师批评"革命史范式"把阶级斗争当作历史发展的根本动力，表现在中国近代史研究上则只看到阶级斗争和政治运动而看不到社会生产力的发展及由此带动的由传统农业社会向现代工业社会转型的毛病，但又不否定阶级斗争和政治革命在中国近代史上的意义，而是主张建立一个包括革命而不是排斥革命的"现代化范式"以取代"革命史范式"。他写道："九十年代以来，中国自己的现代化理论在历史唯物主义的基础上开始形成。理论的主要基点是：把以阶级斗争作为社会变革的根本动力转变为以生产力的发展作为社会变革的根本动力；现代化作为世界历史进程的中心内容是从前现代的传统农业社会向现代工业社会的大转变（或大过渡）。从这个新视角来看，鸦片战争以来中国发生的极为错综复杂的变革都是围绕着从传统向现代过渡这个中心主题进行的，这是不以人们意志为转移的历史大趋势。有了这个中心主题，纲举目张，就不难探索近百年中国巨变的脉络和把握中国近现代史的复杂线索。"[1] 恩师明确强调用"现代化范式"研究中国近代史不能否定革命而必须包括革命。他写道："以现代化为中心来研究中国近现代史，不同于以革命为中心来研究中国近现代史，必须重新建立一个包括革命在内而不是排斥革命的新的综合分析框架，必须以现代生产力、经济发展、政治民主、社会进步、国际性整合等综合标志对近一个半世纪的中国大变革给予新的客观历史定位。新的研究要求在概念、模式、理论、方法等方面都有新的突破，但这些突破又只有通过系统的切实的研究才可能取得。"[2] 但是，对于如何才能做到包括革命而不是否定，恩师并未加以说明，此后因早逝也未能按照他自己的设想进行中国近代史研究的具体尝试。

笔者认为，恩师为中国近代史研究的"现代化范式"提出的基本原则，即"必须重新建立一个包括革命在内而不是排斥革命的新的综合分析框架，必须以现代生产力、经济发展、政治民主、社会进步、国际性整合等综合标志对近一个半世纪的中国大变革给予新的客观历史定位"，是符合马克思主义唯物史观关于生产力发展是人类历史前进的根本动力、在生产力发展的过程中必然伴随着阶级斗争、阶级斗争（包括其最高形式的暴力革命）是新社会产生的直接动力和"助产婆"等基本原理的，是应当遵守的，只是恩师并没有说明如何做才能达到使这个新的架构"包括革命而不是排斥革命"的目的，而能否做到"包括革命而不是排斥革命"恰恰是新的超越"现代化范式"（"现代化研究"法）和"革命史范式"（"阶级分析"法）的分析架构能否成立的关键。笔者经过长期的研究和思考，认为在现代化研究中引入阶级分析法，通过将现代化分析法和阶级分析法相结合的方式即可以达到这个目的。笔者进行了具体的尝试。将阶级分析法引入现代化研究的直接结果就是创立了现代化模式概念，提出用现代化模式的转换来重新看待和审

---

[1] 罗荣渠：《走向现代化的中国道路》，《现代化新论续篇——东亚与中国的现代化进程》，北京大学出版社，1997，第102页。

[2] 罗荣渠：《走向现代化的中国道路》，《现代化新论续篇——东亚与中国的现代化进程》，第100页。

视近代以来中国的历史进程。

笔者按照现代化分析法，将近代以来中国的社会变动视作一个现代化过程，也即由生产力发展所带动的由传统农业社会向现代工业社会过渡的过程。但是，我们认为中国的现代化进程中也必然伴随着阶级和阶级斗争。我们是坚持马克思主义唯物史观的历史学者，必然认为在近代以来的中国现代化过程中也伴随着阶级斗争。众所周知，在近代以来的中国社会中，存在着各种阶级——封建半封建的地主阶级、农民阶级、民族资产阶级、官僚资产阶级、小资产阶级和无产阶级等，他们在现代化过程中都扮演着不同的角色、发挥着不同的作用。有的是被动地参与社会的现代化进程，有的则主导着或试图主导社会的现代化进程、试图把中国的现代化引向有利于自己阶级的方向。不同阶级所主导的现代化，其生产力发展的状况、政治上层建筑的性质和结构、社会文化和精神与价值观的风貌，总之整个日渐成熟或已经成熟的现代工业社会，都会呈现出完全不同的样态。不同的现代化模式会形成不同的现代工业社会。我们把这种不同阶级主导下的现代化就会产生的不同的生产力发展的状况、不同的政治上层建筑性质和结构以及不同的社会文化与精神价值观的风貌，总之会形成不同的现代工业社会的现象称作不同的现代化模式。一个国家或社会的现代化之所以会形成不同的模式，根源在于不同阶级主导的现代化就会产生不同的现代工业社会。纵观近代以来中国现代化和经济政治变革的历史，可以从不同阶级主导现代化的角度将近代以来中国的现代化划分为三种模式或三条可能的发展道路，它们分别指向三种不同的现代工业社会。这三种模式或三种可能的发展道路为：①由官僚资产阶级主导的官僚垄断资本主义现代化模式；②由民族资产阶级主导的民族资本主义现代化模式；③资产阶级民主主义现代化（分为由资产阶级民主主义者主导的旧民主主义现代化及作为其继承和发展的由无产阶级主导的新民主主义现代化）模式。笔者认为，从以上三种现代化模式的转换中，可以看出近代以来中国历史发展的基本脉络及其趋势。

可以看出，现代化模式是一个同时着眼于生产力发展和阶级关系的概念。近代以来的中国历史从根本上来说是一个由生产力发展所推动的由传统农业社会向现代工业社会转变的社会变迁过程，这个过程表现得非常艰难。如同所有其他国家一样，在近代中国，在由生产力发展所带来的成果和利益的占有上明显地体现为复杂的阶级关系。各社会阶级为了主导对生产力发展成果的占有方式，强烈地表现出将社会的现代化引向符合本阶级利益的方向的愿望，由此必然要形成特定的经济、政治和文化制度，形成不同的现代工业社会，这就构成了我们所说的现代化模式。现代化模式概念既反映了近代中国社会的基本矛盾，也反映了近代中国社会的主要矛盾；既反映了近代中国历史发展过程中的生产力发展方面，也反映了近代中国历史发展过程中的阶级斗争方面，是关于生产力发展是人类历史前进的根本动力，在生产力发展的过程中必然伴随着阶级斗争，阶级斗争（包括其最高形式的暴力革命）是新社会产生的直接动力和"助产婆"，以及经济关系是对于历史来说是具有决定意义的、"贯穿始终的、唯一有助于理解的红线"等马克思主义唯物史观的基本原理，在中国近代史研究领域的精妙运用。在经过20年艰难探索的基础之上，笔者初步建立了一个从现代化模式转换的视角研究中国近代史的基本架构，写成《现代化模式与近代以来中国历史进程》[①]一书，为确立中国近代史研究的超越"现代化范式"（"现代化研究"法）和革命史范式（"阶级分析"法）的新分析架构，尽了一点绵薄之力。现在，笔者正在致力于从现代化模式转换的视角，研究和考察20世纪前半期中国现代化的政治进程，并取得了中期成果。笔者期望能在不久的将来完成这项研究，以对建立中国近代史研究新范式和新方法起一个有力的推动作用。

恩师是我国马克思主义理论大家和马克思主义史学大家，是我国马克思主义现代化研究的开拓者和奠基人。恩师为新时期我国马克思主义理论的转型和历史研究的"范式"转换作出了杰出贡献。我们这些嫡传弟子，有责任继承恩师的遗志，将恩师开辟的马克思主义现代化研究继承并发扬光大，使其在当代中国和世界社会科学体系中占有一席之地。

[①] 严立贤：《现代化模式与近代以来中国历史进程》，九州出版社，2010。

追念恩师罗荣渠先生

梅俊杰

一

我认识业师罗荣渠先生比较晚,不过彼此交往不算少,手头保留的罗先生的信函就有 20 封。

1987 年 11 月,国内社会学界在贵阳召开关于中国社会改革的研讨会,我有论文应征入选,也获邀参会。记得罗先生参加了会议的后半程,特别是在闭幕式上作了关于建立马克思主义现代化理论的重点发言。因为之前南京的一位同事与我翻译了斯塔夫里亚诺斯的《全球通史》,所以会议期间,我当面请教罗先生是否可能促成中译本的出版。罗先生对此书评价很高,认为在并不很大的篇幅中,以全球视野全面描述并精到分析了世界历史进程,此书属上乘之作。罗先生非常热心地帮助联系了三家出版社,可惜"出书难"是当年的常情,我们的译稿最后仍未能面世。然而,贵阳会议让我与先生结了缘。

在了解到我尚具英语翻译能力后,罗先生后来给我寄发了一些英文资料供笔译。其中一篇就是阿明的《依附性发展》(收于罗先生主编《现代化:理论与历史经验的再探讨》,上海译文出版社 1993 年版)。这样的文章为我打开了一个学术新天地,其所展现的旨趣与我当时正在摸索的方向非常吻合,很自然,我就有意报考罗先生新设的世界现代化进程专业的硕士研究生。

对于我的报考打算,罗先生给予了热情的鼓励和支持。他在 1988 年 8 月 29 日的信中写道:"欢迎你明年来考我的研究生,如果你有志于学而不是有志于商的话。为了便于招收跨学科的学生,我在考试时将尽可能照顾外系的考生，试题的适应性较宽，不考钻牛角尖的题目。应考科目主要是世界近现代史，也考一些一般性的现代化理论和历史知识。入学后主要学习现代化专题课、发展经济学、发展社会学等课程。"在1988年12月10日的信中，除了再次欢迎报考并确告考试科目外，罗先生特别指出："考试主要是考分析研究问题的能力，而不是考背书的功夫，因此应在通盘理解融会贯通上下功夫，多读一些报刊上已发表的论文，提高分析能力。当然也要考一些知识面上的问题，主要是通过名词解释来测定。现代化专业理论不是考试的重点，看看我在《历史研究》《中国社会科学》上的三篇文章为主。要关心理论界动态。"（该信收于罗先生文集之四《北大岁月》，商务印书馆2006年版）此后，先生还特意寄来了他在纪念十一届三中全会十周年理论研讨会上获优秀奖的论文《论一元多线历史发展观》。1989年2月硕士考试前夕，罗先生又在百忙中来信："目前考试时间已近，祝你成功！但也要注意身体，才有利于正常发挥。"

其时，罗先生在北大圈内谅必多有才俊，而他居然对一个远在南京部队、非历史专业出身、仅谋面一回的年轻人，给予如此多的关心，让我受宠若惊又如沐春风。这里除因为如他所说"很乐意物色一位外语好而有志于现代化研究的考生"（见其1988年8月29日信）外，主要原因还是先生待人至诚、古道热肠，对我国开辟现代化研究寄殷切希望吧。今天再次展读罗先生这些字迹略显匆草的信件，物是人非，不禁潸然！

考试结束后，罗先生继续惦记着我的事。在英国萨塞克斯大学访学前，他于1989年3月4日来信："我争取在出国之前把专业课考试情况了解清楚。如果我走之前不能决定录取与否，也托别的同志在4月底以前告知录取情况。万一落榜，我希望你不要灰心，明年继续努力！"在英国期间，罗先生于1989年7月24日还写来长信，一方面为我的录取感到高兴，另一方面又关照我"在假期中把积欠的事情都做完，进校以后，就全力投入新的学习"；"你到校后，可以到我家先见见你的师母——周颖如，再见林被甸老师（副系主任），再见见你的师兄——董正华、严立贤、王小平、韩昕，他们会帮助你"。正值现代化研究宏图大展之初，恩师欣喜乐观之情溢于言表："我对这门学科充满信心，大有作为，对你们寄予很大的期望。"（该信也收于罗先生文集之四《北大岁月》，商务印书馆2006年版）此情此景，正是当时求西学若渴、唯进步是图的一个真实写照。

二

带着强烈的求知期望，我在 1989 年 10 月如愿进入罗先生的现代化研究硕士点。先生开设了三门课，一门是"世界现代化进程比较研究"，另两门是"现代化名著选读"和"殖民主义理论选读"。

"世界现代化进程比较研究"于 1990 年 3~7 月开课，不仅面向罗先生自己指导的全部六七名博士生和硕士生，而且接纳其他方向来选课的同学，听讲者有二十来人吧。印象中罗先生借着一沓写满小字的台历样纸片而娓娓道来，总共讲了十个方面，包括：①现代化：研究近期全球性发展进程的新理论架构；②国外现代化研究的思潮、理论与流派评介；③现代化世界进程的整体考察；④西欧、北美的现代化：早期现代化的不同道路与发展模式；⑤日本的现代化：非西方现代化成功的实例；⑥苏联的现代化：社会主义现代化的原型；⑦拉丁美洲的现代化进程；⑧东亚现代化的新浪潮；⑨中国现代化进程的历史考察；⑩现代化的前瞻。不难看出，这些讲课内容实际上就是日后罗先生著作《现代化新论》的雏形。但相比之下，讲课也有其特点，主要是更加鲜明地提出了以现代化来衡量社会进步的新标尺，尤其是更加细致地探讨了国别或地区的现代化进程，如英国、拉美、日本、苏联的现代化。

在我所有选课中，我始终认为，罗先生的这门课最有分量，对我的学术启发最大，所以当时也最为期盼，至今我还保留着完整的听课笔记。先生宏大的学术视野、深厚的史实积累、高度的综合能力、毫无教条气息的理性分析、直面现实问题的务实精神，让每次听讲都无异于一次"精神盛宴"。罗先生就某些重大问题分享了他的真知灼见，同时也启迪后学继续深化研究。这些重大问题诸如：提出现代化框架对历史研究有何意义？什么是现代化和现代性的基本含义？西方率先走上现代化之路缘由何在？英国现代化有何"特殊的历史规定性"？各国现代化为何呈现不同的模式特征？后发现代化成败得失的关键在哪里？非经济因素在现代化进程中占据何种地位？如何理解社会主义现代化的特征与代价？如何看待东亚现代化进程中的普遍性与特殊性？如何恰当衡量中国现代化延误的内外因素？可以说，这些问题都是激发我开展研究的统领性问题，构成了我个人的学术坐标。

两门选读课好像开了不止一个学期，因为仅面向罗先生自己的学生，所以从课时到形式都比较灵活，实际上都是小范围的讨论课，我一入学就参与其中。在"现代化名著选读"课上，罗先生指导我们集中研读了几部重要著作，如艾森斯塔德的《现代化：抗拒与变迁》、罗茨曼的《中国的现代化》、布莱克的《日本和俄国的现代化》、摩尔的《民主和专制的社会起源》等。先生总是提纲挈领地提出问题，引导大家深入探讨并继续研读。例如，关于东亚现代化，他提出了一连串相关问题，涉及东亚现代化的历史条件、文化传统、政治传统；朝鲜战争和越南战争对东亚发展的影响；从东亚发展看现代化理论的发展；从发展角度透视美国的东亚政策；日本现代化对东亚现代化的影响；美国对东亚现代化的影响；东亚与拉美现代化历程的比较；等等。这些问题每个都很有价值，先生的指点有助于我们从大处着眼把握全局，同时又能聚焦关键具体深挖。

图1 　罗荣渠在人民出版社关于《泰晤士历史地图集》
出版的会议上发言，1983年

讨论课上，罗先生也会拿出自己的论文未定稿来讨论。记得有一次他分发了油印的论文《论现代化的世界进程》。面对这个错综复杂、不易驾驭的大课题，罗先生采用了图解分类的方法加以阐述。按照其从量变到质变的横轴和从慢变到快变的纵轴，如何描述和定义不同的社会变迁，很费思量。对于是否使用"渐进性微变""突发性微变""创新性巨变""传导性巨变"

之类术语，罗先生在讨论中反复要我们这些学生提出意见。那种虚怀若谷、平等商讨的气派，我之前未曾见过，如今更是一种稀有的品格。燕园二院楼下窄小的房间里，年长的老师带着三五门生，青灯黄卷如切如磋，当时似不过尔尔，如今却那样令人神往。我自己反正再未有这种为学问而学问、不时茅塞顿开的求学体验了。

"殖民主义理论选读"课也是阅读加讨论，以学生自己研读为主，每次上课时我们先提出问题，再大家一起讨论，后由罗先生作点评，最后需完成的作业是翻译并评介一篇相关的国外论文。这门课当时分为三个单元：马克思主义的殖民主义理论，西方主流的殖民主义理论，当代激进的殖民主义理论。按照罗先生的要求，第一单元中阅读了马克思、卢森堡、列宁、阿维内里、梅洛蒂、霍布斯鲍姆的相关文献；第二单元中阅读斯密、霍普森、菲尔德豪斯、曼德尔、加拉赫和罗宾森的相关文献；第三单元中则阅读胡格维尔特、弗兰克、沃勒斯坦、斯塔夫里亚诺斯的相关文献。

罗先生强调，殖民地理论是现代社科研究中很薄弱的一环，这也是由西方研究导向所造成的，但马克思和恩格斯的著作中系统论述殖民地问题的文章也不多，因此，在我们的世界现代化进程研究中，应当补上这一重要部分。他特别要求我们在研读有关作品时，应注意这几个方面：殖民统治对殖民地造成的变形；殖民地的回应与革命；殖民地在当代世界中的政治经济地位；殖民地社会的性质；殖民地社会发展的前景。至于殖民问题上的马克思主义，罗先生当时给我们提出的问题就有：马克思既然是反殖民主义的，为什么他要提出关于殖民主义的"双重使命"问题；这个"双重使命"的核心思想是什么，与民族自决原则有何关系？马克思的论断对当今世界有何意义？事后想来，罗先生以"殖民主义"搭建的这个框架，实际上囊括了现代化的国际传播、后发现代化的来龙去脉、发达与欠发达的相互关系等一系列经久不衰的要害问题。

罗先生提供的学习内容显然十分丰富，也令人耳目一新。可是，坦率地说，以我当时的知识水平，尚不足以充分吸纳其中的宝贵营养，更难以领略罗先生所构建框架的巨大价值。因此，我经常对人说，北大期间，我在学问上并没有"开窍"。其实这也属正常现象，毕竟当时尚处在积累专业知识的基础阶段，但是，如果说以后还有所"开窍"的话，那终究还是靠了罗先生指导而打下根基。如同语言学习上存在某个以输入为主的"缄默期"，之后才会有以输出为主的"迸发期"，在研究能力成长中，我想道理也差不多。

在课程学习之外，罗先生也为我提供了不少锻炼的机会。在他的指点下，我参与了其所主持的现代化研究西文文献目录的编订，所主编《现代化：理论与历史经验的再探讨》的编校，所组译斯塔夫里亚诺斯著《全球分裂：第三世界的历史进程》的审校，以及若干涉外联络和文章翻译。更难得的是，罗先生体恤学生的劳动，比如对于我参与编校上述《现代化》一书的工作，他不仅在"编者的话"中专门提及，而且还支付我当时不菲的一千多元稿费。再如，在托我笔译了1990年4月他赴美参加研讨会的论文后，罗先生回国时专门送我一支哈佛大学礼品笔表示感谢，现在这支笔还放在我的书架上，作为对先生的纪念。

三

就在我跟随罗先生努力攻读之时，部分因自己涉外交往不慎，我在北大的学习戛然而止。1991年6月30日，在回南京并拟参加第三届全国青年世界史学工作者学术讨论会前夕，我去导师家辞行。谈话中罗先生提出，既已完成了规定学分的课程学习，往下应以毕业论文为重点，他建议我就中国和印度的现代化作比较研究。此外，他希望我争取硕博连读直至今后留校任教（后来在1993年10月31日的来信中他又提及这一原本的打算）。像是有预感似的，平时从未送我出门的罗先生那晚上特别出门送我。我为师恩所感动，却无论如何也不会想到，黑夜中的这一分别从此成为永诀！

之后，我历经了离开南京部队再到上海谋生的困难过程，等情况稳定后，与罗先生恢复了联系。先生对我未能完成学业表示非常惋惜，同时又批评我如此突然中断学业，而且弃学从商似乎意在发财。等我说明情况后，他即设想了恢复我学业的多种方式，并为此多方努力，包括向校领导询问争取。1993年10月31日、11月19日、12月9日，罗先生写来的三封信中，都谈到了我报考他博士生的可能。当然，复学路上障碍重重，先生在世时我终究未能实现目标，从而留下了不可弥补的遗憾。然而，罗先生继续关心着我，1994年3月，他还给我寄送了亲手题签的大著《现代化新论：世界与中国的现代化进程》，让仍徘徊在门外的我学志不坠。从这一时期的来信中，我也明显感到罗先生日益忙碌，出访、参会、讲学、上课、研究、著述，现代化研究领域有那么多事情等着他去亲力亲为。同时他在信中，比如1992年11月10日的信中，也感叹："我近半年特别忙，深感手边缺乏助手。"每每念及先生最后几年超负荷的劳作,我既未能从旁尽上绵薄之力,复又占用过他不少宝贵时间,总不免为之怅然。

当然,回想与罗先生的点滴交往,我首先感到庆幸,自己能在有志于学时遇到这样一位学术生命正在嬗变升华、学术功力已臻炉火纯青的大师,并且投到他的门下直接蒙受他的温暖和光芒。在拙著《自由贸易的神话:英美富强之道考辨》(上海三联书店2008年初版,新华出版社2014年修订再版)后记中,我曾谈及罗先生对我的影响,不妨照录如下。

> 导师有关为学的四点看法值得记述。首先,他认为世界上固然到处都是可研究的问题,但有使命感的学者理当着力研究那些对国家发展和人类命运具有重大意义的问题。其次,他提出经济发展是现代社会变迁中的一个活跃因素,比之其他更是值得关注的核心问题,他并且为自己未能学习经济学专业而"抱恨终身"。其三,他说过,"大脑并不分泌思想",言下之意,思想的形成首先要立足于阅读文献,应通过消化和明辨既有研究成果,做到言必有据、厚积薄发。其四,他打比方说,"观点像削铅笔一样,要反复削尖",即需要不断提炼。这些看法我以为是业师的毕生感悟和成功之道,本书如果说有所成就的话,在选题、研究到成稿的过程中,无疑得益于业师的教诲和启发。虽然本书甚少用到"现代化"这个字眼,但实际内容还是属于罗先生在国内开创的"现代化研究"的范围。当然,我主要从经济史的角度、以英美为案例,探讨了现代发展问题。沉入具体领域、聚焦要害问题,这是深化现代化研究所必需,也是后学义不容辞的责任。

学问是薪火相传、不断光大的事业,我近年的部分工作仍受惠于先生的点拨。例如,罗先生早在主编《现代化:理论与历史经验的再探讨》时,便已收录了德国学者迪特·森哈斯的论文,在所著《现代化新论》中又数次引述森哈斯《欧洲经验:发展理论的历史批判》一书的观点。正是受此启发,我后来通读此书并认识了其价值,进而译出这一著作(改书名为《欧洲发展的历史经验》),将其列为我在商务印书馆合编的"经济史与国富策"译丛之第一种,同时我另撰文引介这一名著,还与森哈斯教授本人建立了学术联系。这样的学术成长无疑也得益于罗先生。

当然,在可能的情况下,我也乐意对罗先生的成就作点补充。因为钻研经济史的缘故,我对弗里德里希·李斯特的著作抱有特殊兴趣,深感德国历史学派的这一先驱所阐述的对象实乃主要国家的工业化和现代化进程,而且他专从后发国家角度分析并设计发展战略,与罗先生的关注点多有契合。为此,我从补写硕士毕业论文开始,注重研究这一备受忽略的重要人物,并系统考察作为史上赶超发展战略的重商主义,如此可望稍贡献于先生开辟的研究领域。同理,研究中当察觉罗先生个别论点未必尽合实情时,我也愿意提出自己的不同看法,我对所谓英国现代化"内源""先发"性质的商议便是一例(见《社会科学》2010年第10期)。以罗先生的高贵品格,他若在世定然非常欢迎这样的公开讨论。可惜,我已听不到他的反馈了,要是还能坐在他面前,当面向他请教,那该多好啊!

先生离开他钟爱的事业已超过20个年头。这些年里,中国的现代化有了很大的发展,尤其在经济领域,特别是按照总量来看,情况确已今非昔比。但与此同时,如今也存在某种隐忧,主要体现为一种在扩散开来的虚骄之气。不知从何时起,"现代化"不再是这个时代、这个民族的最强音,取而代之的多是一些向后看的自恋东西,反映出我们对世界历史发展大势,对自身的发展状况以及自身在世界的位置缺乏客观清醒的认识。现代化早已成为一条单向的高速路,上面或许可以有多车道,但所指方向只有一个,那就是通向更加符合人性的文明,这里不允许歧路,更不存在逆行的合理性,甚至慢速度都行不通。以我们的综合实情,我们真的有骄傲自满、为所欲为的资本吗?罗先生在《跨世纪的大变革与二十一世纪现代化前瞻》一文中其实已经留下遗训:"要高度警惕近百年来追求民族富强潜藏的历史情结——'大中华中心主义'情结——在大好形势下变相复萌。要知道在中国现代化进程中显露出来的封闭自满、虚骄自大、对世界大势的无知,所吃的苦头实在是太多了";我们"特别要反对文过饰非而重蹈已经犯过的错误"。(文章刊于先生遗著《现代化新论续编:东亚与中国的现代化进程》,北京大学出版社1997年版)这一遗言的现实针对性,就是我们今天纪念罗荣渠先生的最大理由。

(作者系上海社会科学院国际政治经济学研究员,
世界经济史研究中心主任)

北大的模样
——追念先师罗荣渠

徐剑梅

我的导师、北大历史学系教授罗荣渠先生去世二十二年了。他是西南联大的学生,又在北大历史学系教了四十年书。北大岁月占据了他近三分之二的人生,而北大逾三分之一的校史上,也留下他的脚步和身影。

于今回想,在罗老师身上看到的,是心里面北大的模样。

一

很多事情,不到一定年龄是不能懂得的。

导师擅书法。师姐结婚时,他写了首梁启超的七绝相赠,通篇金戈铁马、慷慨激昂,与喜庆浪漫、婚姻祝福之类沾不上边,甚至很不谐调。师姐当然珍而重之,马上装裱买框,挂在宿舍墙上显眼的位置,但她当时私下跟我说,幸亏老师写的是草书,倒是"伉俪""志禧"容易认得,晓得祝贺的意思,否则一定会有很多人觉得好奇怪好奇怪,师姐是台湾人。正是因为师姐,我才知道我们经常拿来说笑的琼瑶腔并不是琼瑶发明的,台湾人讲话,的确是那样的。

轮到自己,导师写的是文天祥《正气歌》中的两句"风檐展书读,古道照颜色"。那会儿刚迈出校门一年有半,看世界看人,都带着一点玫瑰色,私下庆幸音调没有那么铿锵罢。

很多年里,想的只是前一句意境,只是后来,才慢慢开始咀嚼"古道照颜色"的况味。越想,越沉重。沧浪之水,只见浊,不见清。循古道以自照，当然有大完满的结局，但也有一种常见的结果：修身而不能齐家，更谈不上治国平天下，最终报国无门，荒废一生，枉自仰天长啸，壮怀激烈。陈真的小说《沧浪之水》为什么会令人掩卷难忘，就因为它浇中不知多少读书人心中郁结的块垒。

　　导师去世数年后，有一次因扫墓的事情和师母打电话。师母当时动过一个小手术，刚刚出院回家，两位教授师兄去看望她，谈了一个多小时的家长里短、儿女琐事。师母在电话里对我说："其实我希望了解的是他们在学术上的最新动态，可他们把我当成一个老太婆，就对我只谈婆婆妈妈的儿女琐事，有点小看我了。"

图1　罗荣渠与学生们在一起，左起依次为韩嘉玲、李喻喻、徐剑梅、尹保云、苏小松，1991年春

　　手握听筒，忽然想起大学第一个寒假，跟六七个中学同学一起去给高中语文老师肖运濂拜年。肖老师很高兴，每人送了一个小本子，给其他同学皆是祝愿和勉励的话，独独题赠给我少年周恩来东赴日本所作七绝："大江歌罢掉头东，遂密群科济世穷。面壁十年图破壁，难酬蹈海亦英雄。"当时同学传阅，都知另眼相看，我却不解为何选择如此豪壮的语句，赠给我一个花样年华的女生。现在想来，就是我懵懵懂懂，考上了北大，我们那所普通中学后来成为一所重点中学初中部校址，我大概是肖老师教出的唯一北大学生。

当时的我，一概不懂。等到刻骨铭心地懂了，飞扬的青春也过去了，只剩下刻骨铭心的惭愧而已。我的中学老师、我已故的导师和健在的师母，都属于知识分子中典型的"那一代"，也许一生蜗居斗室，但一生都以天下之忧乐为先，其内心之海阔天空，得大自在，我们这一代和下一代读书人中，不说仰慕，就连理解的愿望，可能都很少了。

跟随罗老师读书时，他自抒心声、挂在书房门侧墙上的书法，选取的是屈原《离骚》中的名句："路漫漫其修远兮，吾将上下而求索。"

二

写下"报国无门，荒废一生；枉自仰天长啸，壮怀激烈"这些字眼的时候，想到一些人的境遇，也想到恩师这一生。

罗老师生于1927年，逝于1996年，活了近七十岁。他出身于书香门第，就读于西南联大和北大，1956年之后一直在北大任教。他从小念书成绩始终前三，教书后又名列北大历史学系四大才子之一，当助教时就开始带研究生，知命之年在历史学界就名满天下，令许多学者佩服不已。

但学术光环与人生遭遇，往往有较大差距。光看其学术成果，著作等身，会以为他就是个读了一辈子书的人，最高学府的名教授，国际知名的大学者，没准儿一生都不知人间困苦为何物。而事实真相呢？早就有人替他总结过："五十年代受批判，六十年代受批判，七十年代还是受批判。"罗老师蹲过牛棚，下过干校，仍不忘给工农兵学员热心修改作业，热血苍天可鉴。

最难忘的是师母告诉我的一件事：就在他们举行婚礼那一天，罗老师接到家中来信，得知父亲罗文谟，因拥有祖上传下来的大量土地，被新生人民政权伏法了。大喜之日成为大悲之日，蜜月里，罗老师佩戴着黑纱……

事实上，罗老师真正有条件、有环境，能够一门心思作研究的时间，也就是改革开放以来的这些年，而转向现代化研究，则是80年代中期以后的事情，纵然掐指细捻也不足二十年。这对讲究厚积薄发的历史学来说，根本谈不上一个长时段。所以，换个人，七十岁或许可称长寿；但对罗老师，尤其对罗老师的学术生涯来说，只能称之为早夭，更何况他辞世之际，正值其文思泉涌、走笔如飞之时。只需一个细节就可想象罗老师"火山喷发"的程度，去世那年春节，罗老师在系里晚会上发出豪言壮语：一个月写出一篇论文。果然，1月、2月、3月，他每个月都完成了一篇重要论文。4月初他去世后，师母还告诉我，电脑上原本还有一篇一万字左右的文章，因为电脑故障，这篇文章竟极其不幸地永远消失了。

在去世前不久，罗老师曾经在致友人的信中说，"欲以（所作）究天人之际，通古今之变，成一家之言"。

但天不假年，所以罗老师也算是一个命苦的人，学术上壮志未酬耶。如果天假以年，只需十年，甚至更短时间，他都有可能成为真正意义上的一代大师。他的学术生涯才开出几朵灿烂的花朵，尚未繁华叶茂，偏偏这时黑白无常驾到。夜空，流星划过。

恩师的一生，早已超越世俗的成功标准，可是却没有来得及达到他应有的高度，实现他心中的抱负。行文至此，心中痛惜，莫可名状。

垂翼之鸟，每盼云川巧飞……

三

我们做学生的，都为罗老师未能尽展才华、实现抱负而悲。但罗老师自己呢？我能想象到，如果他有不甘心，那绝不仅仅是为自己；因为他并不是在为自己做学问。

早在读中学和大学时，罗老师就有志于历史研究。在他看来，哲学太虚幻，经济学又太实际，而历史学正好介于二者之间。高中时代，他和朋友创建"四为协会"。"四为"，取自宋代学者张横渠的名言："为天地立心，为生民立命，为往圣继绝学，为万世开太平。"这个名字，不仅流露出他的学术志向，也流露出他的政治热情。

是的，和那个时代的许多青年学生一样，罗老师有过牺牲学术兴趣的政治热情。他曾经参加昆明"一二·一"学生运动，在街头演说时遭到国民党特务拳打脚踢；他也曾不告而别，悄悄和进步学生一道跑到东北学习俄语，新中国成立后又在中苏友好协会工作。时隔近四十年，在我们的毕业晚会上，他甚至还能用圆润的男高音完整准确地用俄语唱完《莫斯科郊外的晚上》，引得掌声雷动。对了，必须提一句，被评成历史学系四大才子，光有学术才华是不够的。在被称作才子的年代，罗老师更为师生熟知的恐怕是他的舞步、歌声和书画素养。

师母说过，如果不是恰巧在1956年调离中苏友好协会，他们夫妻俩铁定会被打成右派。即便有过这么一回"幸运",罗老师受批判的时间也长达二十多年。多少知识分子,意气消磨殆尽,连理想的泡沫都不复存在,蝇营狗苟,了此一生。

那三十年里,罗老师的心境又复如何?1975年5月25日,他在给师母的一封信中说:"后半生怎么过?这是近来自己常想的问题。做一个真正有益于人民的人,应该是这后半生努力的方向。像我们这样的知识分子,一辈子都在读书,但我不愿像某些人那样,把读的书将来全部又带到棺材里去。这样苟活一生,即使是长命百岁,又有什么意思?在今后的二十年里,一定要选定自己的目标,不计成败,不计世俗的毁誉,坚决地脚踏实地地为中国人民和世界人民做一点力所能及的工作。"

罗老师晚年的研究,很多地方都是敢为人先。从他接二连三发表的文章中,可以鲜明地见到不断突破的轨迹。从马克思主义现代化理论,到世界现代化进程,再到东亚现代化问题,去世之前,罗老师笔锋已直指中国现代化问题。如今,罗老师辞世二十二年,他的《现代化新论》第八次签约付梓,足以说明其长久的学术价值。

李慎之先生曾说,在罗老师的"许多文章中,都可以看出一个有世界眼光的爱国者希望使中国顺顺利利地走上现代化之路的迫切心情"。这是中国传统知识分子的初心,沧浪之水不能使其浊,劫波历尽不能使其灭。

四

有时想,如果罗老师没有在我们学生身上花费那么多心血,也许他至少能够多写出几篇传世文章,取得更多的研究成果。

罗老师对学生学业要求之严格,在北大是出了名的。我的五位博士师兄师姐,两位中途退学或转学,三位被推迟答辩。弄得研究生院都有意见,问罗老师到底想不想带博士生,为何个个不能按期毕业。

在此必须说明,能考上罗老师的硕士生或博士生,不是一件容易的事。不能按期答辩,也有留学等其他原因。我的众位博士师兄,绝大多数都有相当出众的才华。而且他们的用功程度,也非一般学生可比。和我同级的硕士师兄,一心问学,才华横溢,对自己非常有自信,也深得罗老师赏识。但跟罗老师念了一个学期后,他也曾自信心动摇,一度竟萌生了卷铺盖走人的念头。他当时是否掉下过眼泪,我现在记不清了。一般人可能觉得不可思议,但这算不上什么稀奇的事情，因为就连当时快四十岁的博士师兄们，也有的当着罗老师的面掉过眼泪呢，压力实在太大了。

实话说，跟罗老师念书不轻松。不仅有读不完的长长书单，更主要的是似乎永远都不能令他满意，达不到他的期望。越念，越觉得自己差距太大、学识太浅。同级跟随其他导师读研的，谁都不会为毕业发愁；唯独我终日担心论文会被"枪毙"。再也忘不掉写作毕业论文那时候，没少打扰师兄，寝室同学被我唠叨得不胜其烦。

那时师门弟子当中，也曾有人发牢骚，觉得罗老师不食人间烟火，一味地"学术就是学术"，既不考虑像学术界常见的情形，招兵买马，开门立派；也不从实际出发考虑学生毕不了业前途怎么办。多年后，有了一些社会阅历，才懂得罗老师这样做的价值和意义；回想当年我们求情时罗老师的叹息才领悟到，没有让有的弟子通过博士资格考试，罗老师心里有过艰难冲突，他不是不难受的。

其实，罗老师以待学生严出名，更以爱才出名。他曾为了保住一个弟子的学籍，两次到研究生院亲自交涉；也曾为了一位外地教师有更好的研究环境而再三为他设法。我自己，更是终生蒙受恩惠。翻看当年作业稿纸上罗老师的多处批注，当年只知又佩服又畏惧罗老师眼光锐利、一针见血；竟然从来没有想过我们这些幼稚文章，曾经花费罗老师多少宝贵的时间。要知道，20世纪90年代初期，我们做学生的都还没有电脑，除非改动太凌乱并不会重新誊抄。

罗老师带学生，不仅一对一指导弟子、批阅文章、指点选题，还有每周和弟子们的读书讨论，还有每学期给高年级本科生和研究生开的课（系里不少年轻教师也来旁听）和他们交的作业报告……这些都是不会体现在他学术成就里的劳动。对罗老师来说，他这些付出值得吗？不值得吗？"文革"期间，他因为给工农兵学员改作业受过批判；他指导的弟子，有很多最终并未走上学术道路，为什么他仍然能够这样毫无芥蒂、不问西东地爱护学生，在学生身上耗费自己的心血？在罗老师心里，这也许从来都是一个不成其为问题的问题。因为他治学的拳拳初心，在四十多年前给师母的信里，已经表露得清清楚楚：他不是为自己而做学问。

同级师兄在他追念先师的文章里这样写道："燕园二院楼下窄小的房间里，年长的老师带着三五门生青灯黄卷如切如磋，当时似不过尔尔，如今却那样令人神往。"

此情此景，历历如在眼前。当时只道是寻常。

五

未名湖畔七年，记忆中的校园风气，是崇尚独立思考、个人见解；最忌人云亦云、盲听盲从。从老师到学生，质疑是一种习惯，老师不以为忤，学生不以为非。做老师的如照本宣科，当学生的若迷信权威，都是一种羞耻。毕业离校后，有一次，一位留校学长用夸张的口气跟我说，罗荣渠先生如今被系里学生们"崇拜"。我虽敬重先师，听后却心里不舒服也不以为然。因为这类词汇，实在不像一个北大学生会用的，也不会是先师所愿意听到的。

跟随罗老师读书时，几乎每周都有讨论会。有时是指定一本书，轮流谈读书心得；有时是他新写的文章，每个学生都要发表意见。我本科毕业直接读研，见识水平与已有数年甚至十余年工作经历的师兄们不能比。但罗老师对每个学生的意见都非常注意倾听，并且认真思考。在一对一指导时，罗老师总是尖锐指出我文章的各种缺点；但在讨论他自己的文章时，不记得他批评过任何弟子浅薄幼稚。师生之间不仅坦诚，而且平等。我在发表意见时从未有顾虑和压力，因此养成心里想什么，就往往忘记对方身份和场合，直言不讳的习惯。

严格说来，养成这个一生既受惠又吃亏的习惯，不全是拜罗老师之赐，也不全是个性使然，而要感激二院和燕园给予的精神空间。北大历史学系向有爱护学生的传统。出入二院七年，我所接触的历史学系老师，对待学生全都那么温和宽厚、笑语可亲。相比较而言，罗老师很可能已经算得上"望之俨然"了。实际上，考研那一年，罗老师已有非常中意的弟子人选，除了考试分数，个人才华、英语能力和向学热诚等各方面皆远胜于我。罗老师对我并无了解，系里也向来尊重教授决定，以才华而非分数定谳。如果不是林被甸老师和何芳川老师古道热肠，主动向罗老师推荐，最终增加了一个名额，我的求学和生活道路，就可能完全是另一番情景。

于今回想起罗老师和历史学系各位师长的恩泽，不仅有深藏在心的感激，还有一种以前忽略的体悟。固然，北大给予学生的"形而上"精神空间乃是蔡元培先生缔造的"思想自由、兼容并包"，以及自五四运动以来薪火相传，且与司徒雷登择定的燕京大学校训"因真理，得自由，以服务"相契合融合的家国天下情怀。两者共同构成一种特殊的北大底色。在这样的精神空间里，可以说每个北大学子，即便是钱理群先生所批评的精致利己主义者，四年下来，总会在某个时刻、某种程度上受到非功利的熏陶和感召。

当然不论哪个年代，北大教授都需食人间烟火，北大学生也绝非个个理想主义，但相对而言，北大人心头那一点热血特别难以冷却，变凉之后也特别容易升温。北大一向容易出不合时宜、特立独行的人。不管培养了多少精致的利己主义者，人们还是愿意相信，未名湖仍然是理想主义者的海洋。

但是，这样的精神空间，容易让人忽略另一面，那就是北大也同样注重给予学生"形而下"的正规学术训练，努力把"思想自由、兼容并包"所鼓励的发散性思维、所纵容的散漫张扬个性，收拢在求真求实的轨道。对这种学养，最好的概括可能是当年大饭厅（百年纪念讲堂旧址）旁镌刻的"勤奋、严谨、求实、创新"八个大字。这四个词遍布中国各地中学和大学校园，司空见惯、平淡无奇，以至于并没有被天天路过的我们特别关注。至少我，在校七年，似乎就没想到在它旁边留张影作为纪念。但仔细琢磨，它们的排序很有讲究。勤奋，是学生的本分；严谨，是治学的态度；求实，是做人做学问的准则；创新，当然是更高的要求和方向。没有前面六个字做基础，创新是无源之水、无本之木。

至今记得当年轶事，北大中文系新生入学时，老师总会兜头泼盆冷水：中文系不培养作家。而历史学系老师则会向学生们强调，板凳须坐三年冷，文章不写一句空。历史研究需要学会坐冷板凳，历史学家都是厚积薄发、大器晚成。

图2　罗荣渠与王加丰、徐剑梅在杭州，1992年6月

文史不分家，传统其实相似——严谨、求实。北大历史学系注重于训练学生有板有眼、小心翼翼地梳理史实、辨析真伪，要求论文立论严谨、逻辑严密、功底扎实，史料确凿。可以大胆假设，但必须小心求证。"梁效"在我念书期间，是历史学系的耻辱，影射史学臭名昭著。或许因为这段阴影，把历史当成任人打扮的小姑娘这种说法，是格外招人厌恶的。顺便补充一句，这句话非胡适之先生所言，而是后人断章取义附会的。

　　清楚记得跟随罗老师读研后，交上第一篇作业的情形。那本是一篇只要求写两三千字的读书报告，我洋洋洒洒一口气写了一万多字，交上去时暗自挺激动，觉得有不少前无古人的"创见"，没准儿会让罗老师刮目相看。几天后的一个晚上，罗老师让我上他家去。在他那间地上都摞着半人高书的书房里，把我狠狠批评了一通。不仅认为写得一塌糊涂，而且认为这样下去"非常危险"。有那么一会儿，我只想把在眼眶里打转的眼泪憋回去，大脑暂时"断电"。罗老师也看了出来，停顿一两分钟，再说话口气就缓和了一些。

　　我是罗老师学生中，受过很深恩惠却没有什么出息的一个。但这件事对我平凡的一生，有着重要意义。我自幼好读诗歌小说，形象思维多于逻辑思维，常把虚构与真实相混淆。记得中国通史课上，老师讲乾嘉学派，轻狂无知的我在下面腹诽，觉得他们考证之琐屑繁碎，和欧洲中世纪神学家考证一根针尖上站了几个天使没什么区别。念大三时，自选作了一篇尼加拉瓜游击队领导人桑地诺的论文，把桑地诺渲染想象成富有忧郁和浪漫气质的英雄，甚至大段引用诗歌。王红生老师只给了七十多分，当时心里还不服气。

　　乾嘉考据，大胆质疑，慎重求证，辨析真伪，解放了清代士林为宋明理学和文字狱所禁锢的思想。"一根针尖上站了几个天使"，这个看似毫无价值的可笑问题，却源自被天主教会视为最伟大神学家的托马斯·阿奎那（原问：多少天使可以站在同一个地方）。他大开脑洞"兼容并包"天主教神学、亚里士多德逻辑分析方法和自然科学研究，"为神学和自然科学并存提供了可能"，对西方现代文明影响至深。

　　当年的我，半点皮毛没有就夸夸其谈，文学史学混淆不清，根本就该得一个大写的不及格。年龄既长，看的世事和文字越多，越意识到不关心事实的本来面目和具体情境，或者一知半解就夸夸其谈的做派，多么令人反感和具有危害性；越感恩未名湖畔的七年，感恩历史学系水滴穿石的传承。而众位师长中，从学问到人格，对我影响最深的还是罗老师，特别是求索事实、比较分析的思考方法，使我受益终身。格局要大，但笔头要细，最要紧的，还在于真。

在我心里，比学术成就更可敬重的是，罗老师的史学探索和创新，始终出于严谨求实的治学态度，具有坚实缜密的史实基础，使他贯穿中西的眼光具有结实的立足之地。我从不以为罗老师是难以逾越的学术高峰，而老师自己应也未作此想。他曾在再版前让我校对的《中国人发现美洲之谜》一书自序中写道："（书中）论点很可能在不久的将来被推倒，但只要这些论证所坚持的实事求是的探索态度得到肯定，严谨的科学的历史方法引起重视，这些探索的主要目的就算达到了。"

大学者，非有大楼之谓也，有大师之谓也。百廿年来，这样静水深流的言传身教，一直发生在北大师生之间。"思想自由，兼容并包"的精神空间，从来不是空中楼阁，而是依靠这样的老师承载。他们是真正的北大模样。

这些年来，北大和离开北大的我们，都生活在一个快速变迁的年代。大饭厅和大草坪、柿子林和苹果花，乃至当年宿舍楼和澡堂，一一渐次消失，历史学系亦离开二院迁往新居。每次回到学校，似都冒出新楼房。同学间难免惋惜，绘画需要留白，校园需要空地。空地、草坪，本是北大精神空间的另一种依托。

虽如此，蔡元培先生雕像还在，未名湖柔波沉静如昔。并不相信九斤老太"一代不如一代"的感叹，因为看得到我们这一代的短板，看得到北大一直有很多埋头真实学问的老师，也一直有很多眼光超越精致利己的学生。一代人有一代人的诗和远方。希冀、相信，也不时看见，真正的北大，在众口喧腾中，仍然真实地、严肃地存在着。

仰山铸铜 煮海为盐
——罗荣渠教授治学印象片段

李 文

光阴荏苒。我是1994年进入北大跟随罗荣渠教授学做学问的，算起来，那已是十四年前的事了。

一 大脑不会分泌思想

初入罗门，印象最深的是罗老师高度重视读书。记得和罗老师见面不久，我们三名新入学攻读"现代化"专业方向的博士生就收到一份罗老师编纂的油印书单，上面开列的必读书目，中文的、英文的，竟有一百多种。开学不久，罗老师又约我去他家，对我说："你以前是学社会学的，许多史学概念'不够清晰'，因此需要'补课'，将来你拿的毕竟是史学博士学位。"他遂搬出若干种世界历史学方面的书籍，让我借回去逐一阅读，并娓娓道来、如数家珍般地对这些著作的优劣成败加以评说，我当时听得真是"如醉如痴"。

此后，罗老师每次见我，总问我读了什么好书，尤其是买了什么好书。罗老师的书斋以"上下求索书屋"为名，藏有大量中外文献。他曾对我说："一个好学者，必须建立起自己的资料体系，不能老指望跑图书馆。我拥有的图书资料，就基本上能满足我研究的需要。"在图书资料的搜购方面，罗老师不辞辛苦、舍得花钱。他几乎每周都逛书店，连北大周边的旧书店和街头旧书摊都不肯放过。罗老师虽然在生活上并不富裕，但他的许多藏书，包括英文原版书和港台版中文书，都是他在美国和台湾地区讲学时自费购买的。有些书，一本就相当于罗老师当时半个月的工资。

无书不读，对新生事物始终保持高度敏感和好奇心，是罗老师读书的一大特点。一次到罗老师家，发现他正在津津有味地读《第三只眼睛看中国》，感到有些意外，于是说，"您这样的级别的学者，怎么还读这样难登大雅之堂的畅销读物"；还说，这本书很可能是中国人假借外国人名义撰写的一部"伪书"。没想到我的话引发了罗老师的一番高论，意思大抵是：读书应无禁区。无论雅与俗，真与伪，能给人以启发，就是好书。1995年年初，罗老师因前病手术住院，问我有何书可供此时一读，我答曰，有陕西作家陈忠实新作《白鹿原》一卷，不错，只是有些"黄"。罗老师连说"没关系，快拿来"。后来再见到罗老师时，他直夸我给他推荐了本好书："算得上新中国成立以来长篇小说中的精品。"

罗老师喜欢在读书时动笔，或圈点，或批注，甚至连错别字都一一加以改正。巴林顿·摩尔的《民主和专制的社会起源》，是罗老师为我们指定的必读书。但他几次说这本书翻译得不好。他手头上的那本，则根据该书的原文，对翻译不够准确的地方，逐一移译，并填补于空白之处。罗老师通德文，曾将中文版的《马克思恩格斯全集》部分章节与德文原著对照阅读，并发现问题若干，曾说如日后有暇，当著文订正。

"大脑不会分泌思想"，是罗老师为勉励吾侪多读书，经常挂在口头的话。他常说，读书不够充分，就难以发现问题；钻研不够深入，观点就难以立得住。一次和罗老师谈话，我引用了颜之推的话"观天下书未遍，不得妄下雌黄"，以佐证罗老师的一贯思想。对此，罗老师表示赞赏，并接着发挥说："著书立说，穷尽一切资料是不可能的，语言就是一大限制。但要尽量多地占有资料。只有材料精确、完整，结论才有正确的可能。"

二　讲话须加编辑

罗老师带学生的方式不拘一格，或言传身教，或耳提面命，但使人有大收获的，还是参加他老人家主持的小型讨论课。罗门弟子博士生加硕士生五六个人，到罗老师的书房，就某一题目在先生指导下展开讨论，唇枪舌剑，各抒己见，次次都有新的启迪与收益，回回皆能"满载而归"。

记得我等第一次到罗老师家上讨论课，就痛遭"棒喝"。我和几位同学在罗老师面前侃侃而谈、自我感觉良好的"讲演"，非但没有得到罗老师的好评,反而受到严厉批评:"你们的发言,最大问题是不加编辑。想到什么说什么,漫无边际,形神两散,很不专业。"事后思量,"讲话须加编辑"这句话虽短,却包含了思维训练和学术规范的真谛。董桥曾说:"写作如练琴,非日日苦练数小时不足以言'基本功夫';无基本功夫者,虽情感如水龙头一扭而泻,究无水桶盛水,徒然湿漉漉一地水渍。"对于学者而言,将思想和观点系统化和规范化的"编辑"能力,是学术研究的基本功,须勤学苦练。否则,再有思想,恐怕也只能"火花"般瞬间即逝。

随着学业的精进,罗老师对我们在"加编辑"的基础上又提出了两点新的要求。其一是"削铅笔",即"把思想磨尖";其二是"剥竹笋",即"沙里淘金"。据我的体会,所谓"削铅笔"和"剥竹笋"者,乃学术研究中的归纳法和演绎法之形象说法。前者是讲在对文献的大量阅读和对社会现象的深入观察后,不断提炼概括思想和观点的过程,后者是讲逻辑学中排除法的使用,去粗取精,去伪存真,将各种似是而非的变项排除后,获得正确结论的过程。罗老师正是出色运用这两种"科学方法"的高手。例如,他在《现代化新论》中,通过对世界百年历史巨变的概括,把社会变迁方式归纳为四种基本类型,将现代化全球进程描述为三次发展大浪潮,这就是"削铅笔"方法的妙用。他的名篇《扶桑国猜想与美洲的发现》,则通过对相关论证的一一证伪,对各种可能性一一排除,彻底否定了"中国人最早发现美洲"这一假设,充分显示出实证研究特有的魅力。

三 动笔要有创见

若对罗荣渠教授的气度、心胸和见识加以评价,我认为,用"不同凡响"四字最为贴切。

罗老师的大手笔,主要表现在他的学术建树上。"无创见,不动笔",是罗老师一生恪守的信条。1962年,罗老师一学界新锐,却敢于与史学名家叫板,以惊人的勇气和厚重的学识,否认了在当时影响很大的"中国人率先发现美洲说",赢得学界大名。此后,罗老师每有新说问世,多能振聋发聩甚至惊世骇俗。例如,早在20世纪80年代,他就指出,如果没有外国资本主义的影响,古老中国,恐怕永远都不会发展到资本主义社会;他还认为,所谓的从原始社会、奴隶社会、封建社会、资本主义社会到共产主义社会的人类社会发展"五阶段论",并不适用于对亚洲尤其是中国历史进程的分析。这些观点，今天看来，似乎很平常，但在当时的历史条件下，却不啻于石破天惊之语。

"出手不凡"，是学界同人对罗老师的普遍印象。人们交口赞誉罗老师为大家。但有多少人能够知道，这位大家，做起学问来，雪案萤窗，郊寒岛瘦，是怎样的投入和执着。我常对人说，我很少见过像罗老师这样有天分的人，更没见过像罗老师这样有境界、下功夫的人。他把全副精力都倾注于工作之中，从不满足现有知识和流行观念，以百折不挠的精神迎战并克服困难，探索未知世界。记得1996年春节，我到罗老师家汇报在日本的学习情况，罗老师对我说，他决定每个月写一篇大文章。那一年，罗老师已六十有九。在我的学习生涯中，能遇到罗老师这样值得敬爱的老师，当无遗憾。我在罗老师身上学到太多的东西。他始终保持的那种如"仰山铸铜，煮海为盐，终无止境"的治学精神，尤其在我成学过程中起到了关键作用。

（作者系中国社会科学院研究员，
原载《人民政协报》2008年4月21日）

回忆父亲

罗曙　罗晓

父亲罗荣渠（1927年8月~1996年4月），北京大学历史学系教授，1982~1996年在北大中关园度过了他一生最后的14年，也是他生命中最精彩的14年。

每当站在那棵十几年前栽种的柏树下，看着父亲简陋的墓碑，我们的心底就涌上浓浓的哀思：爸，我们来看您来了，您知道吗？每次来到这里，我们都不愿意离开，想坐在您的身边多陪您一会儿，想和您说说我们的事情，像从前一样。

1996年4月3日的晚上，永远清晰地印在罗曙的心底：晚饭后，您照例回到书桌前，罗曙走过来坐在沙发上和您聊天。您说准备明年70岁生日时把我们的姑姑和叔叔们全请到北京来欢聚，我们还讨论了一下亲戚们到京以后食宿的安排。那天晚上父女聊得非常高兴。后来罗曙回到房间休息了，您书房里的灯光依然亮到深夜，怎么也没有想到这就是您和罗曙最后的谈话了。多少年过去了，罗曙还是无法解脱您突然离去的痛苦，您亲切的面容、熟悉的语音总是在女儿脑海里闪现。几乎就在父亲倒下去的同一时刻，远在大洋彼岸的罗晓感受到一种从未有过的强大的心灵感应，无法抑制的莫名悲哀涌上心头，24小时之后她接到了噩耗，怎么也无法接受四年前的北京一别竟成为与父亲的永别！

历经坎坷　初衷不改

父亲出生于一个书香世家，祖父毕业于上海美专，他在诗、书、画、金石篆刻、撰写文章等方面都有着极高造诣，后来因受同乡吴玉章先生的影响，加入国民党，转入仕途。

父亲在成都树德中学上高中的时候，就与一帮志同道合的同学结成"四为"学社。从那时起北宋著名理学家张载的名言"为天地立心，为生民立命，为往圣继绝学，为万世开太平"就成为"四为"学社的社铭，也成为父亲一生的座右铭。当年的同学们除了少数人身遭不幸，后来都各有所成。父亲是他们中间最出色的一个。而他的学者风范和坚实的理论基础就是从60年前的西南联大开求学积累起来的。

图1　童年的罗荣渠（左一）与二弟荣泉、
三弟荣陶在北平，1934年摄

1945年，父亲以同等学力考入西南联大，他赴昆明入学时，抗日战争刚刚结束，整个国家仍处在战后的满目疮痍之中，国共之间的内战一刻也没有停止过。在其后的4年里，校园从昆明迁回到北平，但是这种动乱和不安定的状态一直持续到1949年父亲从北大毕业。就是在那样一个环境下，父亲与他的同学们从未放弃过"五四"以来的北大精神，他们为争取学习的权利、民主和自由的权利，为了和平与进步持续不断地参与、奋斗和付出。他们既没有被"圣贤书"所束缚而不闻"窗外事"，也没有在参与社会活动的同时忘记学生以学为主的本职。他们真的是在战火中成长起来的一代。

父亲一直不是成绩最好的学生，他从不只是为了考个好成绩而读书。他很懂得利用选课的机会扬长避短，有取有舍。有时候他也逃课，把时间用来读自己想读的书。每个学期开始时他都会给自己制订读书计划并请教授指点。父亲的兴趣非常广泛，古今中外，文史哲，天文地理，政治经济，外文，美术，音乐，摄影，只要有兴趣就去涉猎。他从不盲目地接收或相信一种理论，也不迷信权威，相反他常常是在博览众家的学说之后，再进行比较和分析，找出各家学说之短长，并着手去做一些考证的工作。他在探讨理论的真伪时一向执着，从不妥协。即使争论的对方是名教授，是权威，他也不示弱，据理力争。他在1947年的日记里就已经写道："从今以后不写无病呻吟，抄袭剽窃，摇旗呐喊的世界上无此不少的文章！"这种治学态度使父亲日后成为一名具有独立人格的学者，也使父亲付出了沉重的代价。

1956年底父亲从中苏友协回到北大任教，被分派讲授"世界现代史"课，对于一个头顶着出身不好的沉重帽子的青年教员，在那个一切为无产阶级政治服务的年代，他一直是战战兢兢地备课、讲课，他知道："对于研究历史来说，距离现实越近的事越难全面透彻地看清其本来面目。这是因为当事者碍于本身的利害关系，往往有意掩盖事实的真相，使研究者很难获得真实的原始资料。特别是世界现代史紧密联系着现代政治，政策性很强，而自己身在党外，能接触的资料有限，耳目闭塞，信息不灵通，不仅很难把这门课上好，还容易出差错。但又不能不上课，骑虎难下，只好知难而进，兢兢业业，小心谨慎，尽力为之。"可他还是没能躲过一次次地被批判的命运；在1959年的一次"反右倾"教学检查中，他所教的课是历史学系检查的重点，他的尊重史实的讲授被说成是客观主义，突破教条主义框框采用新资料被说成是宣扬修正主义，还说他把帝国主义纸老虎讲成了活老虎。为此，他又一次被迫做了检讨。

父亲只想认认真真地教书，认认真真地研究历史，只要政治空气稍微有些宽松，他就不顾一切地钻进书堆里。1961年他在资料极其匮乏，没有任何现成的中文教材的条件下，首次为国内高校开设"拉丁美洲史"课程，那年他34岁。第二年，他写出了《论所谓中国人发现美洲的问题》的文章，与资深教授在学术上展开了一场引人注目的"美洲发现论战"，时至今日这场争论还在延续。不久，崭露头角的父亲就成为国内拉美史研究的领军人物之一。父亲雄心勃勃地投入了拉美史研究，制订出一整套的学术研究计划,但这喘息的空档并不大,阶级斗争的弦又绷紧了,"社教"运动使校园的空气骤然紧张起来,他的心又提了起来,不知道自己是否又犯了"追求个人名利""只专不红"的错误,他把写论文的范围缩小到"美帝国主义",不敢涉及其他当代国际问题,收敛起挥斥方遒的锐气。

1964 年在社教运动中父亲被派到农村去编写"村史",但他仍然被要求继续写检讨。在检讨书里,他给自己上纲为:"走了一条和党所指引的方向背道而驰的资产阶级个人主义的道路,在每个重大的政治风浪中,都经不住真正的考验。"他说:"一定听党的话,走又红又专的道路。"可是他不知道怎样做才能让党放心,一种走投无路的感觉紧紧困扰着他,他极其痛苦,在笔记中写道:"科学的良心,对自己所持真理之正确性的责任感和现实间的尖锐矛盾在内心引起很大的交战。我开始怀疑自己。"

接踵而来的是 1965 年的"四清"运动,时间持续了一年之久,父亲在这段时间里反复思考,得出了这样的结论:"只有辩证地处理好党性和科学性的关系,历史研究才能在不断解决主客观矛盾的运动中推向前进。"他终于明白,"历史作为历史工作者研究的对象来说,最高准则是为无产阶级政治服务"。他曾将司马迁研究历史的信条"究天人之际,通今古之变,成一家之言"奉为自己的学术信条,本想埋头做学问,成就一番"藏之名山,传之其人"的千秋万世不朽之业。但没完没了的检查使父亲认识到:"这条路是走不通的,因为它根本不存在。"

图 2　罗荣渠、周颖如夫妇合影,1951 年

1966 年"文化大革命"开始了,父亲以为只要自己积极主动地参加运动,就有脱胎换骨的机会,他拼命努力地端正态度和立场,却因为还是跟不上形势而沮丧,很快他就被揪了出来,还被关进了"牛棚"。被轮番批斗的父亲因为检查"不深刻"老过不了关。他悄悄地在小本子里写道:

受不完的蒙蔽，站不完的队。
看不完的大字报，开不完的批判会。
写不完的检查，请不完的罪。
弯不完的腰，挨不完的批。
出身不由己，难逃"黑五类"。
界限划清说不清，立场站对也不对。
……
如此批斗无休止，大好时光全荒废。
其实压服心不服，不知到底有何罪？

"文革"十年，父亲被监督劳改，下放到五七干校劳动，还被安排去写新老沙皇史、中共党史教材。奉命到安源煤矿、井冈山根据地、广州农民运动讲习所、遵义会议纪念馆和革命圣地延安接受教育，同时收集资料，编写教材。1971年秋从鲤鱼洲返回北京以后，父亲越来越看不惯"复课闹革命"那一套论调。父亲感到非常痛心疾首，忍无可忍，在私下不免流露出忧心忡忡和迷惑不解。这些言行后来被添油加醋，捕风捉影，罗织成一个个罪状，使父亲成为历史学系内定的头号斗争对象。祖父的"问题"和历次运动中已有结论的所谓问题又全部被拿出来清算。一时间黑云滚滚，风刀霜剑严相逼，父亲甚至产生了轻生的念头。这时因为历史学系里已有人不堪被批斗而自杀，才放缓了节奏，父亲才咬牙度过了人生最困难的时期。

长达十年的噩梦终于过去了。改革开放以后，20世纪80年代，父亲才在知天命的年龄里真正获得了自主选题、放手研究的权利。80年代初他第一次兴致勃勃地远渡重洋到大洋彼岸的美国做访问学者，第一次有机会近距离地观察、了解美国，印证并更新自己以往对美国历史和现状的研究成果，借鉴美国同行的历史研究方法，他真的有一种"海阔凭鱼跃，天高任鸟飞"的感觉。眼界的开阔和与世界接轨的紧迫性使他产生了很多新的想法并修正了自己的研究方向。

图3　阅读中的罗荣渠，时约1974年

他在接近60岁的时候开始向建立中国自己的现代化研究理论冲刺。尽管他踌躇满志，蓄势待发，也还是感到时不我待，力不从心。他是那么的渴望上帝能假以他足够的时日来完成这一伟业，他是那么的期望他的学生们能更快地成长，每每恨铁不成钢！他亲自给研究生们开列阅读书目，对学生们的要求严格近乎苛刻。

一位留美的北大历史学系七七级的学生在30年后写了一篇文章纪念七七级高考，文章里只对当年系里的两个老师做了评价，说"老师里教得最好的是罗荣渠"，他像一匹雄心勃勃的骏马，拉着重载的车子，奋力地往前奔。

父亲一生对真理、对事业一直在执着地追求，虽历经坎坷仍壮心不已。他是一个使命感很强的历史学家，一生很少计较个人小我的得失。特别是在他生命的最后十几年中，他为开拓和研究中国自己的现代化理论付出了巨大的心血，并甘心为这个有争议的敏感的有待检验的新理论体系做铺垫的工作。父亲的治学态度一向严谨，对每个新的立论都要旁征博引、反复推敲。在学术问题上为坚持自己的观点，即使得罪人也不肯敷衍。父亲对新学科、新思想、新事物一向很敏感，且乐于学习和探讨，大胆地借鉴，这是他能够在学术观点上推陈出新的一个重要原因。

在他生命的最后六个月里，父亲似乎摆出了最后冲刺的架势，他工作得很辛苦，也很高产。不知是他预感到自己的时日不多了，还是想抢在退休前再多出一些成果？！他几次对家里人谈到他感到很累，却不肯放慢写作的速度或降低文章的质量，继续超负荷地透支自己的体力和精力，以一个月出一篇论文的速度在拼搏。

1996年4月3日的晚上，父亲还伏案工作到深夜，第二天他就走了，没有留下一句话，离他69岁生日还差四个月。父亲知道还有许多的事没有做完，还有好多的计划等待他去制订，还有几届的研究生要听他的课。他不能走，他想抢回被糟蹋的时间，可他再也没有站起来，带着太多的遗憾，他走了……

李慎之先生在给父亲的《美洲史论》作序时，父亲已经去世了。李先生在文章的最后说："当代中国据说正在经历着一个文化繁华的时期，可以称为文人学者的人真是车载斗量；各种出版物何止汗牛充栋，但是真正能有世界眼光，历史眼光研究当前中国第一大课题——现代化而又能有真知灼见者又有几人？他未能尽展所长而猝然辞世，使我不能不为中国学术界感到深深的悲痛。"

书生本色　浸润无声

1957年我家从城里搬到中关村23楼，住进了北大分给父亲的宿舍，一住就是25年。那时罗曙马上就要上小学，罗晓在北大幼儿园全托。母亲上班的地点比较远，不是天天回家，父亲开始担起了照顾我们姐俩的责任。在我们幼稚而淡淡的记忆中，父亲回到家里总是在看书或者写字，并不多管我们，直到罗曙上了小学后，很贪玩，功课实在不怎么样，老师到家里做家访，父亲才开始每天检查罗曙的作业。

上小学时每个新学期一开始，我们领到新的课本，都很兴奋，这时父亲会找出一些漂亮的画报，给我们的新书包上书皮，父亲包的书皮非常平整，他在书皮上用漂亮的字体写上"语文""算术"，于是我们在新学期开始时总是很骄傲地在教室里展示我们的新课本。

"文革"前的那些年，父母有时带我们去公园玩，去得最多的是颐和园，我们在昆明湖上划船，父亲手持船桨，让小船慢慢地从十七孔桥下穿过。夏天时还会跳下水去游一会儿泳。我们走过无数次长廊，听父亲给我们讲长廊顶上美丽绘画中的典故。万寿山、佛香阁、智慧海、石舫、大戏楼、谐趣园，都是我们爱去的地方，罗晓人小，玩了一会儿就走不动撒娇要吃东西，这时父亲就会笑着说妹妹要加油了，于是我们就去找"加油站"，拿到零食的我们心里美滋滋的，加了"油"就不好意思再耍赖了。

父亲年轻时很瘦，皮肤是四川人特有的白皙，鼻梁上永远架着一副深度的最平常的塑料框眼镜，不修边幅，一眼看去就是一个普通的南方知识分子。但是父亲不光是勤于教书，做学问，他还是一个兴趣很广泛的人。他还是个不错的男高音，还会指挥呢。父亲曾经带着上小学的罗曙去北大办公楼礼堂看他指挥系里的合唱，罗曙坐在下面无比崇拜地看着在台上意气风发指挥着合唱团的父亲，用手指着他，嘴里不知不觉地轻声地念叨：爸爸！爸爸！被坐在台下的父亲的同事看到了，总是说来打趣罗曙。父亲和罗曙还有过同台演出的经历，也是在办公楼礼堂，是北大的一次文艺汇演，父亲是合唱指挥，罗曙是北大附小选送的诗朗诵，虽然不是一个节目，也算是同台演出吧。

父亲经常在家里唱歌，他喜欢唱抗日的歌曲、苏联歌曲和后来的一些流行歌曲，比如郭颂的歌。父亲唱歌时会随着歌曲的内容变换着表情，有时轻松诙谐，有时激昂慷慨，我们都高兴地跟着学。写到这里脑海里响起父亲的歌声"小呀嘛小二郎呀，背起那书包上学堂"，清晰无比。"文革"前，父亲曾经教会我们唱一首云南民歌《苦命的苗家》："太阳出来红呀，月亮出来黄呀，苗家要解放，摆脱苦和愁，好像那月亮赶太阳呀，一世也赶不上呀……"这首歌唱出了解放前云南少数民族对于困苦生活的叹息，可能是父亲在西南联大时学会的，当父亲唱歌的时候，就是我们家最热闹和最快乐的时候。

父亲是个读书人，除了做学问以外，对于家务事很不上心，但是他的悟性极高，一些需要男人做的事，他虽然没有做过，但琢磨一下，也能弄得有模有样的。家里缺个碗橱，父亲找来几个木条、几块木板，叮叮当当敲了一气，用绿色的塑料窗纱四面一钉，呵，大功告成！绝对谈不上美观大方，但是功能俱备。1976年唐山大地震以后，家家都盖防震棚，我们家盖防震棚的主力自然是我父亲，责无旁贷。他和我母亲、罗晓一起搭建起23楼最难看的防震棚，但毕竟那是我家的防震棚，还是那句老话：功能俱备。

"文革"前，父亲在北京郊区农村参加"四清"运动，他学会了两个本事——梅花针和摊饼，梅花针可以治皮炎，父亲把五根小小的缝衣针绑在一根筷子头上，时常一边看书一边用梅花针敲打他的腿上的牛皮癣，罗曙皱着眉头看着腿上被针扎出来的血珠，问他疼不疼，他说不疼，这是在治病呢。至于摊饼的动静就比较大了，父亲先做了舆论的准备，说煎饼如何如何好吃，使得我们俩唾液大量分泌，并以忠实的食客身份站在炉边为他捧场，父亲是操作与讲解并行，记得摊饼的成分很快搞定，大约是面粉、鸡蛋、水等等，但是摊饼的圆度和厚度却费了些周折，为了达到他在农村房东家摊饼的口感，反正是左一张右一张地摊了好几张，把我们姐妹撑得够呛。

在家里母亲是当然的大厨，烧得一手好菜，父母的朋友经常兴冲冲地来品味罗家的美味佳肴，精神上享受着和父亲一起高谈阔论的酣畅，胃里装满母亲烧出的一桌好菜，真是爽呀！有时，兴致所至，父亲也会下厨露一手：父亲的拿手好菜有三样——回锅肉、麻婆豆腐和臊子面，做起来还是有模有样的。把时间花在家务和烹调上，父亲是绝对不乐意的，但他是个美食家，实在需要他动手做了，也不含糊，认认真真地做准备，色香味俱全，他在国外时，自己动手做饭，并不吃力，有时碰到朋友聚会，每个人都带一道菜，他的菜经常很受欢迎，使他非常得意，回国后讲起来眉飞色舞的。这也是他一贯的做事风格，做就做好。类似这样的事还可以举出很多，像整理房间、封煤炉子之类。

"文化大革命"开始时，北大是这场革命的中心，铺天盖地的大字报贴满了楼墙,高音喇叭每天都在播放着最高指示、革命歌曲、各个革命组织的战斗宣言,所有的程序都被打乱。我们这些中小学生一看可以不上课了,老师不管我们了,喜出望外,把家里的一些小人书、文学名著,都抱出来烧了,唱片,捧出来砸了,以为这就是革命了。父亲看着我们狂热幼稚的举止,默默无语,但他是不赞成的。他在日记里写道:"我问她们:为什么要烧这些书呢?她们回答得很干脆:这些书讲的全是帝王将相。她们还逼着我,要把我的书也拿出来烧了,我的孩子们已经起来革我的命了……"

图4 罗荣渠全家合影,右一罗曙,右三罗晓,1966年

父亲嗜书如命,一贯俭省的他,唯独掏钱买书从不犹豫。只要他认为是有价值的书,他就非常想据为己有。上大学时做了四年穷公费生,大部分时候都是囊中羞涩,常常为凑款买书而绞尽脑汁。他最爱逛的地方就是北平城里的东安市场和琉璃厂的书店、旧书摊,隔三岔五去光顾。为了买下一部好书,他常常是不惜代价,拆东墙补西墙,甚至挪用伙食费或者别人暂时存放

在他手里的款项。那种抓到好书就爱不释手的感觉是金不换的，而且他很会利用流通的道理去换取更多的书来读。把读过的书再送到书摊上去卖，换了钱去买没读过的书，偶尔吃亏少一点，就欢喜得不行。淘换到一本好书就非常得意。实在买不起或找不到的书就去图书馆查找借阅甚至抄写，那个时候所有的公立图书馆都是对公众开放的。教授们的藏书也是父亲的书源之一。就是在"文革"中，他和母亲都要远赴五七干校，不知道还能不能回到北京，当时很多人都把房子退租了。爸爸看着满屋子的书，舍不得处理掉，最后，一把锁把门，全家人各奔东西。

"文革"开始没有多久，父亲就被关进了"牛棚"。一天，父亲被允许回家看看，他不知道下一步是让他留在系里还是回到"牛棚"，他要先到系里等消息，他让罗曙跟着他一起到学校里，他说，如果还是让他回到"牛棚"，让罗曙给他送一双解放鞋到公交车站。罗曙不敢迈进当时历史学系所在的三院，就在门口不远的树下等候。等的时间久了，有些无聊，开始东张西望，忽然有一种感觉使她扭头往回看去，只见父亲已经被两个人押送着往校外走去，父亲不敢招呼罗曙，只是频频回头用眼神示意，罗曙明白他还要回到"牛棚"里去，撒腿往家里跑，拿着父亲的解放鞋又狂奔到车站，哪里还有父亲的影子？罗曙呆呆地站在车站，想到父亲去劳改，却没有鞋子穿，心里非常难受：我怎么这么笨哪，为什么一开始不带着鞋子等在系门口？这件事距离现在已40多年了，当时的情景，父亲的眼神还经常浮现在罗曙的脑海里。

1969年的冬天，罗曙回北京探亲。母亲和罗晓已先后去了干校。家里只剩下父女二人，难得有了一起聊天的时间。罗曙讲在内蒙古农村插队的生活，父亲讲八个月被监改的日子。在罗曙的记忆里，父亲好像烧过锅炉，割过草。在烧锅炉时他开动脑筋，很快地熟悉了烧锅炉的要领。至于割草是有定额的，如果完不成肯定要吃苦头。开始时父亲是和一位家在农村的老师搭档，配合默契，完成定额是没有问题的，结果监管人员就拆散了这对搭档，因为他们认为父亲是沾了那位老师的光，如果自己单干，肯定不行，他们准备看父亲的笑话，可是父亲从来都是个爱动脑筋的人，在前一段时间里，他已经初步熟悉了割草的方法，在新的处境中他用他的割草方法还是完成了割草定额，那些监管人员才信了。父亲每天要背诵毛主席语录，如果背错了，或者背不出，就挨批，而且每天要背诵的语录是不相同的。有一次，监管人员让父亲背诵一段比较长的、以前没有背过的语录，顿时他头上的汗都冒出来了。忽然，他想起他会唱这首语录歌，真是"天不灭曹"呀，嘴里顺着歌词，哈！背出来了。父亲向罗曙讲述他的监改生活，用大量丰富的肢体语言描述当时的情景，那种苦中作乐的精神也感染了罗曙低落的情绪，在23楼的那间小屋里涌动着浓浓的父女深情。

1969年底父亲被发配到江西南昌鲤鱼洲北大干校劳动，从那时起我们一家四口分散在内蒙古、湖北、江西三个地方，各自过活。

1970年冬天，罗曙回到已经无亲可探的北京，家里的窗户已用报纸糊住，并用木板钉死，白天晚上都要开着灯。罗曙和同学相约一同继续南下探亲，目标是鲤鱼洲。到了北大干校，看到军事化管理特色，这在科尔沁草原上是没有的。罗曙看到几个上海来的女孩子——工农兵学员，穿着背带工装裤，操着吴侬软语，羡慕极了，真是天之骄子呀！父亲当时被抽出来编写党史教材，罗晓在五七中学，吃住都在那里，一律是军事化管理。因为所有的"五七干部"都住在大草棚里，男女分开。罗曙自然也住在"女生宿舍"里，同宿舍的阿姨们首先告诉她干校的各种"规矩"和作息时间，最恐怖的是早上"闻歌起床"，高音喇叭里的革命歌曲一响起来，马上起床，到第五支歌曲结束时，穿衣，叠被，刷牙洗脸，梳头，要全部完成，然后跑步集合。第几支曲子是跑步时间，第几支曲子是吃饭时间，第几支曲子是早请示时间都有明确规定。当时罗曙已在科尔沁草原接受贫下中农再教育两年多了，习惯了听生产队长敲树上挂着的旧铁铧子上工，乍一到五七干校，直发蒙，父亲和罗晓倒是很习惯。在这么紧张的革命节奏中，很难找到让我们一家三口相聚的空隙，只有一次，是个阳光明媚的中午，我们一家三口聚到了一起，好像是个什么节日（元旦？春节？），还领到一些食品。我们在外面找了一个安静的地方，一边吃东西，一边聊天，当然主要是父亲讲，罗曙先汇报一下在知青点的生活，讲到想要上学，要准备复习文化课，没有学过几何，有些吃力。这时父亲马上背出了勾股定理，让罗曙这个见到数字就晕的初中生佩服得五体投地，父亲还讲了几何的一些简单的定理。看来对数理化的低能不是遗传的，父亲已经有30年没有摸过几何，对于当年所学的东西还能脱口而出，简直太棒了。记得那时有个政策，只要父母已在五七干校，其插队的子女可以转到干校来。父亲和母亲也问过罗曙愿不愿意转过来，罗曙觉得干校纪律比军队还严，宁愿回内蒙古知青点。

父亲不是一个常常露出儿女情长的人，他的生活中，工作第一，读书第一，学问第一。对于我们姐妹，不大管束，所以我们是在一种比较宽松的环境里长大的。但父亲并不是一个不关爱子女的人。我们生病时，如果母亲不在，父亲总是带我们去医院看病。记得在一个夏天的晚上，罗晓发高烧，吃了药也没有退下去，父亲背起罗晓就往中关村医院跑，当时天气十分闷热，父亲的汗衫已经湿透，罗曙在旁边一路小跑地跟着，看着脸上淌着汗、气喘吁吁的父亲和烧得昏沉沉的妹妹直发傻。有很多次在罗曙生病发烧时，也是父亲带去医院。罗曙只要一发烧，人就变得迷迷糊糊的，父亲雇辆三轮车或者用自行车带她到医院，到了医院，罗曙就一头栽倒在长椅上。父亲忙前忙后，只有在医生看病时才叫醒罗曙，其余的事她就一概不知了。

1966年罗晓上小学四年级时，父母亲都下乡"四清"，罗晓寄住在老师家里。父亲抽空回来看罗晓时她正在生病，父亲既心疼又担心，却不能留下来照顾罗晓，只好托付老师每天早上给她煎一个荷包蛋，一连几个月天天如此。至今罗晓还记得父亲那份关爱。

罗曙去内蒙古插队后，第一次回家时对父亲讲那里的冬天十分寒冷，因为还不会管理自己的生活，每天干完农活，个个累得散了架子，能凑合就凑合了，炕也烧得不热，当地老乡坐在知青点的炕上都觉得"拔"屁股。父亲听完后，出去买了张羊皮褥子和一只木箱子，记得那一年罗曙返回内蒙古时是带着满满一箱子生活用品走的。但是父亲不是个溺爱子女的父亲，他要求我们不要存在依赖父母的想法，在平时的言行里，经常要求我们自己奋斗，自己的事情自己解决。一年冬天罗曙回到北京，父母还在干校，她没有钱了，就给父亲打电报，让他汇点钱来。父亲对这种向父母要钱的方式很生气，回信狠狠地说了罗曙一顿，他不允许已经成人的子女如此坦然地向父母伸手要钱。这是父亲最严厉的信，从此，罗曙再也没有犯过这种错误，可惜这封信没有保留下来。

父亲常说："儿孙自有儿孙福，不为儿女做牛马。"年轻时我们不甚理解，罗晓为此还与他探讨过，当时父亲在英国做访问学者，他给罗晓写了一封长信，阐述了生活中的唯一捷径是自己全力以赴的道理。父亲在信中说："解放后十分幸运的是我以一个大学毕业生的崭新姿态参加了工作。我在工作上学习上都干得很认真，即使在背了家庭历史的包袱之后，我仍然是如此，总在孜孜不倦地努力自我奋斗。现在回想起来，我这一生的经历是多么的不容易啊！当我回到成都会见几十年前的老同学时，我才发现自己的幸运。这种幸运使我呆在北京工作。除此之外，是那种不甘于自我沉沦，不甘于灵魂平庸的远大志趣一直激励着我，激励我在直面人生，努力进取。不管自己处在任何逆境里，总可以像鲁迅所说的那样，去战取光明，即使我们自己做不到，也可以留给后人。"正是父亲这种榜样的力量使我们成年后逐步有了自己的人生目标：立足自己奋斗，不依靠父母，努力做到像父母那样，在我们所从事的行业里成为骨干；是父亲的严格要求和以身作则使我们练就了一路摸爬滚打、从不退缩的性格。

父亲不算是个讲究生活的人，"文革"前家里的家具都是从学校租借的，桌子、椅子上都钉着个金属的小牌子，后来奶奶从老家带来了几件旧家具，虽然是爷爷用过的，摆在房里，却体面了许多，俨然是蓬荜生辉了。其中有一张书桌，变成了多功能桌，白天是父亲伏案工作的地方，晚上和母亲面对面地共用一张桌子看书，吃饭时，铺张塑料布就是餐桌，就在这张桌子上，还经常招待亲朋好友、国际友人，杯盏交错，笑声朗朗，宾主尽欢。虽然是小屋陋室、粗茶淡饭，但是主人的人格魅力使得客人们流连忘返。父亲不吸烟，以前也不喝酒，"文革"后期，书架上开始出现便宜的葡萄酒，还是有客人来时，才取出来对酌。到了改革开放以后，尤其是要出国时，父亲才添置了几件像样的衣服，在这以前一直是简朴得不能再简朴了，夏天赤脚穿一双塑料凉鞋，骑着一辆50年代买的飞鸽自行车满校园转。记得是1978年夏天，西班牙国王访问中国，外交部邀请他参加欢迎宴会，但是出发前他发现自己没有一双没有破洞的薄袜子，时间已经非常紧了，罗曙建议他在去赴宴的途中拐到商店里买一双，后来怎么解决的，也记不清了。父亲一生最大的积蓄就是堆满家里每一个角落的书籍。书桌旁的一把竹躺椅他一坐就是20多年，那躺椅是他阅读和写作时唯一"奢侈"的享受。

父亲是一个生活情趣很丰富的人。他不仅秉承家学，写得一手好字，年轻时也画素描、水粉画、漫画等，本来他打算退休后好好搞搞自己喜爱的书画艺术，办几个书展、画展……很多人慕名来求父亲的字，父亲总是尽量满足。在难得的空闲时间里，父亲会兴致勃勃地泼墨挥毫，并把自己的得意之作"自我发行"，给亲朋好友。父亲生前曾担任北大燕园书画会长，遗憾的是我们姐俩除了给父亲牵纸、研磨以外，没有得到父亲的真传。父亲的文艺欣赏范围也很宽，他总是本着兼收并蓄、雅俗共赏的开放心态，去欣赏各种剧种和唱法。父亲还是一个很有艺术感觉的人，他在照相时对光圈、速度、取景都要仔细琢磨，坚持追求完美的构图和效果。

父亲喜欢看电视，无论是新闻还是戏曲、电影、电视剧，只要对胃口都会看一会儿，虽然他的时间永远不够用。他对于社会上发生的形形色色的事情都很关注。有时，我们在饭桌上会讲一些道听途说的传闻，他笑眯眯地很有兴趣地听着。有时罗曙会讲讲刚刚看完的一篇小说中精彩的章节，他也聚精会神地听，然后说："我现在没有时间看小说了，以后要是看到有意思的小说，还要讲给我听呀。"

他总是很有兴趣地听我们谈论一些社会新闻，与我们讨论对一些问题的看法，从不把他的观点强加给别人。在家里父亲从来不以长辈自居，至今罗晓的高中同学还记得到我家来玩时，所感受到的我们父女之间的平等气氛。不少年轻人和毕了业的学生都与父亲成了忘年之交，喜欢跟罗叔叔摆"龙门阵"，欣赏罗叔叔的潇洒、豁达、自信、敏锐。父亲也因与年轻人的经常接触而保持着年轻的心态。

图5　罗荣渠先生全家合影，右一罗曙，左一罗晓，1978年

父亲对新鲜事物有浓厚的兴趣，喜欢大胆的尝试，1995年他用一笔奖金买了一台电脑，当时我们对电脑还是一窍不通，觉得很神秘，看着花白头发的父亲，根本不会汉语拼音，却敢在键盘上敲敲打打，不会就到处拜师，以蚂蚁啃骨头的精神在电脑上写出文章，简直让罗曙瞠目结舌。榜样的力量是巨大的，罗曙在1995年底也毅然在办公室添置了电脑，开始学习使用财务软件记账，罗曙虽然是办公室里年龄最大的职工，却是最精通和最能熟练使用财务软件的人，因为她是罗荣渠的女儿。

记得父亲还有一件不为人知的往事，那是1987年夏天的一个周末，父亲带罗晓一家三口去圆明园散步，他们在湖边小路上边走边聊，享受着难得的轻松相聚。突然在距他们右前方只有几米远的水边，一个蹲在湖边戏水的三四岁的

图 6　罗荣渠全家在颐和园合影，时约 1977 年

孩子一头栽进了湖里，60 岁的父亲比罗晓夫妇以及孩子的家长反应得都快，二话没说，一个箭步就跳进水中去救那个孩子。大家七手八脚地帮着父亲把孩子救上岸，当那孩子家长忙着言谢时，父亲只说了声："要把孩子看好，一个人在水边玩儿很危险。"他抖了抖湿淋淋的上衣和长裤，就轻快地走了。

在那个以阶级斗争为纲的时代里，父亲的人生道路是非常坎坷的，由于他的傲骨和锋芒毕露，他被批了无数次，检讨了无数次，有很多事情我们都是"文革"后才了解了一些，更多的是读了二叔写的《求索斋实录》，但当时无论父亲的处境多么困难，他从来没有在我们面前流露出垂头丧气，从没有把在单位受的委屈带回家里发散，没有让我们感觉到他所受到的巨大压力。即便父亲被关起来时经常被打得青一块、紫一块的，他也从来不让我们看到。他带给我们的是平静、开朗和按部就班的生活秩序，使我们对于几十年压在父亲头上的滚滚乌云知之甚少。在我们眼里父亲是个勤奋刻苦的书呆子，是个满肚子学问、嗜书如命的教书匠，是个思想活跃、感觉灵敏，永远对新鲜事物充满好奇的知识分子。

父亲走了十几年了，我们无数次地想：要是父亲还活着……可是父亲永远回不来了，罗曙曾在梦里拉着父亲的胳膊大哭着要他回家，父亲只是微笑着看着她，不说话。

父亲，我们想告诉您：我们感谢您给了我们生命，感谢您教我们做人，感谢您让我们生活在文化气息浓厚的家庭里。当我们认识这个世界时，看到最多的是书，是您读书的身影，我们最大的遗憾是没有去听过您讲课或者做报告，我们相信那绝对会是一种享受，一种可以让我们一辈子回味无穷的享受，可是我们错过了，错过了最不应该错过的事。那时候，回到家里就会接触到各种新鲜信息，听着您和朋友们、同事们、学生们在书房里高谈阔论，时而尖锐评论，时而侃侃而谈，不时响起朗声大笑，您走了，带走了这一切……留给我们的是无尽的思念。我们要大声地告诉您：您是我们最大的骄傲！亲爱的爸爸，我们永远怀念您！

在父亲求索斋的墙上，一直挂着他书写的，也是他最喜欢的屈原名句："路漫漫其修远兮，吾将上下而求索。"

传承篇

独把春光磨铁砚　羞将华发换闲情

——读《罗荣渠文集之四　北大岁月》

董正华

今年8月29日是先师罗荣渠教授90周年冥寿。先生在欢庆抗战胜利时刻入读西南联大历史社会系，在新中国成立的凯歌声中从北大历史学系毕业，怀抱满腔热情和对未来的美好愿望走上工作岗位，却不料半生坎坷，遭受了常人难以经受的磨难。然而，即使在强大的压力下，先生仍负重前行，矢志不移于其道，学术上成就斐然，自成一家。1996年，先生因积劳成疾，突发心肌梗死辞世，享年69岁。

69岁的年龄，在古人是年近古稀，在今天则还是盛年。从罗先生留下的著作，特别是他最后十年近于火山喷发的大量著述可以看到，先生的学术思想已经成熟、完整，且独树一帜。如果再给他哪怕只是十年的学术生命，以他的勤奋，别说每月一文（这是他1996年年初给自己定的目标，也是当年头几个月的实际写作速度），就是双月一文、每季一文，其成就也可以跟更老一辈的文史大师比肩了。先生的突然去世，何止是史学界的巨大损失！聊可告慰的是，他的一系列学术开拓或发凡起例之作，如关于拉丁美洲史、关于美洲发现（为什么没有中国哥伦布）、关于中美人民友好交往、关于殖民主义史研究、关于对二战的再认识，他研究世界与中国现代历史进程的理论方法和基本观点，特别是他一再阐发的一元多线历史发展观，已经普惠学林，正在被越来越多人所接受。他在多年以前发出的"人文忧思的盛世危言"，如黄钟大吕，至今鸣响在人们耳畔。

20多年过去了，先生的音容笑貌宛在眼前。先生的著作更是长置学生案头。同时也有两个疑问常常萦绕心头，挥之不去。

其一，20世纪20年代前后出生的一代学人，为什么没有像更早一代那样，形成众星灿烂、彪炳史册的学术群体？

其二，毫无疑问，成功的学者必须具备"才"和"学"，而且还需勤奋。读书时的罗荣渠已经被同学们不约而同地认定为同辈中的佼佼者，称赞他"天资聪慧，才华横溢，文思敏捷，多才多艺"（杨祖陶：《昆明 沙滩 燕园——莫逆之交五十载》）。在北大，罗老师的文字功夫是大家公认的，授课和演讲也极受欢迎。为文为师之外，他还能诗能书能画，大字行草笔力劲健而又圆转连绵、飘逸自如。他还是不错的男中音，不止一次登台放歌。用郝斌老师（80年代曾任北大副校长）的话说，"他何止才学过人，简直是才气磅礴，才情纵横！"（郝斌：《"牛棚"内外忆老罗》）在历史学系，罗老师的勤奋有目共睹。做过他的学生的人都记得怎样被他催着读书，也都亲领过他的身教。从他那里借来的中外文书刊，几乎每一本都被他用红笔画得密密麻麻。他身后留下的牛皮纸文件袋堆积如小山，里面装满了他整理使用过的各种文献资料。

然而，同时代人中也不乏像他那样天资聪明而且勤奋工作的人。但他们中许多人没有留下多少思想产品，带着遗憾默默地走了，像罗先生这样多年后仍然影响巨大的，其实为数不多。罗老师的学术成就，除了靠才华、学识，还有什么因素甚至是更重要的决定命运的东西在起作用？反复阅读收录了他日记和书信的《北大岁月》，答案渐渐清晰，那就是他过人的胆识，正因为有这样大智大勇的胆识，他才能够锲而不舍地追求，即使身处逆境，也能不惧艰难，不畏人言，奋然前行。

胆识，分开来是有胆有识，合起来是一种人生的气概和境界。青年时期的罗荣渠也有多次参与学生运动的勇敢行动，如冒着危险投身"一二·一"示威和宣讲（果然被特务殴打致伤），但他的主要精力始终用在追求学问上，风雨如晦而此志不移。他从罗尔纲所著《太平天国史纲》联想到做史家之不易。"所谓才、学、识自然不能缺一，而且历史写作对于文学修养也是顶需要的；至于具有卓越的超时代眼光，更需要有不世之才了。"（《北大岁月》第54页，以下引本书只注页码）他首先关注中学，同时也致力于西学，为此在英、德、法、日等多种外语的学习上都狠下了些功夫。他阅读马克思、恩格斯、杜兰、萧伯纳等人的著作，关注古今大哲学家的生活与思想，对斯宾诺莎、R. H. 托尼关于现代社会弊病的论述，都表现出特别的兴趣。

日记显示他大学时期就勇于质疑，读书绝不盲从。例如，读肖一山的《清代史》，他首肯其写戊戌变法"令人跃然欲起"，同时批评该书"翻开来满纸'国父''总裁'，令人很不舒服……民族革命居然也称为一种'史观'，何史观之多也！"（第48页）"借到一本李鼎声的《中国近代史》，序论写得很好……近来读了好几本近代史，都不大满意。"（第50页）

读《尚书》，他比较孔氏传和蔡沈集传两种本子，既肯定蔡沈纠正孔安国的失误，又批评蔡全是从理学家而非史家的观点出发。"蔡沈云'数纣也傲，学者不能无憾'，简直是一副奴隶的样子；所谓'学者'也者，竟至如此，实觉可怜！可怜！"（第48、58页）

他对先秦思想特别是儒道两家的认识如："诸子百家大抵都是'圣人君子'们'躬行之余'的记录而已，其实并没有什么神奇处，所以颜习斋痛斥这些书的奴才……鸿儒以降，徒子徒孙们造反，孔子也被称'王'（素王）了。这是不为孔门争气，以后更是江河日下了。""（老子）这套哲学无可否认地是世界上最聪明、最有人味的哲学……这个世界根本是一个傻子推动历史的世界……所以我们敬慕那些真的聪明人（自然有好些只是假聪明而已），但是我们更热爱那些伟大的傻子。"（第51、52页）

读《北大岁月》，我特别注意到他在日记里大段摘抄《新民说》"论进取冒险"一节，日记也多处表达了对梁任公的敬佩之情，一再惋惜其早逝；还有他给自己立下的戒律："从今以后不写无病呻吟、抄袭剽窃、摇旗呐喊的世界上无此不少的文章。"（第70页）

从以上所述，我们可以隐隐看到一个具有强烈批判精神、涉猎广泛而又有独特见识的未来史学家的身影。尽管他此时还只是年龄不满20岁的大学低年级学生。他在日记里记录了当时阅读的部分中外文图书书目，许多至今仍是文史学者的必读书。我粗略统计了一下，其数量之大，真让晚辈读书人如我者汗颜。

大学时期的罗荣渠思想活跃。起初，他想以历史为工具研究哲学，不久又曾着力于中西交通史、历史研究方法论；他写过《古代琉球问题之总清算》；计划利用假期写作《历史科学的价值批判》和《俄国革命与法国革命的比较》等三篇文章；曾经设想撰写《再疑录》，探讨比较悲观与悲剧、偶像与信仰、理想主义与现实主义、自由与平等、中国古代"易道"与西洋辩证法、史学目的论与情景论等问题。他还有志于撰写一部学生运动史和一部历史哲学，最后，在向达先生指导下完成了毕业论文《明清之际西学东渐时期中西文化之初度冲突》。前面那些计划与设想看似庞杂，其实都没有离开他的志业历史学或历史社会学，反映出他初出夔门就勇于尝试、勇于进取。不难想象，能够做出这些计划，不仅需要在上课之余付出大量时间和精力，而且需要多么敏锐的眼光和多么远大的志向！

1949 年夏，罗先生满怀"新中国前途一定乐观，新中国一定有办法"（第 470 页）的信心和希望走上工作岗位，但十年"文革"迎接他的却是一连串厄运，直到拨乱反正结束"文革"，先生一直难以平静地坐下来做自己的研究。这不仅是个人的悲剧、一代人的悲剧，也是整个国家的悲剧。他主动要求并最后被指定负责带队前往哈尔滨外专，跟从延安来的老师学习一门新的语言——俄语，显然是察觉到中苏交流会越来越频繁。他想要为此做贡献。然而，他很快被逐出校门，主要原因是写了一篇讲述唯心主义源流的文章，提出批判唯心主义不能简单化（第 491 页）。在此后不久的各种运动中，他因为不能跟被错杀的"反革命"父亲划清界限而受到严厉批判，从那时起，他多次被审查，这使他身心备受煎熬。正如他早年在给朋友的信中所说，"一个人可以忍受仇敌的攻击，却受不了亲友的责备"（第 310 页）。"文革"初起，被扣上"历史反革命分子"的帽子。据同被关进"牛棚"的郝斌老师回忆，即使在极端的困境下，他仍然认认真真做人做事，不打小报告，不操随机应变保存自己之术，对同"牛棚"难友从没有半点伤害。一旦境遇稍为好转，他又马上表现出乐观外向的性格："走着走着，鼻子里竟哼出了歌。"回忆里还谈道，从劳动改造地回到北京后，某一天他竟然翻箱倒柜，拿出张大千、徐悲鸿、谢稚柳（皆为他父亲的生前好友）的扇面、花鸟和父亲的书画作品给友人看，这些在当时仍属犯忌之物。

罗先生的过人胆识，主要还是表现在学术思想上的见解和追求。还是 1975 年，当评《水浒传》、批"投降派"的闹剧轰轰烈烈登场的时候，他已经尖锐地指出，"当前评论《水浒》的文章，没有一篇在这个关键问题上（按指农民起义为何失败）讲清楚问题，甚至根本回避这个关键问题，这是科学研究中极不正常的现象。把政治同学术、文艺完全混淆起来，造成这种极不正常的现象就不足怪了"。写到这里他笔锋一转,"当前盲目自大,自以为'中国世界第一'的思想有所抬头,决不是什么好现象"(第574页)。显见他对当时国内的思想状况有超出常人的认识。如此对历史和科学研究较真,又如此忧国忧民,哪里像一个自身尚且难保的"老运动员"做的事!他一贯重视史学的社会意义,认为"通"比"专"更有价值,因而不愿为自己专长的美洲史、中美关系史所拘,而把主要精力放在世界历史重大理论课题的综合研究上,计划在一定时期以后,再把研究所获用于探索中国与西方历史的共同性与特殊性。他决心为此"倾毕生之力","成败利钝,非能逆睹,就置之度外了"。"马克思说过:'为世界工作';鲁迅说过:'我们总要争取光明,即使自己遇不到,也可以留给后来的人。'这就是我自己在今后的学术生活中的座右铭。"(第608页)

1977年后,他的人生处境发生根本转变。父亲的冤案昭雪,母亲的地主成分改划,他自己被平反,并以新晋副教授身份当选校、系学术委员会委员。作为一个研究世界史的学者,他终于能跨出国门行走世界。这使他更加坚定"打通"的决心:"今后我所要从事的,不是一般的历史研究工作,即考证某些历史事件和历史过程真伪,而是要通观世界历史的全局,继承马恩在历史唯物主义方面所开创的事业。"(第625页)他一次次以诗、词、对联言志,他给昆明西南联大纪念亭题写的楹联是"滇海箫吹心系中兴业,燕园弦诵胸怀四化图"。他回顾年轻时曾经"独把春光磨铁砚",现在更有信心"乘风觅险峰"。他还要"横游绝壑探幽奥",而"羞将华发换闲情"(第631、677、686、717页)。这些诗句,既是他豪情壮志真情实感的自然流露,也是他半个世纪"北大岁月"不懈奋斗的真实写照。

看到这里,对于后来先生致力于开创世界现代化进程研究和探索建立马克思主义的现代化理论,就不会感到奇怪了。当初,几乎没有人能理解他的这项工作。当时的历史学系领导人回忆,"曾经不止一次劝他放弃这个计划"。"当他提出'一元多线'历史发展观时,我也曾警告他不要冒这个风险。"这是善意的劝阻。据当时正在北大访学的王加丰教授回忆,迟至1989年冬,北大校园里仍然有熟悉的人对罗老师研究现代化表现出"一脸不屑的样子",甚至有风言风语。

实际上,罗先生倾力研究现代化问题,不仅仅是出于史学家对凿通中外历史的责任心,还跟他对现实社会发展的深切关怀、跟他对中国与世界发展趋势的思虑判断密切相关。20世纪90年代初他多次给旅居海外的女儿写信，反复讲道，"中国正处在一场真正的深刻革命之中。这大概是一个半世纪以来中国从传统向现代化社会转变的决定性大变革之开始，其势迅不可挡"。"（中国变革的）总趋势是好的，完全没有悲观之必要。要说悲观，世界的前景倒是令人悲观。现代化带来全球性的生态危机与发展性危机，恐怕将日益增长"（第744、747页）。在他看来，既然"现代化"是关乎中国和全人类命运的历史和现实进程，史学家自然不能置身事外或视而不见，对它进行记录和理论探讨是理所当然的事。

然而，现代化研究确实从一开始就一直处在新时期史学论争的风口浪尖上。当时中国史学仍然是革命史、阶级斗争史的一家天下。稍有新观念或者提出新"范式"即被视为另类，有人在"核心"刊物发表权威性述评文章，提出要对以"现代化"为现代史主线"理所当然"地予以否定，还有人著文点名批判《现代化新论》，来访的外国学者也有对现代化研究不以为然者。一贯视"现代化"为反苏理论的苏联学者不用说了。笔者参与接待的一位西方教授就曾当面告诉我，现代化已经过时，不该再谈论它，还指点我一定要找来反现代化的论著仔细看看。他们不明白现代化在发展中国家方兴未艾。即使早期西方的现代化，作为一段历史进程也应纳入史家的视野。只有认真研究它才有资格批评它、超越它。对于现代化研究的价值、工作之艰巨和风险，罗老师心里其实比谁都清楚，"深知开拓之难，对各种非议早有思想准备"（第717页）。他1990年致信二弟荣泉先生，说到自己"研究中国的现代化进程，非常艰苦……我并不准备苟活，就要冒一点风险"（第724页）。他在复老友杨祖陶教授夫妇的书信里写道："拙书（指《现代化新论》）之完成是在风口浪尖之作，盛世之危言，欲以究天人之际，通古今之变，成一家之言……祖师爷司马迁当年有言：'负下未易居，下流多谤议。'书成是福是祸，早置之度外。"（第746页）这是何等的气魄！回过头来想想，难道一个有担当的史学家不应以继承司马迁为己任吗？多年以后，现代化研究盛行于学界，罗先生也被公推为中国内地学者研究现代化理论和世界现代化进程的开创者。他的世界现代化三次浪潮说、百年中国四种趋势说、东亚传统文化与现代化之密切关系说、"现代化"作为一段有始有终的历史过程说，等等，皆为不刊之论。然而，确定新研究方向和建立新理论体系时，他找不到人交流思想。他的心一定火热，却又是寂寞的。然则所有成一家之言者，当初不都是寂寞的吗？学林正需要这种既勇于开拓创新又能耐得住寂寞的人。别说是学者，即使是工匠，一天到晚热热闹闹的人，也肯定做不出好东西来。

从罗老师的《北大岁月》以及他的更多不见于文字的所作所为，我们还能看到：正所谓"功夫在诗外"，罗先生的胆识以及他工作的勤奋，恐怕还有更多体现在论文著作之外的学术活动上，而这些大多不为人所知。他赤手空拳组建"北京大学世界现代化进程研究中心"。这个后来享誉国内外的"机构"，实际上是一个没有经费、没有编制、开会和堆放图书资料只能借用教研室的"三无"虚体，更没有秘书或助理。除了让研究生帮忙管理一下图书借阅，其他事都是他亲力亲为。年过半百的他还要自己脚蹬单车，从中关村到几十里以外的白家庄去选购外文图书。办理有关中外学术交流、研讨会申报、科研项目经费申请表格填写等各种繁杂手续，也需他亲手写、亲自跑。主编"世界现代化进程研究丛书"，他亲自组稿，给外地撰稿人写一封封书信，提出修改建议甚至一遍遍帮作者修改文稿。主办大型国际国内学术研讨会和小规模专题讨论会也都是这样。他以独到的眼光回顾20世纪上半叶关于中国发展道路的四次大论争，组织人手收集整理散见于各处的文献资料，编成厚厚的一本文集《从西化到现代化》。该书已有多种版本，受惠于海内外学者。他在国内最早察觉西方学者关于全球通史和现代世界体系的研究成果对于开拓和发展新时期中国史学和整个社会科学的意义，为此而邀请沃勒斯坦等一批史学家、社会学家前来讲学，并在事前要他的研究生分工研读他们的著作，以便讨论对话。笔者关于殖民主义长波理论的读书札记就是这样产生的。为了扩大影响，他还组织了专题研讨班，吸收校内外青年学人参加。她（他）们中不少人后来成为知名的学者。他亲自组织翻译了《全球分裂》和多卷本的《现代世界体系》。后一种书今日已经风行全国，当初却没有出版商愿意接受。耽搁多年后好不容易求到一家出版社，前两次印刷还是尽量保守，生怕印多了卖不掉。

20世纪80年代北大校园和整个国家一样风云激荡，北大学子思想活跃，几乎每年都要起一次风潮。先生的书房自然也不是世外桃源。尽管时时关注改革进程，关注校内外局势的变化，如他在60岁生日抒怀诗中所言，"文锥痛砭匡时弊，独胆横陈逆耳言"。但他没有稍停自己的专业研究工作。收入《罗荣渠文集》前三卷的大量论文，都是在80年代写出的。他一再嘱咐他的研究生，术业要有专攻；作为史学从业者，应该老老实实、扎扎实实做好历史学研究，做好现代化与现代发展基础理论和各国现代化模式、现代化道路的比较研究，不可荒废学业，不可舍己所长，急功近利，跟风头。他自己曾谢绝了来自各方的此类邀约。他不为一时的风潮所左右，同时谆谆教导自己的学生甘于寂寞，耐心坐好冷板凳。他在生活上处处关心体贴学生，但在学业上从来不讲情面，严格要求近于苛刻。我等一众弟子，甚至选过他的课的大学本科同学，对此都有切身体会。1989年3月到10月先生在欧洲访学，其间来信告诫我们要懂得"国运艰难"，不要忘乎所以，不要"帮倒忙"。来信还反复强调：博士生任务艰巨，"要知道天外有天……我已来日无多，甚盼后继有人"（第715页）。到了90年代初，面对重启改革后出现的一些乱象，他在政协会议上发言，在各种报刊上发文，一再对文化滑坡、教育滞后、人文素质下降等人文生态中的严重问题敲响警钟。他真是一个肝胆照人的纯粹学者，一个真正的、可以大写的中国学人！

关于现代化理论、全球化理论的一些思考

——读罗荣渠先生《论一元多线历史发展观》的体会

王加丰

【摘要】 20 世纪 70 年代后期现代化理论渐渐淡出西方学术界的视野，被全球化理论所取代。这是因为西方人，特别是美国人，对自己未来的担心大为增加了，因而从追求某种带有利他性质的美国化或西方化转到了追求更加自利性的西方化或美国化。另外，研究的深入，认识的变化，现实的发展，也使当初现代化理论的一些假设显得越来越站不住脚。但我国正处在全面现代化的过程中，我们应该像罗荣渠先生对待现代化理论那样来对待当今西方的全球化理论，也就是在新的历史条件下，从唯物史观的基本原理出发同时从现代化和全球化的角度来理解当今世界和中国的发展。

【关键词】 现代化；全球化；现代化理论；全球化理论

二战结束后的几十年间，发端于美国的现代化理论在国际社会科学中有过极大的影响。20 世纪 90 年代以来，全球化理论取代了现代化理论曾经的位置，成为影响国际社会科学各学科最重要的理论体系。我国自改革开放以来，也以某种方式经历了这个过程。现代化理论在西方，特别在美国的相对衰落有其内在的原因。但在发展中国家，现代化始终应该是它们的核心问题。我国作为世界上最大的发展中国家，正处在全面现代化的过程中，研究这两种理论的关系及其相关问题，对我们今天的现代化事业是很有必要的。

一 现代化理论和全球化理论的研究对象及其相互关系

现代化作为社会科学中一种新兴思潮，产生于 20 世纪 40 年代末和 50

年代初的美国。在其全盛时期，就其对政府国际问题决策、世界格局变化等多方面的影响来看，美国学术界没有任何其他理论可以与之匹敌："从20世纪50年代后期到60年代，现代化理论支配着美国社会科学关于后殖民世界的经济、政治和社会变化的思想。"① 20世纪70年代后期现代化理论渐渐淡出许多西方学人的视野，但这不意味着它的消失。杰弗里·C.亚历山大1995年的一篇文章认为，战后美国社会思想经历了四个阶段：现代化理论阶段、反现代化理论阶段、后现代理论阶段和新现代化（neo-modernization）或再趋同（reconvergence）理论出现的阶段。② 可见，现代化理论以某种方式延续下来了，因为它所研究的历史过程在世界上毕竟远没结束。

全球化理论从起源上看也是在20世纪60年代。③ 不过它的大发展是20世纪80年代末或90年代初以来的事情，或者说自苏联崩溃以来，它迅速在全世界传播："全球化"成了社会科学中使用频率最高的词或最高的词之一。同时，它也像现代化理论经历过的那样，在传播中迅速产生多种多样的解释和反对意见。

现代化理论与全球化理论的研究对象有所不同。前者的研究对象是从农业社会向工业社会转变这一重大历史过程。罗荣渠先生曾把现代化分为广义和狭义两种，广义的指人类历史从农业社会向工业社会的过渡，是人类历史的一个必经阶段；狭义的指落后国家如何通过各种措施，包括接受外国援助，赶超发达国家的过程。④ 西方学者的现代化研究主要限于罗先生所说的狭义现代化概念的范围；至于他们的全球化理论的研究对象，从最简单的意义上讲，是"全球相互联系的扩大、深化以及加速"的过程及其所造成的各种问题。⑤

也就是说，现代化研究往往归结为对某个国家或地区从农业社会如何向工业社会转变的研究，而全球化理论往往研究核心国家或地区的种种行为对

---

① Nils Gilman, *Mandarins of the Future: Modernization Theory in Cold War America*, Baltimore and London: The Johns Hopkins University Press, 2003, p. 3.
② Jeffrey C. Alexander, "Modern, Anti, Post and Neo", *New Left Review*, Issue 210, 1995, p. 67.
③ "在60年代法国人和美国人的作品中全球化概念已经有了模糊的轮廓"，见赫尔德等《全球大变革——全球化时代的政治、经济和文化》，杨雪冬等译，社会科学文献出版社，2001，第1页。
④ 罗荣渠：《现代化新论》，北京大学出版社，1993，第16~17页。
⑤ 赫尔德等：《全球大变革——全球化时代的政治、经济和文化》，杨雪冬等译，第21页。关于全球化的定义，本文最后一部分还要谈到，这里从略。

世界各国的影响及反过来对核心国家自己的影响，研究各国或各地区如何应对这些影响，等等。可见，两种理论都研究当代世界的经济、政治、社会发展问题，虽然侧重点不一样，但存在互相补充、互相说明的关系。现代化理论侧重从一个国家或地区来看发展问题，而全球化理论着重研究世界各国和各地区相互交往的深入及某种程度的"一体化"过程，研究全球性问题的发展变化及其对各个国家和地区的影响。① 这两种理论研究的深入，都会走上这样一条路：从某个国家或地区出发，最终还是要讲到世界发展的大趋势；而从世界发展大趋势出发，最终也是要研究个别国家或地区如何应对这种大趋势的问题。当然，这两种理论研究的出发点及研究的"热点"有区别，也不应否认。

实际上，我们也可以说：现代化研究本来就包括对全球化的研究，因为全世界从农业社会向工业社会的过渡是现代化研究的基本对象，而全球化毫无疑问是现代化进程的一个重要方面。所以现代化能说明全球化，世界现代化进程就是一个越来越多的国家卷入现代化从而卷入相互竞争的过程，但全球化不可能全面说明第三世界国家的现代化问题。西方人强调全球化，那是因为他们发现世界各国的竞争和相互影响使他们国内产生了各种各样的问题，在这种情况下，他们不可能再像20世纪五六十年代那样多地关注非西方国家的发展。发展中国家现代化所面临的问题，并非全球化理论所能涵盖。它只强调世界发展大趋势对各国的影响，各国发展过程中的内部变化并非它的研究重点，甚至可以说不是它的研究对象，它甚至不太关心发展中国家该如何实现稳定而健康的发展。像中国这样的发展中国家应该大力继续研究我们自己的现代化理论，因为我们仍处在这个过程中。

既然现代化理论与全球化理论是这样一种关系，那么为什么20世纪50年代以来西方学者，特别是美国学者，会那么关心非西方国家的发展，而到90年代后，西方主流意识形态却那么强调世界发展大趋势对各国的影响，不再那么关注发展中国家该如何发展这种在我们看来更迫切的问题呢？或者说，为什么在西方现代化理论能在20世纪50年代和60年代盛行一时，而全球化理论会在20世纪90年代以后风靡于全世界？这两种有相对独立的发

---

① 这里讲的关于现代化理论的研究侧重点，主要是以罗斯托等为代表的西方主流的现代化理论而言的。

生和发展过程，有某种互补并互相包容的理论先后在国际学术界掀起轩然大波的过程，能告诉我们什么？

二 为什么全球化理论"取代"了现代化理论

全球化理论取代现代化理论曾经的地位，这种情况反映出西方学术界特别是美国学术界的学术兴趣发生了转移，或者说他们对世界发展的看法发生了变化。为什么会出现这种转移和变化呢？

首先，这是因为西方人，特别是美国人，从追求某种带有利他性质的美国化或西方化，转向了追求更加自利性的西方化或美国化。《质疑全球化》的作者曾这样说这种变化："如果说20世纪50年代和60年代的普遍看法是认为未来属于由协调行动的民族国家政府妥善管理的没有失败者的资本主义的话，那么80年代末期和90年代则是由建立在相反的假定基础上的共识所支配的，即认为全球市场是无法控制的，不论是国家、企业还是个人，避免成为失败者的唯一方法是要尽可能地具有竞争力。"[①] 当年西方主流的现代化理论的阐述者，真诚希望通过美国的援助和帮助，全世界都会走上美国的道路。正如雷迅马说的："现代化理论浸透着冷战高潮中美国人对自身的某种信念。现代化理论的鼓吹者一方面对此起彼伏的叛乱动荡和军事威胁感到忧心忡忡，但另一方面却也坚信美国的确处于人类共同的发展道路的终点。作为最具'现代性'的国家，作为一个克服了大萧条的国家，作为一个战胜了法西斯德国和日本帝国的国家，美国认为自己应该可以成为世界上其他国家追随和仿效的榜样。对许多美国政策制定者和普通美国人而言，现代化理论最终代表了一种新型的'天定命运'观念，代表了美国人对本国的优越性和道义使命的自我感受。"[②] 他还这样讲到以罗斯托为代表的一批知识分子："对罗斯托来说，对他的知识分子助手班子以及他们为之献计献策的决策者来说，现代化的概念远不仅仅是一个学术上的模式，它也是一种理解全球变迁的进程的手段，还是一种用以帮助美国确定推进、引导和指导全球变迁的办法。"[③] 尼尔斯·吉尔曼也这样向我们强调说："现代化理论家们的

---

① 赫斯特等：《质疑全球化——国际经济与治理的可能性》，张文成等译，社会科学文献出版社，2002，第7~8页。
② 雷迅马：《作为意识形态的现代化》，牛可译，中央编译出版社，2003，"中文版序"第Ⅴ页。
③ 雷迅马：《作为意识形态的现代化》，牛可译，第2页。

'普世主义'在这方面是真心实意的。他们希望实现一种基于某种国际规模的新政,它将实现充分就业,结束暴虐的贫困,热情接受工联主义和大企业,建立范围广泛的政府,尊重各种公民自由并促进社会宽容和平。即使许多现代化理论家没有考虑到大多数后殖民地国家是否心甘情愿地拥抱这些价值观,这些理论家们本身也都赞同这些理想,并作为启发性的东西向人们提供。"但20世纪末这种精神消失了,"一种消费主义、自由贸易和'结构调整'的意识形态实质上成了美国向那些后殖民地区所提供的全部东西"。对此,他感慨不已地说道:"现代化理论的悲剧是,当它误导人们,继续加强人们关于西方的(和后殖民的)种种后殖民地区的思想认识时,其世俗改革者的那些理想消逝了……"① 也就是说,今天的美国人依然在向发展中国家大力兜售美国道路,但以前的那种"利他"精神已经消退,美国向别人推销的只是出于利己动机的"消费主义"和"自由贸易",至于是否能为那里的穷人做点什么的理想却不见了。

美国人为什么会从"利他"转向更为"自利"？苏联的解体使两霸争夺发展中国家的必要性大为减弱,这是美国人减少利他行为的原因之一,但不是根本原因,根本原因在于他们对自己未来的担心大为增加了。资本主义黄金时代的结束,石油危机和福利国家的危机,来自新兴工业化国家和地区的竞争,都动摇了当年现代化论者的许多观念。新一代人不再像现代化论者那样,只是"相信他们注定要在一个重要的历史关头扮演关键的角色,并没有在美国的国家利益和他们所谓的国际使命之间看到有什么冲突"。② 相反,他们看到了这种冲突,他们需要解决这些冲突可能给自己带来的危害,需要解决国内产生的一系列相当严峻的问题,其解决办法就是新自由主义。新自由主义取代了自由主义或凯恩斯主义,其基本论点是:"市场是万能的,政府是一种负担和威胁,解除限制和私有化天生就是好的和不可避免的。"它所强调的是"一种极端的个人主义和'个人负责'的价值",这对公司的权力极为有利,因为大公司可以放手"和孤独的个人去讨价还价"。③ 实质上这是一种以以美国为首的发达国家的利益为中心的解决方案,不可能为发展

---

① Nils Gilman, *Mandarins of the Future: Modernization Theory in Cold War America*, Baltimore and London: The Johns Hopkins University Press, 2003, p. 20.
② 雷迅马:《作为意识形态的现代化》,牛可译,第341页。
③ 赫尔曼:《全球化的威胁》,李惠斌主编《全球化与公民社会》,广西师范大学出版社,2003,第6页。

中国家带来福音，还对它们构成了极大的威胁。詹姆逊因此说道：当一些人讨论全球化是否引起国家主权终结的时候，"在这些讨论背后，潜存着一种更深层的恐惧……我们实际上想到的是美国的权力和影响。当我们谈到民族与国家的削弱时，我们实际上想的是其他民族与国家的削弱，很可能它们的削弱是因为美国的权力"。美国的权力造成的这种影响，"是过去所称的帝国主义的一种新形式"。①

这里有一个貌似矛盾的问题：苏联的解体照理说增强了美国人的信心，为什么又说他们的自信在减少？确实，福山的"历史终结论"显示出美国人似乎对自己的未来更加充满自信，但情况不完全是这样。实际上，使他们自信的东西在减少，引起他们担心的东西却在增加，因为全球化所造成的各种问题使他们轻松不起来。赫斯特和汤普森指出：布雷顿森林体系的崩溃，石油危机，20世纪70年代末和80年代初金融市场的国际化，西方发达国家的"非工业化"，欧洲长期失业的增加，来自非西方国家的竞争加剧等等，这些变化"严重破坏了1945年以后时期先进工业国家赖以获得的前所未有的成就感和安全感的那些条件"。由此造成的是，"国家控制的丧失、经济关系的不稳定和不可预见性"的感觉加强了。他们由此总结道："'全球化'是一个适合于没有幻想的世界的神话，但同时也是一个剥夺了我们的希望的神话。全球市场占据了支配地位，这些市场没有面临来自任何有生命力的相反政治计划的威胁，因为人们认为西方的社会民主主义和苏联集团的社会主义都完蛋了。"② 可见，苏联的解体，还有像中国这样的社会主义国家走向市场化的道路，虽然在一定程度上使西方一些人感到欢欣鼓舞，认为自由主义已成为全球居民的共同追求，但许多新的问题出现了，这些问题也对西方国家的未来构成威胁，使他们感到焦虑不安。所以，他们认为在考虑发展中国家的问题前，必须先解决或缓和自身的问题（他们实际上还把发展中国家的依附看成解决自身问题的重要出路，而新自由主义所鼓吹的消费主义、自由贸易必然导致这些国家的依附）。对此，吉尔曼有过这样的解释：20世纪70年代中期开始，大多数人都放弃了改善发展中国家穷人命运的努力，他们说，"国内的种种问题已足够烦人，我们是什么人，竟然想解

---

① 詹姆逊：《论全球化问题》，李惠斌主编《全球化与公民社会》，广西师范大学出版社，2003，第21页。
② 赫斯特等：《质疑全球化——国际经济与治理的可能性》，张文成等译，社会科学文献出版社，2002，第7、8页。

决其他国家的问题？"①

其次，研究的深入，认识的变化，现实的发展，促使人们重新审视当初的现代化理论，这时，它的一些假设显得越来越站不住脚。雷迅马讲道，20 世纪 60 年代美国现代化理论的高峰时期，尽管对许多问题存在大量争论，但有几个假设几乎是人们一致同意的："①'传统'社会和'现代'社会互不相关，截然对立；②经济、政治和社会诸方面的变化是相互结合、相互依存的；③发展的趋势是沿着共同的、直线式的道路向建立现代国家的方向演进；④发展中社会的进步能够通过与发达社会的交往而显著地加速。"由此出发，那些现代化的理论家"相信美国以往的历史经验展现了通往真正的现代性的道路，故而强调美国能够推动'停滞的'社会步入变迁的进程。"但后来许多人意识到，他们是把复杂现象看得太简单了。②

特别是，学术界对现代性的看法也发生了变化，这必然促使人们改变对现代化的看法。吉尔曼指出，从 1950 年到 1970 年，美国的知识分子经历了从乐观主义到悲观主义的"关键性转变"。他认为，这种态度上的变化，"主要产生于对美国社会的现代性的思考"，而后殖民国家的现代性的成功或失败只起了次要作用。在 20 世纪 50 年代，学者们对现代性感觉良好，并自信地认为把现代性强加于后殖民世界将是一件好事；但到了 20 世纪 70 年代末，"他们甚至对自己国内的现代性都产生了怀疑，并对后殖民地区变成现代的前景感到绝望，甚至这样的愿望也丧失了。"③

此外，一些发展中国家的发展实践，也使那些原先信心十足的现代化理论家显得无知，因为他们无法令人信服地说明一些国家和地区的发展道路。这突出地表现在如何解释所谓的"亚洲奇迹"上。1993 年世界银行的一个报告这样说道："从政策上探索东亚经济高速增长的原因，到目前为止还不能完全令人满意。每一学派就公共政策和高速增长关系的阐述，新古典学派、修正学派和亲市场学派的观点，加深了我们对这一问题的理解，但它们之中没有哪一个能完全解释高速发展的东亚经济其公共政策与高速发展之间

---

① Nils Gilman, *Mandarins of the Future: Modernization Theory in Cold War America*, Baltimore and London: The Johns Hopkins University Press, 2003, p. 257.
② 雷迅马：《作为意识形态的现代化》，牛可译，第 6～7 页。
③ Nils Gilman, *Mandarins of the Future: Modernization Theory in Cold War America*, Baltimore and London: The Johns Hopkins University Press, 2003, p. 13.

的复杂关系。"① 西方主流理论没有一种能够解释亚洲的崛起。而在这份报告发表后三年，亚洲就发生了金融危机。对这场危机，西方学术界既没有预测到，也没能完整地予以说明（不仅现代化理论说明不了，新自由主义也说明不了）。日本的一位学者由此发问："1993年，世界银行发表了一篇题为'东亚奇迹'的报告。仅仅几年后，就出现了让所有人都感到意外的亚洲金融危机。在这短短的几年里究竟发生了什么？在奇迹和危机之间，所有人都没能把握的缺失环节究竟是什么？"②

总之，原有的现代化理论主要是针对落后国家的发展问题的，而20世纪70年代末以来，西方人，特别是美国人，迫切需要有一种能首先解决他们自身所面临的种种问题的理论。他们依据新自由主义来解释全球化这种看来不可阻拦的发展趋势，形成了全球化理论，该理论迅速取代了现代化理论在学术界有过的地位。又由于它所讨论的问题，也是发展中国家必须高度关注的对象，所以它也迅速在非西方世界传播。

三 从全球化理论取代现代化理论中可以得出什么结论

从西方全球化理论取代现代化理论的过程中，我们至少可以得出如下结论。

其一，尽管西方有些学者非常关心非西方国家的发展，但归根结底，他们一般都是从自己国情的角度来看待非西方国家的发展。或者说，西方的主流理论总是针对西方国家面临的问题，用西方的眼光提出来的。他们只能如此，因为他们中绝大多数人都生活在发达国家，引起他们学术灵感的主要是他们的社会和政府所面临的问题。对此，吉尔曼说得很清楚："现代化理论，尽管公开看是聚焦于第三世界的困境，但它所反映并强化的，是美国人关于国内现代性状态的情感的展开……这意味着，战后美国关于非西方国家的思想，与其说是与那些国家的任何内在事物有关，不如说是与美国人对他们自己身份的理解有关。"③

---

① 世界银行工作人员编《东亚奇迹——经济增长与公共政策》，财政部世界银行业务司译，中国财政经济出版社，1994，第72页。
② 吉富胜：《奇迹和危机之间的缺失环节》，《社会科学报》2004年4月15日，第7版。
③ Nils Gilman, *Mandarins of the Future: Modernization Theory in Cold War America*, Baltimore and London: The Johns Hopkins University Press, 2003, p. 12.

图1　罗荣渠和王加丰在杭州，1992年

现代化理论的背后是自由主义，是富兰克林·罗斯福和凯恩斯式的自由主义，与西方国家解决国内贫穷问题有关，是战后的一大趋势，体现了当时西方国家的统治阶层广泛存在过的某种利他精神。一些西方学者，特别是美国学者，把这种精神加以延伸，用以解决世界其他国家的贫穷问题。尽管这是一种美国式的解决，但也不能否定这里确实有这样一种精神存在。全球化理论的背后是新自由主义，它强调政府，不论是发达国家的政府还是发展中国家的政府，对资本的管理要尽可能地少，是资本在福利国家产生一系列问题后及时作出的反应。

其二，一种理论要取得世界性影响，特别是获得重大影响，并在全世界的学术界造成那么热烈的响应，肯定具有以下两个特点：其议题有极大的吸引力；关于它的阐述有一定程度的科学性。改革开放以来，现代化理论和全球化理论先后吸引了我国许多学者的高度关注，也是因为它们反映了重大的客观历史现象，以及它们所作出的解释有一定的说服力及重要的借鉴意义。现代化理论中，罗斯托提出的现代化五阶段论，阿瑟·刘易斯提出的二元经济论，巴林顿·摩尔提出的世界现代化的三条道路及亚洲也存在相应的三条道路的理论，亨廷顿等人的政治发展理论等，都在国际学术界产生过重大影响，有许多东西值得我们关注。

任何理论通常都可分为提出问题和解决问题两部分，往往是解决问题的讨论会比前者更多地带有意识形态的色彩。所以在我们看来，西方的现代化理论中最有价值的部分是它提出的各种问题及它对提出的问题所作出的分析。比如，它提出各种发展效应，包括双重发展效应、同步发展效应、高速效应、超前效应、人口效应等，这是所有的发展中国家都要面对的重要问题，而且它们在不同的发展阶段有不同的表现，了解它们，对我们了解现代化过程是非常有帮助的。① 20 世纪末，一些美国学者在思考这样一些问题，同样值得我们注意："第三世界的政治精英以及普通群众对美国的现代化观点的反应是什么样的？他们是如何想方设法达成他们自己解决问题的办法，又如何确立他们自己的方法、路线的？他们接纳和包容了现代化意识形态的哪些成分？他们又拒斥了现代化思想中的哪些东西、修改了哪些东西，以使之适应自身的需要？进而，我们又可以就文化在发展进程中的作用获得些什么新的认识？"② 要全面认识西方现代化理论的是非功过，还必须关注批判它或对它持不同见解的理论或它内部不同流派的争论，比如依附论，还有世界体系理论等。

其三，应该根据我们自己的国情来批判地吸收西方的现代化理论、全球化理论中合理的东西，形成我们自己的现代化理论和全球化理论。

既不盲目跟进，又认真对待，这应该是我们对待此类理论的出发点。这样一种做法，并不是我们的创造，也不是二战后才有，可以说早在 19 世纪初就开始了。罗斯托曾讲道，美国的汉密尔顿在 1819 年就提出了技术落后的国家为了保护新兴工业而必须实施关税保护的问题，他认识到这不仅仅是钱的问题，而是事关"国家独立与安全"。罗斯托就此说道："汉密尔顿关于国家安全与财富的论点成了一些欠发达国家在以后两个世纪的工业化过程中始终奉行的主要原则。"③ 另一个著名的例子是德国。19 世纪上半叶，德国落后于当时最发达的国家，德国著名的经济学家李斯特主张通过保护关税来发展生产力，是与当时流行的亚当·斯密的自由贸易理论背道而驰的。他强调经济发展中国家干预的作用，提出"国家经济学"，与亚当·斯密的"世界主义经济学"相抗衡。他于 1841 年出版的《政治经济学的国民体系》的序言中，有一段话是说给一百多年后的新自由主义者听的，也是说给我们听的：

---

① 参看罗荣渠《现代化新论》，北京大学出版社，1993，第 201～208 页。
② 雷迅马：《作为意识形态的现代化》，牛可译，"中文版序"第 Ⅴ～Ⅵ 页。
③ 罗斯托：《富国与穷国》，王一谦等译，北京大学出版社，1990，第 68 页。

流行理论原来是完全正确的，但是只有当一切国家都像在上述各州各省一样的情况下遵守着自由贸易原则时，这个理论才有其正确性。这就使我要考虑到国家的性质。我所发觉的是流行学派并没有考虑到国家，它所顾到的，一方面是全人类，另一方面只是单独的个人。我清楚地看到，两个同样具有高度文化的国家，要在彼此自由竞争下双方共同有利，只有当两者在工业发展上处于大体上相等的地位时，才能实现。如果任何一个国家，不幸在工业上、商业上还远远落后于别国，那么它即使具有发展这些事业的精神与物质手段，也必须首先加强它自己的力量，然后才能使它具备条件与比较先进各国进行自由竞争。总之，我发现，世界主义经济学与政治经济学两者之间是有区别的。[①]

拿我们现在的话语习惯来说，李斯特所主张的是德国特色的资本主义。

发展中国家处在发展的不同阶段，我们知道，不同的发展阶段应该有不同的开放程度。但谁来告诉我们在某种发展水平时应该有怎样的开放程度？西方还有多少学者在真正关心世界上这么多发展中国家的开放政策？他们中的主流只关注跨国公司的资本如何在全世界自由流动，所以对发展中国家来说，如果不是在任何发展阶段都对自己的国内外处境有一个科学的估计，后果将不堪设想。我想，这就是我们必须研究现代化理论和全球化理论的原因，而且为了我国的现代化事业，我们必须建立起自己的现代化理论和全球化理论。这方面，罗荣渠先生为我们提供了一个十分杰出的榜样。

四　罗荣渠先生如何建立中国的现代化理论

20世纪80年代初，罗先生在出国访学过程中，西方的现代化理论引起了他极大的兴趣。本着"历史学必须与时代同呼吸共命运"的精神，[②] 他毅然放下美国史，研究现代化理论。他的工作一开始就不是一般意义上的研究，而是着眼于建立中国自己的现代化理论。这样一项工作所涉及的困难是难以想象的，它需要对西方的现代化理论有相当深入的了解，对中国的发展

---

① 李斯特：《政治经济学的国民体系》，陈万煦译，商务印书馆，1997，第4~5页。
② 罗荣渠：《现代化新论——世界与中国的现代化进程》（增订本），商务印书馆，2006，"序言"第3页。

实际与理论现状也有深刻的把握。

现在重读罗先生的著作，我觉得他在研究西方的现代化理论并思考如何构建中国自己的现代化理论时，有三个基本的出发点：①吸收西方现代化理论中那些已经被历史证明是科学的东西，以及那些正在得到证明并已被许多人肯定的东西；②从中国国情出发来吸收，这是因为具有科学性的东西不一定都适合当时中国的国情，其中有些东西也许要等到中国经济社会发展到较高水平时才适于引入中国；③建立中国自己的现代化理论应该以唯物史观为基础，如果已被证明是科学的东西而难以用唯物史观来说明，那说明我们以前误认为属于唯物史观的某个或某些观点是不正确的，必须按照马克思主义的基本原理加以改进。

从罗先生的学术思路来看，他几乎是同时思考这些问题的。当然，他把思考成果写成文章是有先后的，至少关于东亚和中国的现代化问题是放在后面；但从某些迹象看，他思考东亚和中国的现代化并不比其他问题晚，甚至可能更早，因为他肯定是出于对中国现代化的关心才对西方现代化理论产生兴趣的。比如，他为《从西化到现代化》一书写的序言《中国近百年来现代化思潮演变的反思》，实际上至晚是在1988年上半年写成的（虽然该书到1990年才出版，但该书的编者前言注明写于1988年6月25日）。再如，现收入《现代化新论——世界与中国的现代化进程》（修订本，商务印书馆，2006）中的第五编第十四章"中国经济增长的历史经验（1949~1989）"，其初稿的打印时间标明为1989年3月10日，所用的标题是"社会主义现代化——崎岖的历程（1949~1989）"。可以看出，他已经思考成熟或基本成熟的内容，先写什么，后写什么，主要是从便于学术界接受和理解的角度来安排的。现收录在《现代化新论》第一编里的四章，就是他关于现代化问题的最初四篇重要论文，是他关于世界现代化进程的理论部分；该书的第二编和第三编，分别论述世界（特别包括东亚）和中国的现代化进程，最终成稿晚于第一编的文章。

为什么要强调罗先生同时思考这三方面的问题呢？这是为了说明他是从现实问题出发来研究历史的。正是种种现实问题引起他的关注，然后他才着手探索中国的现代化道路与相关的理论阐述。

从现实出发，也就是从世界发展的历程与中国的具体国情出发。中国已经错过了战后的一波发展浪潮，当这个苦难深重的国家终于把经济发展作为自己的最高追求时，应该如何改革开放成了中国人面对的核心问题。对一个有社会责任感的史学家来说，要从历史经验的角度来理解这样的问题，首先必须对当时的世界和中国进行历史定位。20世纪70年代以来，中国把自己纳入了第三世界国家。第三世界国家其实就是发展中国家。到80年代，随着改革开放的进行，我国又作出了"和平与发展"是当今世界主题的宏观论断，向全世界申明中国处于"社会主义初级阶段"，我们当前的工作重点是建设"有中国特色的社会主义"。也就是说，从生产力发展的角度看，我国现阶段的社会主义是处在资本主义以前的阶段，我们与广大发展中国家的主要任务一样，是采取一切可能的手段赶超发达国家。可以说，就从赶超发达国家的角度看，我们必须采取的措施在很多方面与其他发展中国家没有太大区别，我们的社会在发展中遇到的许多问题，也将与其他发展中国家遇到的问题十分相像，如市场建设、法制建设及过度的贫富分化等，因为一定的生产力发展方式必须要求采取某些类似的手段，并产生一定的问题。但中国是一个有着十几亿人口的大国，它的历史传统及所面临的国际形势也与其他发展中国家很不一样，中国的现代化显然又将与其他发展中国家有很大区别。罗先生在对当代中国的定位上坚持两点论：一是中国作为发展中国家，世界各国在现代化进程中的许多经验和教训都值得中国借鉴；二是作为历史悠久、幅员辽阔和人口众多的大国，中国的现代化在许多方面不仅会与发达国家走过的道路不一样，就是与其他发展中国家也不一样。下面两段话，突出地反映了他关于中国应该有自己的现代化道路的思想。

纵观近世以来各国的现代化，凡属成功的经验都是具有独立自主性的选择性现代化，而盲目崇外、照搬外国模式的现代化未有不累遭挫折者。尽管现代化的过程都是从传统农业社会向现代工业社会的转变，但西方封建制农业社会变革的各种模式与东方帝国官僚制农业社会的转变形式是不可能相同的。在中国，如果没有市场关系在广泛领域内取代传统关系，没有农业生产力优先的大幅度提高，没有强有力的现代发展取向的国家权威的确立与导向，要在这样一个大国中成功地实现向现代工业社会的转变，看来是不大可能的，即使转变了也是不能巩固的。因此，中国的现代化既不能照搬这种与那种西方模式，也不参照搬俄国模式或日本模式，必须创造性地探索具有中国特色的自主型发展模式。①

---

① 罗荣渠：《现代化新论》，第340页。

中国不仅应该有自己的现代化道路，中国在精神文明的建设上也应该有自己独特的道路。

> 历史的经验值得注意。当前，中国面临一次改革开放和外来思想大量涌入的新时期。为了吸取"五四"以来七十年思想运动的经验教训，对这次新的现代化思想浪潮的冲击，不应该再次听任自发的回应，经过一次狂热的新西化运动之后再慢慢来探索自己的文化重建之路。现在我们已有新的条件做出规划，从世界发展新趋势着眼，对外来新思潮进行比较深入而系统地研究和批判地选择，同时清理我们原有文化传统（包括几十年来形成的新传统）的有价值的要素，使之与现代化需要的外来新要素整合，以重建精神文明。①

强调中国现代化有自己的道路，是罗先生对中国的现代化道路反复思索的结果，但这对当时我们所理解的唯物史观提出了一个严峻的问题：人类历史发展的统一性体现在什么地方？"五阶段论"还管不管用？

当然，首先提出这种挑战的是我国改革开放的形势和相关的理论探索。"社会主义初级阶段"、"中国特色的社会主义"及中国属于发展中国家之类的定位，已经使"五阶段论"变得岌岌可危，因为这些定位都表明中国的生产力尚处在低于发达资本主义国家的发展阶段。但历史学不像其他学科，它如果满足于这些表述是无法使自己适应新时代要求的。它必须从人类历史长河的角度为这些表述确定中国所处的历史阶段，并根据唯物史观来对它们作出说明。这就是罗先生的功绩，他指出："如果我们把现代化仅仅看作是一个国家在经济和技术上赶超世界先进水平的过程，是可以不涉及高层次的理论问题的。如果把现代化看作是一个世界性的历史进程，就要碰到现代化理论与马克思的社会发展理论的关系问题。"② 20 世纪 80 年代以来，我国学术界关于中国传统社会性质的争论，关于亚细亚生产方式的争论等，都意味着这一点。他的《论一元多线历史发展观》是 1988 年 7 月提交给在烟台举行的全国史学理论讨论会的，这次会议的议题就是社会形态。"一元多线历史发展观"及罗先生的其他相关论述，从唯物史观出发，全面改造了西方

---

① 罗荣渠：《现代化新论》，第 378~379 页。
② 罗荣渠：《现代化新论》，第 102~103 页。

的现代化理论，初步建立了马克思主义现代化理论的中国学派的基本架构。我认为，结合罗先生的其他论述，他的现代化理论中最具独创性的东西，表现在以下几个方面。

1. 全面系统地厘清了马克思主义的发展思想，从多个方面比较了马克思主义发展理论与西方现代化理论的异同①

西方学者通常会提及马克思在《资本论》第一卷第一版的序言中的一句话，即"工业较发达国家向工业较不发达的国家所显示的，只是后者未来的景象"，以此肯定马克思也是现代化理论的创始人之一，但他们不可能深入系统地探讨马克思主义的发展思想。而马克思主义的学术传统，由于长期以来把主要精力放在资本主义衰落和无产阶级革命、阶级斗争等问题上，也很少关注这个方面。列宁在批判民粹派和思考如何在落后的俄国建立社会主义时，"使马克思的发展论重新受到重视"，但列宁的"生动活泼的理论探索"因"斯大林模式的'定于一尊'而趋于僵化"。这样，"在整整一代人中，发展理论处在停滞和冷落状态"，马克思关于资本主义危机与崩溃的观点"被推到极端"，而"资本主义的现代发展问题被完全排斥在马克思主义研究的视野之外"。② 在罗先生思考中国的现代化问题时，这种情况在我国虽有很大改观，比如关于列宁新经济政策的讨论开展得如火如荼，但那时理论上的系统清理工作才刚刚开始。可以说，这是一项前无古人的工作，也就是罗先生所指出的："由于种种原因，马克思的社会发展的一般理论和区域发展的特殊理论，都很少引起人们的重视，留下的空白长期无人填补。"③

在系统厘清马克思主义的发展思想时，罗先生的可贵之处在于他既忠实于马克思主义的基本原理，又不拘泥于马克思经典作家的个别结论。比如，他在论及马克思、列宁对他们时代生产力的认识时说道，列宁"关于十九世纪前期只是机器工业在欧洲大陆刚开始发展的观点，与马克思关于现代生产力在西方某些国家已不能被资本主义生产关系所容纳、向新社会过渡的物质条件已趋成熟的估计，显然是大相径庭的"。但是，"现代生产力的发展甚至也远远超过列宁的估计。在近半个世纪中，世界面貌所发生的惊人变化是列宁在世时也未预见到的"。④ 这说明，罗先生讨论马克思主义的发展理

---

① 见罗荣渠《现代化新论》，第一编第四章，特别是第 85~86 页上的表。
② 罗荣渠：《现代化新论》，第 88~89 页。
③ 罗荣渠：《现代化新论》，第 86 页。
④ 罗荣渠：《现代化新论》，第 23 页。

论时，首先是从现实出发，从真实的历史过程出发，而不是从本本出发，只有这样才能对马克思和列宁的发展理论作出客观公正的评价。

2. 改造西方的现代化理论，建立了以唯物史观为基础的现代化理论中国学派的基本架构

这一架构可分为"一元多线历史发展观"、世界现代化的三次大浪潮、第三世界的现代化进程、现代化理论的研究范围和基本任务等要素。其创新点有如下三点。

（1）以生产力作为划分社会形态的标准。在马克思的著作中，关于社会分期存在多种标准：一种是我们所熟知的生产关系的标准，如古代的、封建的、现代资产阶级的；一种是以人的发展来划分的三大形态，在20世纪80年代的社会形态大讨论中，有的学者就主张用这个标准；还有一种是生产力的标准，如"手推磨产生的是封建主为首的社会，蒸汽磨产生的是工业资本家为首的社会"，以及"石器时代、青铜时代和铁器时代"等提法。① 可见，马克思的著述中，关于社会形态的分期与分期标准都还不是很明确，特别是还有"亚细亚生产方式"这样的概念。根据生产关系把人类社会划分为五个阶段，并定为一尊，主要是后来斯大林时代的事情。在革命年代，这种分法起过一定的积极作用，但在我国工作重心转向经济建设后其缺陷日益明显起来，因为它难以回答"社会主义初级阶段"属于五个阶段中的哪个阶段的问题。对此，罗先生是如何思考的？我想他是从唯物史观的基本原理与马克思的某些具体论述这两方面入手的，这也是他高于一般人的地方。

就后者来说，关于马克思的"亚细亚生产方式"的概念，学术界争论的主要是它指的是什么，而罗先生看到的却主要是其在方法论上的意义。他说道："不管对亚细亚生产方式如何理解，它至少暗示了在大致相同的生产力水平和不同的历史条件和环境中，有可能出现不同的生产方式而不是绝对只能有一种生产方式。"② 可见，该概念为"一元多线历史发展观"提供了重要的理论依据。

当然，更重要的是他总是从唯物史观基本原理的角度来思考重大的历史理论问题。他追溯马克思本人的思想，根据两个世纪以来生产力的发展情

---

① 《马克思恩格斯选集》第1卷，人民出版社，1972，第108页；《马克思恩格斯全集》第23卷，人民出版社，1972，第204页注（5a）。
② 罗荣渠：《现代化新论》，第83页。

况,指出马克思主义的一个基本原理就是把生产力看成社会发展的最终决定力量,把生产力作为划分社会形态的标准更加合理,更能说明问题。由此,他提出了人类历史曾先后出现原始生产力、农业生产力和工业生产力三大生产力形态,并据此把人类历史划分为原始文明、农业文明、工业文明几个阶段。众所周知,农业文明、工业文明的提法,是文明史常用的分法。但罗先生又把农业文明分成"原始农业文明"和"古典农业文明",把工业文明分成"原始工业文明"和"发达工业文明"。这样做是否系罗先生首创,我不敢肯定,但有一点可以肯定的是,他对这一分法的解释具有独创性,其中的深意可能至今仍未引起我们的重视。他说道:"也可以把原始农业文明与原始工业文明看作是两种大生产力系转换与交替的过渡时期或过渡形态。这种大过渡时期的特点是多种生产方式与生产关系并存或混杂,经济基础与上层建筑脱节,社会长期处于动荡状态。"①

（2）把现代化看成人类社会的一个必经阶段,但现代化过程是可以多种多样的。马克思主义的历史一元论表现在生产力上,而不是像过去所说的表现在生产关系上,这打开了人类进步道路的多线论的大门,为"社会主义初级阶段"的历史定位提供了可能性:社会主义初级阶段就是以社会主义的方式进行现代化的阶段;我们与世界上其他国家（包括发展中国家和发达国家）共处于现代化这个历史阶段中,或共处于以工业生产力为基础的文明形态中。他说道:"由于现行的社会主义转变大多是在经济落后的前现代条件下启动的,其现阶段的发展目标是发展生产力和在经济上赶超西方发达国家,因此这实质上是资本主义前的社会主义,尽管它有可能通向未来的更高阶段。"马克思所讲的社会主义是"资本主义后的社会主义",所以两者"根本不能错位"。他接着说道:"现代化正是通向生产力高度发展与人的全面发展的更高社会所必经的一个大过渡阶段。不同民族过渡的方式和步骤可以而且也必然有所不同,但任何民族企图绕过现代生产力高度发展而直接进入这个更高发展阶段的努力,都是不切实际的空想。"② 为了说明类似的生产力可以建立起不同的生产关系,罗先生还极其尖锐地写道:"如果历史单线发展论是正确的,现实的社会主义就是错误的或反常的;如果现实

---

① 罗荣渠:《现代化新论》,第 75~78、76 页。
② 罗荣渠:《现代化新论》,第 438~439 页。

的社会主义是真实的,历史单线发展论就是错误的。"① 根据这种思路,他对现代化的概念也作了全新的界定,即我们在本文第一部分所说过的,把它分为广义与狭义的两种,鲜明地体现了中国的现代化理论的特色。

(3) 从唯物史观的角度说明资本主义与社会主义现代化的异同,为社会主义市场经济奠定理论基础。他在《论一元多线历史发展观》中说道:"这样,在同一生产力水平和条件下,社会形态可以是多模式的,发展的道路也是多模式的。但这绝不是说,历史发展是漫无规律性的,因为社会生产力限定了其发展的客观物质界限,而生产关系在大的方面也总有这样或那样的相似性。"② 结合罗先生在该文其他地方的论述,他通过这段话表达的是这样两重意思:一方面,生产力是人类社会发展的最终决定力量,类似的生产力可以建立起不同的生产关系,每个国家都会有自己的发展道路;另一方面,由于生产力的类似性,在此基础上建立起来的不同的生产关系不可能完全不同,而是在许多方面有这种或那种相似性。这样,他就从唯物史观的角度对资本主义市场经济和社会主义市场经济的关系作了一个理论的说明。

3. 相当系统地探讨了整个世界的、第三世界的、东亚的和中国的现代化进程

提出新的人类社会宏观发展的理论,是为了说明现实,所以罗先生的整个理论最终落实在对中国现代化的关注上。他在《现代化新论》中以相当大的篇幅讨论了这个问题。已故的李慎之先生对他在这方面的成就作过以下评价。

> 今年2月,我又看到他《走向现代化的中国道路》一文。虽然荣渠自己很明白预言历史是近乎办不到的,但是这又是负有创造历史的天职的人类不得不做的工作。这样的文章,在今天的中国,是没有几个人可以写得出来的。③

我想,随着时间的推移,还会有越来越多的人关注罗先生在这方面的成就。

最后,我还想讲一下罗先生提出的作为人类历史发展必经阶段的现代化

---

① 罗荣渠:《现代化新论》,第61页。
② 罗荣渠:《现代化新论》,第72~73页。
③ 李慎之:《一位有世界眼光的爱国者》,北京大学世界现代化进程研究中心编《罗荣渠与现代化研究——罗荣渠教授纪念文集》,北京大学出版社,1997,第2页。

与罗斯托的"增长的五个阶段"的关系。罗斯托虽然认为，可以把他提出的"增长的五个阶段"看成是"整个现代史的更一般的理论",[①] 实际上那只是从逻辑的角度或从历史哲学的角度来看才有一定的道理，而罗先生提出的"推进现代化的三次大浪潮"才真正构成了世界近现代史的基本框架。其中他提出的"发展性危机"与社会主义社会在这种危机中诞生的理论，为我们重新认识资本主义危机提供了极其可贵的思路。[②] 此外，罗斯托只研究现代化这个阶段，他没有把这个阶段放进人类历史发展的长河中来考察。他所考察的人类历史主要限制在不到四个世纪的时间内。[③] 这几百年之前的人类社会他全部纳入"传统社会"，而且只用两页的篇幅对之作了某种性质上的分析，未作过其他说明。最后，罗斯托也不是多线论者，他的发展中国家的现代化道路就是全世界的美国化，这是当时美国学者的共同看法，无须多加证明。

五 关于建立中国人的全球化理论的几点设想

全球化理论也许比几十年前的现代化理论还要复杂，更加众说纷纭。我想，我们应该尽可能像罗先生对待现代化和现代化理论那样来对待全球化和全球化理论。限于能力和篇幅，这里仅谈谈我认为关于全球化理论十分重要的几个问题。

1. 全球化的历史定位问题

全球化是一个历史时代吗？从目前有关的研究成果看，全球化不是一个历史时代，它只能是人类历史发展中的一个重要方面。不仅西方学者写的各

[①] 罗斯托：《经济增长的阶段》，郭熙保等译，中国社会科学出版社，2001，"第二版序言"第8页。

[②] 罗荣渠：《现代化新论》，第131~142、136~137页。这里暂不介入关于罗斯托的"增长的五个阶段"的是非问题，其实不少学者倾向于对其持否定意见。比如，马修斯基在《"起飞"假说与法国经验》里说道："我相信法国经济很难说有过一次真正的'起飞'，推而广之，如果不把某种理论弄得极端含糊不清，则要使这种理论适用于任何时代的所有国家是不可能的。"见罗斯托编《从起飞进入持续增长的经济学》，贺力平等译，四川人民出版社，1988，第162页。

[③] 罗斯托提出，"起飞的前提最初是在17世纪末18世纪初的西欧发展起来的"。他还认为"经过一百年左右时间，全世界都将进入大众高消费时代"（罗斯托：《经济增长的阶段》，郭熙保等译，第6、176页）。也就是说，从17世纪末到2060年（该书第一版出版于1960年，加上100年），共三个半世纪到四个世纪。

种全球史（一般都从远古写到当代）说明了这一点，有关的形形色色的定义也说明了这一点。有的定义是从学科出发的，比如阿兰·鲁格曼认为，全球化就是"跨国公司跨越国界从事外国投资和建立商业网络来创造价值的活动"；而安东尼·吉登斯等社会学家则认为全球化是一个"经济、政治、文化、技术等领域内同时进行的复杂的相关过程"。① 吉登斯的定义虽然把经济以外的政治、文化等也纳入了全球化的内涵，但他所强调的还是人类生活各部分的交流方面："全球化是指一个把世界性的社会关系强化的过程，并透过此过程而把原本彼此远离的地方连接起来，令地与地之间所发生的事也互为影响。"② 还有一种企图从学科综合的高度来下的定义也是这样，如赫尔德等人关于全球化的"更精确的"定义是："一个（或者一组）体现了社会关系和交易的空间组织变革的过程——可以根据它们的广度、强度、速度以及影响来加以衡量——产生了跨大陆或者区域间的流动以及活动、交往以及权力实施的网络。"③

总之，现有的全球化的定义，不管其差异如何，有一点几乎是一致的，那就是它的研究对象主要是人类活动的相互影响的一面。即使是全球史，所着重的也是这个方面。比如，本特利等人把全球史的主题界定为"传统与交流"，④ 仅此而已。这样写出来的世界史，当然也很有特色，但它毕竟不能体现人类史的全部。正如刘新成先生所说的，它不免要"忽视社会内部发展的作用"。⑤ 某个社会的内部发展、演变过程中出现的种种问题及诸如经济和社会结构等方面的特点，并不是全球化理论的关注对象，只有在这些问题和特点涉及对其他社会或文化的相互影响时，它们才受到关注。所以，我们不能说全球化是一个历史时代，而只能说，它在不同的历史时代有不同的表现。比如说，它在农业社会里，从西方建立工业社会以来或在跨国公司的活动极其活跃的当代，它对人类生活影响的广度和深度是大不一样的。

2. 全球化的内涵问题

全球化研究该包括哪些方面的内容？当前我国的出版物中，讲全球化主要是讲经济全球化。的确，这是西方人讲全球化讲得最多的一个方面，而且

---

① 阿兰·鲁格曼：《全球化的终结》，常志霄等译，三联书店，2001，第5页。
② 转引自李惠斌主编《全球化与公民社会》，广西师范大学出版社，2003，第37页。
③ 赫尔德等：《全球大变革——全球化时代的政治、经济和文化》，杨雪冬等译，第22页。
④ 本特利等：《新全球史》（第三版）上册，魏凤莲等译，北京大学出版社，2007，第10页。
⑤ 见本特利等《新全球史》（第三版）上册的"中文版序言"。

从现实情况看，经济全球化确实是当前我们面临的最重要或最受关注的问题之一。但在我们关于全球化的研究和实践中，已经不再限于经济领域了，社会学等学科也在研究这个问题。特别是在历史学领域，对西方人写的全球史的承认和赞扬，[①] 包含着对西方人的全球化定义中的非经济方面内容的承认。因为当前的全球史主要还是西方人写的，从内容上讲涉及人类活动的各个方面。实际上，作为一部全球史，如果我们来写，也不可能只讲经济一个方面，肯定还要讲政治、社会、思想文化等等。再比如，我国当前对软实力的研究和提倡，在海外兴办孔子学院等，实际上已经把文化作为全球化的一个重要方面来对待。

可见，随着研究和实践的深入，只讲经济全球化，这已经不够了。谁都知道，有经济，就有政治、思想和文化、社会生活等。只研究经济全球化，不可能真正认识全球化。但这里的问题是，政治、文化等方面的全球化确实与经济全球化有很大区别。经济行为讲究全球一致的准则，而政治和文化等方面可能不这样。不仅现在如此，历史上也如此。所以我觉得，我们不妨在以下认识的基础上，接受政治或经济或文化全球化的提法。

（1）文化的全球化与经济的全球化既有一致之处，也有不一致之处。文化产品的传播必须遵循经济的行为准则，但价值观念及制度的传播，从来都是遵循自愿吸收的准则；人类历史上，只有经济行为的某种统一，从来不存在价值观或政治制度的统一；文化或政治制度是通过互相影响起作用的，任何国家或地区都不会像接受经济行为准则那样来接受其他民族的价值观或政治制度。比如，中世纪地中海东岸西欧商人与阿拉伯商人长期有大宗贸易来往，有同样的买卖准则，但他们却信仰各自的宗教。所以，所谓文化的全球化，就当代来说，指的是因经济全球化而带来的各国文化相互影响与相互吸收。另外，即使是经济全球化，也不意味着我们毫不保留地接受西方发达国家规定的一切东西，否则也就不会有加入WTO的艰难谈判了。

（2）愈是民族的就愈是世界的，这是文化的特点，永远不会过时。但承认这一点不意味着要排斥相互影响或相互吸收。日本大化革新主要是学习唐朝的政治制度。我国的人民代表大会制度也不是出于自己的独创，其前身应该是中华苏维埃，而苏维埃的组织形式来自俄国。俄国的苏维埃的独创性

---

① 比如，刘新成先生写道："全球史的魅力在于其学术取向，也即'把全球化历史化，把历史学全球化'。"见本特利等《新全球史》（第三版）上册的"中文版序言"，第5页。

在于它（开始时）由工兵组成，但作为一种组织形式，应该是当时俄国已有的杜马组织形式的转化，而杜马的组织形式肯定与西方的议会制度有关。或者换一种思路，俄国的苏维埃制度来源于巴黎公社（这里仅是推测），这又能说明什么？巴黎公社作为一种组织形式，来源于当时西方流行的议会或中世纪以来的法国市镇政权（commune）。所以，对我们来说，所谓文化的全球化，就是在经济现代化的推动下，如何向全世界大力宣扬我们文化中好的东西，如何好好吸收其他文化中于我有用的东西而已。

把文化纳入全球化的研究范围，是为了更好地从综合的角度，即从经济与文化互动的角度，来认识和研究全球化。文化全球化所要告诉人们的，主要是在经济全球化的推动下西方文化强有力的影响和扩张。我们该如何应对这种扩张，已成为我国现代化进程的一个重大问题。所以，问题不在于讲不讲文化全球化，而在于我们如何认识文化全球化。处理得好，会使人们认识到文化问题的紧迫性，这与讲经济全球化的效果是一样的。

3. 全球化的动力及其策源地问题

全球化的动力最根本的应该是现代生产力的发展、现代科学技术的发展，当然也包括一些国家有意识的经济文化扩张。这个问题如果说有什么复杂性的话，那就是生产力的发展与拥有这种生产力的政府及其公民的追求是如何结合起来的问题，需要深入研究。

关于这一动力的策源地，赫尔德等人在《全球大变革》一书中曾提出：全球化是不是"西方权力和影响的扩张"？他们认为，这是一个"对于全球化任何有说服力的分析都无法逃避"的问题，[①] 这样讲是有道理的。可以说，谁拥有最先进的生产力或科学技术，其所在地就是全球化动力的策源地。近代以来很长时间内，正是西方的扩张造成了全球化，所以全球化过程就是西方权力和影响的扩张。但自19世纪末以来，特别是第二次世界大战以来，情况开始发生变化。二战后东方国家，开始时是日本及韩国、新加坡等新兴经济体和拉丁美洲一些国家，然后像中国、印度、土耳其这样的东方国家，也先后开始对世界产生影响。也就是说，现在对世界产生影响的已不限于西方国家。即使不把日本和俄国看成"东方"国家（我们习惯上把它们归入帝国主义阵营），情况依然没有改变。当然，西方国家依然在世界上起主导作用，而且上述较发达的发展中国家和地区之所以能对世界产生影

---

① 赫尔德等：《全球大变革——全球化时代的政治、经济与文化》，杨雪冬等译，第18页。

响，开始时是西方国家造成的，是西方的扩张激发了它们的发展和经济扩张；但也不能因此而否认一些发展中国家的作用正日益增强，不能因此说像中国这样的发展中国家对当今世界产生的影响都要记在西方国家头上。随着个别发展中国家日益接近发达国家，它们自己可能不喜欢再被称为发展中国家了，但从地理和人种上看，它们仍然是东方国家（其实日本也是东方国家，尽管以前许多日本人主张"脱亚入欧"）。中国正在更广泛地介入全球化过程，如果把这种介入看成西方的扩张，无论如何都是一个笑话。

可见，虽然全球化理论可以掺杂进各种各样的意识形态，但全球化是当代生产力的一种发展方式，它起初是由西方国家发动起来的，它们借此来实现扩张，但东方一些国家的发展已经正在改变这种现象。

全球化的这种现象，也决定了我们对西方人的全球化理论的态度：全球化已经是一个连西方国家也无法阻止的过程，我们必须根据我们自己的发展水平，根据全球化对我国及对世界上其他国家的影响来确定我们对全球化的立场和对策；既然它是一个客观的不可避免的过程，我们应在不同的发展阶段以不同的方式介入全球化。由此，客观上也决定了我们对当今西方人提出的各种全球化理论，特别是对西方主流的全球化理论的态度，那就是像罗荣渠先生对待当时西方现代化理论那样，用唯物史观对其进行改造，使之成为有助于我国现代化，有助于我们参与全球化进程的理论。

4. 如何在全球化的大环境下建设和谐社会与和谐世界的问题

全球化强调生存与竞争，它造成了两种不同形式的分化，一种是国内的分化，一种是国家间的分化。即使西方国家也发现自己越来越受到全球化的不利影响，这就是哈贝马斯说的："具有讽刺意味的是，在20世纪末，西方发达社会重新遇到它们以为在社会制度竞争压力下刚刚解决了的问题。这是一个与资本主义本身同样古老的问题：怎样才能有效地发挥自我调节的市场的配置功能和发现功能，而不致造成背离民主制自由社会的一体化条件的不平等分配和社会代价。"[①] 哈贝马斯还说："各国政府被迫参与零和博弈，在这场博弈中，不可动摇的经济目标值只能以牺牲社会和政治目标为代价来实现。在全球化的经济框架中，民族国家要想保持其'所在地'的国际竞争力，只能走国家自我限制其塑造力量之路，即采取一种有害于社会团结、

[①] 哈贝马斯：《超越民族国家？——论经济全球化的后果问题》，李惠斌主编《全球化与公民社会》，第10页。

使社会的民主稳定性面临严峻考验的'削减'政策。"① 实际上，西方国家的近现代史似乎进入了一个怪圈：两极分化和普遍的贫穷，建立了较为完善的社会保障制度，出现福利国家的弊病—改革福利制度并对资本实施减税—贫富分化加剧、失业增加。至于非西方国家，所面临的形势当然要比西方国家严峻得多，因为它们在尚未建立起一个收入较公平的社会时，就面临为了经济发展而必须牺牲公平的挑战。

上述各个方面，我认为是建立我国自己的全球化理论需要认真思考的问题。

当前，全球化正在进入一个新的阶段。我觉得有必要注意 M. F. 奥本海默提出的一个观点："今天我们所知道的全球化，不是市场力量自然发生作用的结果，而是各种政治决策和外交妥协的结果，这些政治决策和外交妥协造成了某种自由主义的体系，从而使民族市场和全球市场成为可能。"他举了许多例子，说明二战后美国采取的一系列政策如何塑造着全球化的进程和当今的世界市场面貌，并强调说战后世界的很多方面是按"战后一代的美国决策者们的想象"来发展的。② 我觉得这里所涉及的，其实就是现代生产力的发展与拥有这种生产力的国家或其公民群体的追求的结合方式问题。换言之，当代的全球化是世界经济发展到一定程度后不可避免的过程，但这个过程采用何种具体形式体现出来，却与主导国家即美国的政策分不开。如果这样讲是正确的，那么我们是否可以说，社会主义的中国有可能在这方面探索出一条新的道路，通过与全世界人民的努力，我们将有望使全球化沿着对世界上大多数国家或大多数人有利的轨道前进？！毫无疑问，这将是一条充满荆棘的道路，但我们应该为之而努力。

---

① 哈贝马斯：《超越民族国家？——论经济全球化的后果问题》，李惠斌主编《全球化与公民社会》，第 11 页。
② Michael F. Oppenheimer, "The End of Liberal Globalization", *World Policy Journal*, Vol. 24, Issue 4, 2008, pp. 1 – 2.

浅谈罗荣渠先生《现代化新论》的学术贡献

——从我的拉美现代化研究与教学说起

韩 琦

我最早见到罗荣渠先生是在1982年9月5日，当时中国拉美史研究会第二届会员代表大会在济南军区第二招待所举行，罗荣渠先生在这次会上作了"历史研究方法"的专题报告，其中涉及美国对拉美史研究的内容。山东师大的王春良老师带我们几位本科生聆听了这次会议的报告。20世纪80年代末90年代初，罗先生在《历史研究》和《中国社会科学》上发表了关于现代化的系列论文之后，当时我作为山东经济学院的青年教师和几位年轻的同事争相学习，甚至还展开了学术争论。因仰慕罗先生的学问，1992年5月，我申请了下一学年做罗荣渠先生的"国内访问学者"，但由于北京大学录取通知书的迟到，我与这个当罗先生学生的机会失之交臂。

1993年6月17日，我和罗先生以及他的研究团队第一次亲密接触。因为这一天是林被甸先生召开"拉丁美洲国家现代化进程研究"课题组讨论会的日子，罗荣渠、林被甸、曾昭耀、巫永平、唐显凯和我参加了会议，罗先生作为课题组组长讲了拉美现代化研究的意义，林老师讲了课题研究的初步设想，并分配我秘鲁现代化的写作任务。就这样，我开始参与罗荣渠主持的北京大学世界现代化研究中心的研究工作。1993年10月，罗先生的《现代化新论》出版，1994年1月10日林老师就将罗先生的新书寄给了我，并附有一封信，询问我课题研究的进展情况，推荐他新看到的拉美现代化的相关资料。

2002年我被调到南开大学拉美研究中心工作。2004年开始为硕士研究生开设"拉丁美洲现代化研究专题"的选修课，2007年开始在本科生中开设"拉美国家现代化进程研究"选修课，2008年开始在博士生中开设"拉美现代化进程研究"。我开设的拉美现代化课程,并没有单就拉美讲拉美,而是在讲拉美现代化之前,用不少于三分之一的课时,先讲罗先生《现代化新论》的内容,即现代化与历史研究、西方现代化理论概述、马克思主义现代化理论、世界现代化进程、第三世界的现代化进程,然后再进入拉美现代化的内容。因为在我看来,拉美现代化是世界现代化进程的一个组成部分,无论是从现代化理论还是从现代化进程的角度看,只有先讲清楚上述几个问题,才能真正讲清楚拉美的现代化进程。这样,罗先生的《现代化新论》自然成为我讲授拉美现代化课程的导论篇,为我的拉美现代化课程提供了理论支撑和宏观视野。1997 年罗先生的《现代化新论续篇》出版,为我们更加全面地认识和理解罗先生的现代化理论增添了新内容。

罗先生的现代化理论,不仅是我所讲授课程的导论篇,而且长期指导了我和南开大学拉美中心老师们的学术研究。我们曾集体完成了由钱乘旦先生担任总主编的《世界现代化历程》(拉美卷),近年来,我还领衔承担了教育部人文社科重点基地重大课题"拉美主要国家的现代化道路研究""拉美民族主义与现代化",国家社科基金项目"20 世纪上半期墨西哥的文化革新运动与现代化研究"等,这些课题有的已经完成,有的正在进行中。

在长期的教学和研究中,我们深深受益于罗荣渠先生的学术研究,同时也越来越感受到罗先生非凡的德才学识和伟大的家国情怀。罗先生当年放弃已经有长期学术积淀的美洲史研究,毅然转向现代化研究,就是因为这一研究方向对当下中国现代化建设具有重大的现实意义,是中国现代化建设迫切需要的。他曾一再倡导"历史学要关心民族和人类的命运"[1],"必须对具有重大现实意义的历史课题进行创造性的新探索"[2]。我们认为,在罗荣渠先生的《现代化新论》和《现代化新论续篇》[3] 中,至少有以下十个方面的学术贡献,保持了持久和鲜活的生命力。

1. 对现代化的定义

罗先生给现代化的定义是:"广义而言,现代化作为一个世界性的历史过程,是指人类社会从工业革命以来所经历的一场急剧变革,这一变革以工业化为推动力,导致传统的农业社会向现代工业社会的全球性的大转变的过

---

[1] 罗荣渠:《历史学要关心民族和人类的命运》,《世界历史》1993 年第 3 期。
[2] 罗荣渠:《有关开创世界史研究新局面的几个问题》,《历史研究》1984 年第 3 期。
[3] 这两本书在 2004 年商务印书馆出版的《罗荣渠文集》中,被编成了一卷,分别为《现代化新论》的上篇和下篇。

程，它使工业主义渗透到政治、文化、思想各个领域，引起深刻的相应变化；狭义而言，现代化又不是一个自然的社会演变过程，它是落后国家采取高效率的途径（包括可利用的传统因素），通过有计划地经济技术改造和学习世界先进，带动广泛的社会改革，以迅速赶上先进工业国和适应现代世界环境的发展过程。"①

这一定义将现代化与特定的历史进程联系在一起，其含义在于以下三个方面。①从时间上讲，现代化"作为一个历史范畴"，作为"人类近期历史发展的特定过程"，有始有终。它的起点是工业革命，但"以现代工业生产方式为标志的整个历史时代""肯定不是无限期的"，"把高度发达的工业社会的实现作为现代化的一个主要标志也许是合适的"。从工业革命以来至今的世界历史，不宜用"近代化"表示，而应该是"现代化"，"现代"一词"是指一个特定的历史时代"②。②从内容上讲，现代化的核心是工业化，但现代化又不完全等同于工业化，它的涵盖内容远远超过了工业化，包括了政治、社会、文化等领域。由此克服了片面工业化的观点。③从范围上讲，工业化起源于西方，但不等于西化、资本主义化，它是一个全球范围的农业社会向工业社会的大转型，既包括发达国家的现代化，也包括发展中国家的追赶型现代化，是多种途径并存，是一种客观实在。这就克服了西化的观点。

罗先生对现代化的这一历史学定义，虽然略显字多，却很缜密和全面，今天看来，这是一个颇具话语权的"中国化"的定义。

2. 对马克思主义现代化理论的阐释

首先，罗先生为追求真理，勇于自我否定。他在第一章中曾断言，马克思早已形成关于"现代"的科学概念，对现代工业的特征也有深刻的认识，却没有提出"现代化"的范畴与理论③。而在第四章"马克思主义与新的现代化理论的建立"中④，他说，最近重读马克思主义经典作家的论著，我对这个问题又有了进一步的认识，马克思虽未使用过"现代化"一词，但他关于现代化的思想早在他唯物史观形成之初即已提出，事实上马克思的社会发展理论的中心部分正是关于现代社会的发展问题。

---

① 罗荣渠：《现代化新论》，北京大学出版社，1993，第17页。
② 罗荣渠：《现代化新论》，第17、93、3~8页。
③ 罗荣渠：《现代化新论》，第20页。
④ 罗荣渠：《建立马克思主义的现代化理论的初步探索》，《中国社会科学》1988年第1期；罗荣渠：《现代化新论》，第81页。

随后，他解释了马克思发展理论的三个阶段，即马克思恩格斯阶段、列宁斯大林阶段、新马克思主义阶段。其中在谈到马克思恩格斯阶段时，指出了马、恩关于现代化两条道路的思想，一是西方道路，体现于马克思讲的"工业较发达的国家向工业较不发达的国家所显示的，只是后者未来的景象"，以及他的亚细亚生产方式理论、殖民主义双重使命理论。二是东方道路。罗先生提到，马、恩晚年对非西方世界的发展道路和前景表示了关心，对其发展的多样性和复杂性给予了重要提示。罗先生注意到了马、恩对非西方道路的关注和影响。关于这一点，罗荣渠指导他的学生王加丰撰写了《关于东方道路理论的问题》[1]，对源自马、恩思想的东方道路的来龙去脉做了进一步的分析和阐述。

3. 阐明了"一元多线"的历史发展观[2]

罗先生认为，从马克思的大量著作中看，马克思的历史发展观是一元多线论，而非一元单线论。把马克思的历史发展观解释为单线式，是从斯大林1938年《论辩证唯物主义和历史唯物主义》提出的五种生产方式开始。因此，他按照马克思本来的构思，提出了一元多线历史发展的宏观构想。

一元多线论的提出，具有重要的理论意义和现实意义。作者在文章中有一句话很能说明问题："如果历史单线论是正确的，现实的社会主义就是错误的或反常的，如果现实的社会主义是真实的，历史单线论就是错误的。"[3]

这是一种新的历史观，一元是作为社会发展中轴的生产力，多线则是不同类型的生产关系，同一性质与水平的生产力可能与几种不同的生产关系相适应，同一种生产方式在不同的历史条件下可以适应不同的社会结构。在同一变革的生产力的推动之下，各地社会由于历史条件的不同，表现为不同类型的发展道路，但最终结果是"条条道路通罗马"。罗先生在文中构建的一元多线发展图式，其最大特点是打破了超越社会生产力发展水平来衡量社会发展进程以及长期流行的以16世纪作为现代世界史分界线的做法，他提出，应该根据这一观点设计出世界通史的新的写作框架。

---

[1] 王加丰：《关于东方道路理论的问题》，《北京大学学报》1991年第3期。
[2] 罗荣渠：《论一元多线历史发展观》，《历史研究》1989年第1期；罗荣渠：《现代化新论》，第52~80页。
[3] 罗荣渠：《现代化新论》，第61页。

一元多线历史观不仅否定了对五阶段论的僵化理解[①]，否定了苏联模式，同时也否定了全盘西化，否定了欧洲中心论。可以说，一元多线论的提出推动了中国史学界乃至整个学术界的思想解放运动。更重要的是，这一历史观为社会主义初级阶段理论提供了学理基础。

4. 多因素互动思想

在第五章"论现代化的世界进程"中讲社会变迁的几种形式的时候，罗先生谈到了多因素合力论[②]。他首先分析了生物因素、政治因素、经济因素、社会因素、文化因素等因素作用的特点，然后指出，社会变迁模式的根本转变的力量来自现代工业生产力对传统生产力形态的突破。但光有技术的创新还不够，还要有与之配套的社会制度的创新，而后者又要求观念和价值观的创新。他认为这种社会变迁包含了多种因素互动的思想，是一种新发展观。

罗先生为多因素合力论增加了新意，即将其与"互动说"联系在了一起。

5. 突破民族国家观，从全球视野描述现代化进程

从全球视角审视现代化的思想在前述现代化的定义和"论现代化的世界进程"一章中得到了阐释。

罗先生突破民族国家的视角，从宏观整体上把握世界现代化进程，这是一个创新。他在现代化的定义中，强调了现代化是一种"全球性的大转变"。在"论现代化的世界进程"的一开始，他就写道："现代化仅仅是一个社区性的进程，某些民族国家的进程？还是一个全球性的进程？西方的现代化理论一般是从社区和国家的角度来探讨现代化的各种问题的，把视野限制在很小的范围内。我们把现代化视为一个世界历史范畴，是根据对现代世界变革的新认识而形成的一种发展观。"[③]

作者通过"原初现代化"、现代化的三次浪潮和一次发展危机，描述了世界波澜壮阔的现代化进程的全景，并归纳了现代化的总趋势，使读者看到，世界现代化进程浩浩荡荡，顺之者昌，逆之者亡，其发展趋

---

① 林被甸教授曾介绍，罗荣渠并不反对历史上存在的五种生产方式的观点，他只反对每个国家、每个民族都要按照五种生产方式的序列纵向继承发展的单线观点。见《罗荣渠与当代中国的现代化研究》，《拉丁美洲史研究通讯》2001 年总第 37 期。
② 罗荣渠：《现代化新论》，第 120～123 页。
③ 罗荣渠：《现代化新论》，第 115 页。

势不可阻挡。

6. 对第三世界现代化的特殊性和"非经济因素"的强调

对第三世界现代化的研究，罗先生的精到之处是对第三世界国家现代化启动的历史条件和方式与西欧进行了详细的比较，发现了第三世界现代化社会历史条件的一系列独特性[1]，这些独特性决定了第三世界现代化的许多新特点。他指出，西方现代化理论的弊端在于忽视第三世界的传统、非经济因素。正是对第三世界现代化的研究，凸显了罗先生对非经济因素的强调。

首先，罗先生在第三章"一元多线历史发展观"中，就对上层建筑反作用于经济基础的观点提出了批评。他认为，非经济因素对历史发展的影响不仅仅是一种反作用，作为历史合力，是互动作用体系（在古代社会结构和功能单一化的情况下更是如此），而不是单向作用体系。"作用与反作用"的公式过于机械。

其次，在第六章"第三世界现代化进程初探"中，罗先生强调了非经济因素在第三世界国家现代化启动阶段的作用：外源现代化启动的顺序不是以商业革命或工业革命为先导，而是以政治革命或改革运动为先导，现代化的中心角色不是市民、商人和企业家，而是民族国家、改革政党。因此，他专门论述了第三世界的"国家在现代变革中的正面和负面作用"。

最后，罗先生解释了儒家文化与现代化的关系。韦伯认为儒教不利于现代化，但东亚"四小龙"崛起的重要因素之一是儒家文化（仁政思想转化为国家导向的发展主义；家族本位思想和家族伦理秩序成为推动家族资本主义发展的契机；重视教育和机会均等的教育思想转化为对人力资本的大力开发）。为什么会是这样？罗先生从儒学与旧制度结合上做出了解释：传统儒学不利于现代化，不仅在于它的思维方式上形成一种因循保守、墨守成规传统，更重要的是传统儒学的制度化，形成与皇权结构相互支持的官学制度。而对东亚来说，"作为儒学支撑的旧制度的完全解体，是战后东亚各国和地区重新发展的条件"[2]。这一论点化解了东亚现代化中的"韦伯诅咒"。

罗先生对第三世界现代化的特殊性和"非经济因素"的强调是他一元多线历史观的具体体现，启发我们在现代化研究中要克服思想僵化和教条主义。

---

[1] 罗荣渠：《现代化新论》，第 172~174 页。
[2] 罗荣渠：《现代化新论续编》，北京大学出版社，1997，第 89 页。

7. 关于发展中国家工业化战略的观点

罗先生在第六章"第三世界现代化进程初探"中，在讲从"进口替代"向"出口导向"转变的趋势这一部分的时候，有三个观点是非常值得称赞的，一是发展中国家实行进口替代工业化战略有其历史合理性[①]；二是东亚工业化成功不仅是发展战略（出口导向）选择正确，更重要的是战后国际格局的变化有利于这种模式[②]；三是欠发达经济体工业化的启动虽曾借助外力，但成功的决定性力量却在于内部原因，"四小龙"的成功在于善于利用内外结合的两个动力而非单一的内动力来加速自己的发展进程[③]。罗先生的这些观点直到今天来看，也是非常客观和全面的。

8. 对中国现代化进程的阐释

罗先生虽然重点研究的是世界现代化进程，但他的家国情怀使他的研究最终落脚在中国现代化道路的研究上。在《现代化新论》中有"中国走向现代化的艰难历程（1860年代~1940年代）"，在《现代化新论续篇》中有"中国经济增长的历史经验（1949~1989）""走向现代化的中国道路"等。在这些文章中，罗先生的创新之处首先是方法论上的突破，他打破了"反帝反封建"的"革命史范式"，建立起"现代化范式"。他认为，中国现代化是由西方工业文明与中国传统农业文明的矛盾冲突所引起的多向性综合历史变革过程。矛盾冲突表现为三组：殖民主义侵略和反殖民主义侵略的矛盾；资本主义新生产方式与中国古老的农副结合的生产方式的矛盾；正在兴起的以基督教文化为核心的现代工商业文明与以儒教文化为核心的华夏农耕文明的矛盾[④]。这三组矛盾的交织演变，表现为中国近代变革的四个过程：自身衰败过程、半边缘化过程、革命化过程、现代化过程[⑤]。这四大过程又是交互影响的。现代化与衰败化和半边缘化是完全对立的过程，衰败化和半边缘化愈甚，则现代化愈弱，相反，则现代化愈盛。革命化作为抑制衰败化和半边缘化的手段，其越有效，便越有利于现代化的进展。中国的现代化就是革命化过程与衰败化和半边缘化过程相互斗争，革命化过程逐渐抑制衰败化过程和半边缘化过程，使时隐时现、断断续续的现代化过程逐渐显现出

[①] 罗荣渠：《现代化新论》，第194页。
[②] 罗荣渠：《现代化新论》，第196页。
[③] 罗荣渠：《现代化新论》，第198页。
[④] 罗荣渠：《现代化新论》，第237页。
[⑤] 罗荣渠：《现代化新论》，第240~242页。

来,并最终成为中国社会变革的主流趋势的历史①。

其次,以三次模式大转换为脉络,具体分析了中国现代化的道路及模式转换问题。

罗先生将革命化与现代化看作是相互兼容并相互促进的,革命化是现代化的一部分,巧妙地讲清楚了二者之间的依存关系,而没有将二者对立起来。罗先生对中国现代化历史进程的案例剖析对我们研究拉丁美洲国家的现代化颇具启示意义。

9. 关于现代化负效应的观点

罗先生没有将现代化理想化,他提出要以批判的眼光看待现代化。在"论现代化的世界进程"一章中,他就批评了自由派理论对现代化负效应的忽视,认为现代化的负效应会随着现代化的全球性扩散日益增长。今后的新的发展性危机将是过度发展与发展停滞同时迸发,比第一次发展危机会更加严重。

在《现代化新论续篇》的"跨世纪的大变革与二十一世纪现代化前瞻"一部分中,罗先生提到21世纪的最大问题是全球性的生态危机将日益严重,包括人口爆炸、大气污染、森林破坏和耕地缩减、淡水鱼海洋污染、能源危机、全球变暖,这些都可称为"发展综合征"。同时,与全球性的生态危机同步增长的是全球性的精神危机,包括拜金主义、纵欲主义、极端个人主义、反理性主义、家庭解体等等,还有发达国家出现的吸毒蔓延、精神空虚、宗教性集体自杀、国际犯罪活动、政府腐败、过劳死、艾滋病等等。

罗先生不仅看到了现代化的积极方面,还指出了它的消极方面,警示人们趋利避害。

10. 关于建立现代化研究"中国学派"的构想

在"马克思主义与新的现代化理论的建立"一章的最后部分②,罗先生提到了马克思主义现代化理论的研究范围和基本任务。

研究范围包括:宏观研究(现代化进程的特征、根源、趋势、规律,不同类型现代化道路等研究);微观研究(现代化的政治、经济、社会、文

---

① 林被甸、周颖如编《求索者的足迹——罗荣渠的学术人生》,商务印书馆,2006,第107页。
② 罗荣渠:《现代化新论》,第107~111页。

化、观念等不同因素及其关系的研究；现代化战略和策略、动力和阻力、成功与失败模式等方面的研究）；比较研究（中外早晚现代化比较、不同国家、地区和部门的比较，资本主义与社会主义现代化的比较）；理论和方法论研究（马克思主义理论、西方理论、帝国主义、民族主义等）；未来学研究（两极分化、公害问题、不平衡发展、国际新秩序等）。

基本任务则是建立现代化研究的中国学派。罗先生的这一宏大构想充分展示出他的广阔视野和中国学人气魄，可惜的是，他本人没有来得及完成这一构想，但这一构想为后学者指明了今后研究的发展方向。

以上十点仅仅是我个人学习罗荣渠先生《现代化新论》的一点肤浅体会，可能归纳得不够准确、不够全面，罗先生关于现代化理论的思想创新远不限于此，罗先生是中国现代化研究的奠基人。我认为，罗荣渠先生对现代化研究的学术贡献，应该继续得到弘扬。当前，现代化的"全球性大转变"仍在继续，中国的现代化进程也进入了一个"新时代"，中国仍需要现代化理论的指导，仍需要现代化经验的启迪。尽管罗先生之后，中国学界的现代化研究成为显学，现代化研究成果也不断涌现。但是，应该看到，现代化研究仍面临着诸多挑战，在社会科学领域，有深度的现代化研究成果并不多见，以现代化作为主线的世界近现代史学科体系仍未建立，体现这一体系的大学世界史教材也未问世。因此，我们应该发扬罗荣渠先生的开拓创新精神和富有使命感的家国情怀，继续深入研究世界和中国的现代化进程，与时俱进，提出新理论，总结新经验，以推动中国的现代化进程向纵深发展。

（作者系南开大学拉丁美洲研究中心教授）

多元化知识结构与罗荣渠的理论贡献

巫永平

"人类社会是怎样演变的？世界历史发展究竟是单线还是多线的？这是研究社会进化也是研究现代化必须研究的一个根本性问题，并对确定发展战略具有理论指导意义。"[①] 罗荣渠先生二十多年前提出的这个问题，在今天具有格外重要的意义。中国现代化历程走到今天，迫切需要在理论上回答这个问题。因此，罗先生的问题，不仅是学术之问，更是民族之问、时代之问。

20世纪70年代末中国发生巨变，历史进入一个新阶段。这个新阶段是一个什么样的阶段，未来中国应该走什么样的道路，需要什么样的理论？罗先生以超乎常人的学术敏锐和洞察力、非凡的学识和胆识，意识到这是一个历史大变局，于是顶着各种压力，在1985年果断停下手头正在进行的美国史研究，义无反顾转向现代化理论研究。

自那以后三十多年过去，罗荣渠先生离开我们也有二十多年。在此期间，他的学术影响不仅没有随着时间的流逝而减低，反而在今天国家迈向全面现代化的关键时候显得更加重要。罗先生的学术贡献是跨学科的，也是跨时代的。罗先生的现代化理论研究开辟了史学研究的一个崭新领域，丰富了史学研究的内涵，影响和意义自不待言。他的代表作《现代化新论》再版两次，重印八次，反映了罗先生的学术影响远远超出了史学界。只要看看他的观点被政治学者、社会学者和其他学科的学者不断引用，就不难看出其影响有多大。

先生的理论之所以能够产生跨越学科和跨越时代的影响，最根本的原因

[①] 罗荣渠：《现代化新论——世界与中国的现代化进程》，商务印书馆，2006，第56页。

在于他回应了时代需要，探讨新时代的中国需要什么样的理论，并提供了创造性的答案。这些答案在很大程度上能够帮助我们理解我们所处时代的本质。他之所以能够做出这样的贡献，在于他在历史学基础上广泛吸收哲学和政治学、经济学、社会学、人类学等社会科学以及交叉学科知识，形成了独特的跨学科、综合性的学术视角，从人类历史演变的大视野探讨现代化进程。

罗先生何以形成多学科的知识结构和综合性的分析视角？我所经历的两件小事可以帮助我们找到答案。1984年我上研究生后，罗先生要求我们必须修一门经济系的课。我选了经济系的"西方经济学"。"西方经济学"是20世纪80年代的一个用法，指的是马克思主义政治经济学之外的经济学。"西方经济学"是当时北大经济系学生的必修课，主要内容是今天所说的微观经济学和部分宏观经济学。历史学系的学生去修经济系的课，在当时绝无仅有。也只有罗先生才会对学生提出这样的要求。以这种方式训练学生，体现了罗先生对学术不同于常人的理解和不同于常人的治学之道。这门课把我带入经济学领域，扩大了我的学科基础，影响了后来的学习和研究。

20世纪80年代中后期，中国的航空业还很落后，与世界航空业差距甚大。罗先生一次上课中和我们说起他出国时在国外改机票的经历。改机票涉及不同航段，当时在国内由于没有实现机票销售的计算机联网，要改涉及多个航段的机票很麻烦，但国外航空公司已经实现了机票的联网销售，改机票是一件很容易的事。这个经历不仅让他印象深刻，他更从中意识到这是系统论应用的最好体现。当时，在西方国家产生很大影响的"系统论"和"控制论"刚刚引进中国，学术界对之进行热烈讨论。这件事使我对罗先生的学术敏感和善于学习最新学术进展的特质留下了很深的印象。

作为学生，我在感叹罗先生学术成就的同时，也常常思考背后的原因。应该说，造就罗先生学术成就的原因很多，这些原因在这本纪念文集的文章里和之前的各种纪念文章里都提到了。但在我看来，除了这些原因，罗先生学术上的敏感性、开放性、批判性和独立性，是另外几个重要原因。

罗先生有着高度的学术敏感性，随时关注各学科的最新动态，善于从各学科吸收新的学术观点。这在《现代化新论》中得到充分体现。罗先生引用的文献涉及政治学、经济学、社会学、人类学、自然科学和交叉学科。这些数量庞大的文献既有外文原文文献，也有最新出版的中文翻译成果。他给我的感觉是对最新学术动态有着年轻人般的好奇和敏感。这种学术追踪使得他能够把不同学科的最新学术成果融入自己的研究。

学术开放性大大拓展了罗先生的学术视野、知识结构，提高了理论高度。在他身上，学术开放性既体现在历史学对其他学科尤其是社会科学的开放，也体现在对西方学术的开放。

罗先生首先是一位历史学家。具有以长时段视角看待事物变化的视野，善于从纷繁线索中梳理出历史逻辑，是历史学家的两项基本功。这两种能力在罗先生身上体现得淋漓尽致。研究现代化的西方学者大都是社会科学者，通常都采取短时段甚至静态视角研究现代化。不同于他们，罗先生把现代化放在人类发展的长时段里研究，因此能够看到西方学者看不到的东西，提出很多新的观点，向我们展示了现代化是一个长期的不断变化的多样性过程。他的治学方法充分体现了历史学家的研究特点。因此，罗先生的现代化理论首先是基于历史学的视角。

罗先生能够做出跨越学科和跨越时代的理论贡献是因为他是一位具有多学科知识的历史学家。我国历史学传统是"重史轻论"，强调厘清历史事实，不主张过多的理论讨论，即更倾向回答"是什么"的问题，不崇尚回答"为什么"的问题。而罗先生的现代化理论研究，不仅要回答"是什么"的问题，更要回答"为什么"的问题。对"为什么"问题的回答，就需要突破传统历史学的研究范式，在研究方法、理论和知识结构上借鉴其他学科。社会科学在回答"为什么"的问题上具有优势。罗先生大量吸收了政治学、经济学、社会学等社会科学的知识和理论，加上哲学、人类学以及自然科学和交叉学科，在历史学基础上形成

图1　罗荣渠教授访美期间留影，1982年

一种综合的分析视角，对现代化过程进行全方位的宏大论述。如果说历史学构建了罗先生长时段的分析方法，多学科知识结构则赋予他罕见的宏观视野，这两个基础奠定了他高屋建瓴的多维视角分析能力。

罗先生在学习和吸收当代西方社会科学的同时，并不是简单照单全收，而是在批判基础上吸收。它的批判性体现在两个方面。首先是对教条化马克思主义的批判。《论一元多线历史发展观》代表了他的最高学术成就，也体现了他最重要的理论贡献。在文章中他通过系统梳理，辨析了马克思主义的创立者（即马克思本人）主张的本来的马克思主义与斯大林化的马克思主义之间在一些基本问题上的区别，对这些基本问题进行正本清源，提出了一元多线的历史观。其次是对西方理论的批判。他在充分肯定当代西方社会科学发展和繁荣的同时，也冷静看到当代西方社会科学的问题和局限。例如，由于研究问题的过于微观化而忽视对宏观问题的研究，由于以静态方式看待社会政治经济问题而失去了动态视角。尤为重要的是，从他的历史观和现代化史观出发，强调国家间的不同发展模式和不同发展道路。

主体性和独立性是罗先生理论的最根本特征。如果没有独立性和主体性，敏感性和开放性会导致人云亦云，批判性也会变成盲目的排他性。只有坚持独立性和主体性，才能在敏感性、开放性和批判性基础上建立自己的理论体系。罗先生的学术研究既在简单化和教条化的马克思主义那里保持了独立性，也在西方学术那里保持了独立性，由此建立自己独立的理论体系。学术独立性赋予了罗先生高度的学术自信。罗先生的现代化研究字里行间所体现的学术自信来自独立性。在今天中国社会科学过多受到美国社会科学理论影响，往往拿美国社会科学理论生搬硬套来衡量中国各个领域的发展实践，因而失去我们自己学术主体性的时代，这一点尤其显得弥足珍贵。

上述原因决定了罗先生理论的预见性和超前性，以至于二十多年前提出的观点不仅在今天没有丝毫的过时，反而回答了今天迫切需要却尚未回答的问题。中国现代化进程走到今天，理论上始终伴随着道路和模式之争，实践中进行过多次的制度转换和探索。在付出巨大代价后，最近四十年终于摸索出一条能够实现经济增长、提高人民生活水平、提高国家实力的发展道路，但这条道路又面临着在经济增长的同时如何保证环境优美、政治清廉、法治彰显、公平均富社会目标的挑战。尤其当中国成为世界第二大经济体，接近重新回到19世纪前在世界的经济地位，中国的国际地位和国际影响力达到过去两百年来从未达到过的高度时，如何看待中国现在的发展道路、模式和制度，以及未来的演变，在国内外一直是一个激烈争论的话题。

今天我们面临最大的挑战是如何认识中国发展道路与发达国家发展道路之间的关系。这个问题的本质有两点：一是人类发展的最终目的是否相同，二是实现目的的方式和方法是否有多种。关于第一点，似乎没有太多争议；对于第二点，我们的答案是肯定的。但如何从理论上把我们的观点说清楚，建构一个有说服力的论述，仍然是一个巨大的挑战。罗先生的研究恰恰是努力解决这个问题的。

图 2　与纽约州立大学宾汉姆顿（Binghamton）分校布罗代尔中心特伦斯·霍普金斯（Terence K. Hopkins）教授在北京大学，1986 年

在我们今天讨论道路、制度和理论自信问题时，罗先生的如下观点能够为我们提供答案。"同一性质与水平的生产力可能与几种不同的生产关系相适应。同一种生产力、同一种生产方式在不同的历史条件下可以适应不同的社会结构"。[①] "在不同的国家和民族那里，每种生产力系统在不同的自然、历史、社会条件下，在不同的历史时期，形成与之相适应的生产关系，扩而大之，也就是社会经济形态。每种独立的社会经济形态都具有内在的结构上的相对适应性和长期稳定性，以及自身的运动规律。这样，在同一生产力水平和条件下，社会形态可以是多模式的，发展的道路也是多模式的。"[②]

这些观点放在今天中国的马克思主义研究中，仍在某种程度上显得突

---

① 罗荣渠：《现代化新论——世界与中国的现代化进程》，第 66 页。
② 罗荣渠：《现代化新论——世界与中国的现代化进程》，第 78 页。

兀。然而，这不正是我们今天所需要的理论吗？这就回答了为什么罗先生的理论不仅没有随着时间的流逝而过时，反而让我们觉得如此新颖！这些观点不仅现在没有过时，在中国完全实现现代化之前，在我们建立起一个完善的解释人类发展道路的理论体系之前，都将具有意义。这也告诉我们，真正能够让我们自信的理论产生于大胆探索，而不是故步自封，产生于开放包容，而不是自我封闭。

罗先生留给我们的除了傲然的学术成就，还有治学的理念和治学的方法。

现代化模式概念的提出及对中国近代史研究的意义

严立贤

建立一种既符合马克思主义唯物史观的基本原理，又要能够对中国近代史作出全面科学的概括和解说的中国近代史研究新范式，是我们的当务之急。恩格斯还活着的时候就要求马克思主义历史学家运用唯物史观的基本原理重新研究历史。恩格斯写道："我们的历史观首先是进行研究工作的指南，并不是按照黑格尔学派的方式构造体系的诀窍。必须重新研究全部历史，必须详细研究各种社会形态存在的条件，然后设法从这些条件中找出相应的政治、私法、美学、哲学、宗教等等的观点。在这方面，到现在为止只做了很少的一点工作，因为只有很少的人认真地这样做过。在这方面，我们需要很大的帮助，这个领域无限广阔，谁肯认真地工作，谁就能做出许多成绩，就能超群出众，但是，许许多多年轻的德国人却不是这样，他们只是用历史唯物主义的套语（一切都可能被变成套语）来把自己的相当贫乏的历史知识（经济史还处在襁褓之中呢）尽速构成体系，于是就自以为非常了不起了。"这个领域无限广阔，但下功夫用心研究者颇少。马克思、恩格斯在生前都未能有时间写出一部按照唯物史观原理撰写的历史学专门著作，他们把这个工作留给了后人。应当说，此后的所谓马克思主义历史学家们并未很好地完成恩格斯所交给的任务。这个任务留给了在改革开放新时期成长起来的新一代中国马克思主义历史学家。

中国近代史研究的新范式，应当完整准确地贯彻马克思主义唯物史观关于生产力发展是人类历史前进的根本动力，在生产力发展的过程中必然伴随着阶级斗争，阶级斗争（包括其最高形式的暴力革命）是新社会产生的直接动力和"助产婆"，以及经济关系对于历史来说是具有决定意义的"贯穿始终的唯一有助于理解的红线"等基本原理，克服此前"现代化范式"和"革命史范式"对唯物史观的片面理解，克服二者在生产力发展和阶级斗争中片面重视其中一极而忽视另一极的毛病，建立一个能够完整解说近代以来中国社会从生产力发展到阶级斗争和政治变革的解释框架，最终建立一个科学的马克思主义的关于中国近代史的解释架构。

为此，必须以"现代化范式"为基础，建立一种超越"革命史范式"的新的"现代化范式"。

应当说，在此之前，各种形形色色的"现代化研究"，基本上都是只注重生产力发展及由此带动的社会结构转型而忽视阶级斗争的，有的甚至将现代化研究直接等同于资本主义或资产阶级研究，只有罗荣渠教授的"现代化研究"在注重生产力发展及由此带动的社会结构转型的基础上，也注意到了阶级斗争在中国近代史上的特殊地位和作用，主张将阶级斗争纳入"现代化研究"中来，以此扩展"现代化研究"的视野，丰富和完善"现代化研究"的分析架构，使"现代化研究"真正成为一种能够充分解释近代以来中国历史的分析架构，真正成为一种成熟的研究方法。

罗荣渠教授批评"革命史范式"把阶级斗争当作历史发展的根本动力，表现在中国近代史研究上则只看到阶级斗争和政治运动，而看不到社会生产力的发展及由此带动的由传统农业社会向现代工业社会转型的毛病，但又不否定阶级斗争和政治革命在中国近代史上的意义，而是主张建立一个包括革命而不是排斥革命的"现代化范式"以取代"革命史范式"。他写道："九十年代以来，中国自己的现代化理论在历史唯物主义的基础上开始形成。理论的主要基点是：把以阶级斗争作为社会变革的根本动力转变为以生产力的发展作为社会变革的根本动力；现代化作为世界历史进程的中心内容是从传统农业社会向现代工业社会的大转变（或大过渡）。从这个新视角来看，鸦片战争以来中国发生的极为错综复杂的变革都是围绕着从传统向现代过渡这个中心主题进行的，这是不以人们意志为转移的。有了这个中心主题，纲举目张，就不难探索近百年中国巨变的脉络和把握中国近现代史的复杂线索。"罗荣渠明确强调用"现代化范式"研究中国近代史不能否定革命而必须包括革命。他写道："以现代化为中心来研究中国近现代史，不同于以革命为中心来研究中国近现代史，必须重新建立一个包括革命在内而不是排斥革命的新的综合分析框架，必须以现代生产力、经济发展、政治民主、社会进步、国际性整合等综合标志，对近一个半世纪的中国大变革给予新的客观历史定位。新的研究要求在概念、模式、理论、方法等方面都有新的突破，但这些突破又只有通过系统的切实的研究才可能取得。"但是，对于如何才能做到包括革命而不是否定，罗荣渠教授并未加以说明，此后因病逝也未能按照他自己的设想进行中国近代史研究的具体尝试。

长期以来，笔者一直致力于现代化理论和中国现代化进程的研究，经历了一个由经济学到社会学再到历史学，又从世界近现代史到中国近现代史的艰难的转换过程。笔者认为罗荣渠教授为中国近代史研究的"现代化范式"提出的基本原则，即"必须重新建立一个包括革命在内而不是排斥革命的新的综合分析框架，必须以现代生产力、经济发展、政治民主、社会进步、国际性整合等综合标志对近一个半世纪的中国大变革给予新的客观历史定位"，是符合马克思主义唯物史观的。能否做到"包括革命而不是排斥革命"，是新的超越"现代化范式"（"现代化研究"法）和"革命史范式"（"阶级分析"法）的分析架构能否成立的关键。笔者经过长期的研究和思考，认为在现代化研究中引入阶级分析法，通过将现代化分析法和阶级分析法相结合的方式，可以达到这个目的。笔者进行了具体的尝试，将阶级分析法引入现代化研究的直接结果就是创立现代化模式概念，提出用现代化模式的转换来重新看待近代以来中国的历史进程。

笔者吸收"现代化范式"的现代化分析法，将近代以来中国的社会变动视作一个现代化过程，也即由生产力发展所带动的由传统农业社会向现代工业社会过渡的过程。但是，笔者认为中国的现代化进程中也必然伴随着阶级和阶级斗争。我们是坚持马克思主义唯物史观的历史学者，必然认为在近代以来的中国现代化过程中也伴随着阶级斗争。众所周知，在近代以来的中国社会中，存在着各种阶级——地主阶级、农民阶级、民族资产阶级、官僚资产阶级、小资产阶级和无产阶级等，它们在现代化过程中都扮演着不同的角色、发挥着不同的作用。有的是被动地参与社会的现代化进程，有的则主导着或试图主导社会的现代化进程、试图把中国的现代化引向有利于自己阶级的方向。不同阶级所主导的现代化，其生产力发展的状况、政治上层建筑的性质和结构、社会文化和精神与价值观的风貌，总之，整个日渐成熟或已经成熟的现代工业社会，都会呈现出完全不同的样态。不同的现代化模式会形成不同的现代工业社会。我们把这种不同阶级主导下的现代化就会产生的不同的生产力发展的状况、不同的政治上层建筑结构以及不同的社会价值观，总之会形成不同的现代工业社会类型，称作不同的现代化模式。一个国家的现代化之所以会形成不同的模式,根源在于不同阶级主导的现代化就会产生不同的现代工业社会。纵观近代以来中国现代化和经济政治变革的历史,可以从不同阶级主导现代化的角度将近代以来中国的现代化划分为三种模式或三条可能的发展道路:①由官僚资产阶级主导的官僚垄断资本主义现代化模式;②由民族资产阶级主导的民族资本主义现代化模式;③民主主义现代化(分为由资产阶级民主主义者主导的旧民主主义现代化及作为其继承和发展的由无产阶级主导的新民主主义现代化)模式。我们认为,从以上三种现代化模式的转换中,可以看出近代以来中国历史发展的基本脉络及其趋势。可以看出,现代化模式是一个同时着眼于生产力发展和阶级关系的概念。近代以来的中国历史从根本上来说是一个由生产力发展所推动的由传统农业社会向现代工业社会转变的社会变迁过程,这个过程表现得非常艰难。如同所有其他国家一样,在近代中国,在由生产力发展所带来的成果和利益的占有上,明显地体现为复杂的阶级关系。各社会阶级为了主导对生产力发展成果的占有方式,强烈地表现出将社会的现代化引向符合本阶级利益的方向,由此必然要形成特定的经济、政治和文化制度,形成不同的现代工业社会,这就构成了我们所说的现代化模式。现代化模式概念既反映了近代中国社会的基本矛盾,也反映了近代中国社会的主要矛盾,既反映了近代中国历史发展过程中的生产力发展方面,也反映了近代中国阶级斗争方面,是关于生产力发展是人类历史前进的根本动力、在生产力发展的过程中必然伴随着阶级斗争、阶级斗争(包括其最高形式的暴力革命)是新社会产生的直接动力和"助产婆"以及经济关系对于历史来说是具有决定意义的、"贯穿始终的、唯一有助于理解的红线"等马克思主义唯物史观的基本原理,在中国近代史研究领域的精妙运用。在经过近20年的艰难探索的基础之上,笔者初步建立了一个从现代化模式转换的视角研究中国近代史的基本架构,写成《现代化模式与近代以来中国历史进程》一书,为确立中国近代史研究的超越"现代化范式"("现代化研究"法)和革命史范式("阶级分析"法)的新分析架构尽了一点绵薄之力。在该书中,笔者通过对官僚垄断资本主义现代化、民族资本主义现代化和民主主义现代化(分为旧民主主义现代化及作为其继承和发展的新民主主义现代化)等几种现代化模式在近代中国历史上交织纠葛过程的分析和考察,阐述了近代中国历史上的生产力和经济发展过程,而关于政治民主、社会进步和国际性整合的内容,则由于笔者的能力限制而未能加以展开。但是,生产力和经济发展过程毕竟是近代中国历史的基础过程，按照唯物史观的观点，它是一个对于历史具有推动和决定意义的过程。揭示了中国近代史的基础过程也就等于为建立完整的中国近代史研究的新范式打下了一个扎实的基础。现在，笔者正在致力于从现代化模式转换的视角研究和考察 20 世纪前半期中国现代化进程，并取得中期成果。笔者期望能在不久的将来完成这项研究，以便对建立中国近代史研究新范式起一个推动作用。

（作者系北京大学历史学博士，中国社会科学院近代史研究所研究员）

历史的投影与现实的折射

——关于"中国人发现美洲"百年学术争议的国际政治思考

徐 波

【摘要】 学术研究具有自己的逻辑和规律,但绝非不受政治与社会等外界因素影响。中外交流史这个看似与世无争的学科,也体现着国际政治与中国国际诉求的风云变幻,而所谓"中国人发现美洲"这一话题则在其中具有极其典型的意义,始终引起人们不衰的热情。20世纪中期对这个问题的讨论,与国际关系的发展态势和中国国际诉求之间更是有着直接的关联,几次讨论高潮都发生在国际关系转型与中国外交诉求具有重大变化的时期。近年的讨论热潮则更多地反映国际政治与中国国际地位变化背景下民众心态的变化。中国的国际地位、民众的自我期许与外部环境的落差,民粹主义的上升以及某种自我膨胀和睥睨外界的虚骄之气,这些都促使人们寻找寄托感情、抒发情怀和宣泄情绪的对象。这表明这个话题不是单纯的学术问题,而是涉及某种社会心理的话题。这是一个耐人寻味的现象。

【关键词】 中国 美洲 地理大发现 扶桑国传说 殷人渡美

学术研究具有自己的逻辑和规律,但绝非不受政治与社会等外界因素影响。中外关系史领域看似深居象牙塔内、无缘显学、与世无争,但时代变迁、国际形势变化、对外关系的发展态势与中国相应的对外诉求,也影响着这一领域的研究动向、价值取向、研究者兴趣。笔者考察了该领域中的若干案例,深感这个学科也体现着国际政治与中国国际诉求的风云变幻,而所谓"中国人发现美洲"这一话题则在其中具有极其典型的意义。

美洲是距中国最远的有人居住的大陆。为学界所公认的是，四五万年或更早时间以前，来自亚洲东北部、属于蒙古人种的古代先民，或者由于追踪猎物，或者由于气候骤变，沿日出方向，行经西伯利亚，跨过恰值冰川期而成"陆桥"的白令海峡，到达美洲大陆，历经分批多次迁移，逐渐分布到整个美洲大陆及其周边岛屿。在日后漫长岁月中，他们孕育出独特的美洲文明即印第安文明。①"印第安人"这个名称是15世纪之后西方世界对他们的称呼。

由于冰川消融，滚滚波涛又阻隔了亚美两个大陆的联系。在哥伦布到达美洲、西方殖民主义兴起后，16世纪初，即中国明代中叶，葡萄牙和西班牙殖民者在殖民美洲的同时，分别东渡印度洋和西跨大西洋，会合于中国南大门。葡萄牙人以中国澳门和印度果阿为据点，开辟澳门—果阿—里斯本—巴西航线；西班牙以菲律宾为据点，开辟了更为重要的塞维尔（西班牙）—阿卡普尔科（墨西哥）—马尼拉（菲律宾）—中国闽粤口岸航线，从此使中国与美洲建立起了联系，以丝绸为主的中国商品源源不断地运往美洲，并远销至欧洲。正如罗荣渠教授所说，中国和美洲这两个地区之间的接触与联系的建立，是近代欧洲殖民主义兴起的产物，它不是通过长期接触自然形成的，而是通过欧洲殖民者火与剑的征服活动，特别是殖民贸易活动而形成的一种有限的间接经济与文化接触。②

美洲印第安人源自亚洲，但大量历史事实也说明，印第安古文明是在美洲大地上孕育和繁衍起来的，与中华古文明各有其不同的文化内涵和特质。印第安古文化或曾受到外来文化影响，但迄今无法证实中国与美洲之间在哥伦布之前发生过直接交往。③

由于中国与美洲相距遥远、印第安人文化的独特性、人们对它们的认识的不足和追寻探索的欲望、美洲是中外交流史上姗姗来迟的后来者等因素，也由于位于这个大陆上的美国以及拉丁美洲在中国外交现实中分别具有独特的意义，在中国，以及在世界上，总有人对在哥伦布时期之前中国人与美洲的关系问题具有不衰的热情，因而不断涌现出"中国人发现美洲"的种种

---

① 林被甸、董经胜：《拉丁美洲史》，人民出版社，2010，第1~3页。
② 罗荣渠：《中国与拉丁美洲的历史联系》，载《罗荣渠文集》之二《美洲史论》，商务印书馆，2009，第253~254页。
③ 林被甸：《跨越太平洋——中国与拉丁美洲的文化交流》，何芳川主编《中外文化交流史》下卷，国际文化出版公司，2008，第946页。

论说。① 而这样的话题，尤其是通过媒体的传播，总在某些时刻、某种程度和某些方面契合人们的某种心理，因此对公众产生了一定的影响。梳理这桩长达两百余年、掀起多次热潮的跨国学术争论，既有趣味，也不无意义。

一 问题的起源和沿革

所谓"中国人发现美洲"问题，最早是 1761 年法国汉学家德·吉涅（J. de Guignes，1721~1800 年，又译德经、揆尼、歧尼等），根据中国正史《梁书·诸夷传》等关于"扶桑国"的史料，在向法国文史学院提交的研究报告《中国人沿美洲海岸航行及居住在亚洲极东部的几个民族的研究》中提出的。② 根据这折史料，在中国以东的"东夷之国"中有一个遥远的"在昔未闻"的扶桑国，在 5 世纪下半叶到 6 世纪初的半个多世纪中，与中国有三次人员交往：一是南朝宋大明二年（458 年）"罽宾国（今阿富汗一带）尝有比丘五人游行至其国，流通佛法、经像，教令出家，风俗遂改"；二是齐永元元年（499 年）"其国有沙门慧深来至荆州"，告知了该国的地理位置、特产和国名由来，"其土多扶桑木，故以为名"；三是梁普通年间（520~526 年）"有道人称自彼而至，其言元本尤悉"，因此《梁书》作者将这些材料"并录"于书中。③ 德·吉涅及其支持者就是从考证扶桑国的地理位置入手，提出是中国人最早发现美洲的。他推定扶桑国在北美的新墨西哥和加利福尼亚一带，其支持者如艾·文宁（E. P. Vining）和诺曼（C. F. Neumann）等则多认为其地在墨西哥。④

自德·吉涅提出此论后，参与讨论的有法、美、俄、德、英、意、荷、日、印度等国学者，从 1761 年至 1921 年所著专书或论文已有 30 余种。⑤ 19

---

① 所谓"发现"美洲本是西方中心论的体现，1992 年纪念哥伦布首航美洲 500 周年时达成国际共识，废弃"发现"一语，联合国教科文组织所定纪念主题为"两个大陆的相遇"。本文所论主题中，多有使用"中国人发现美洲"者，其实也是违背前述国际共识的。本文沿用这种用语只是为求论述方便，特予说明。
② 罗荣渠：《论所谓中国人发现美洲的问题》，载《罗荣渠文集》之二《美洲史论》，第 8 页以下；林被甸前引文，第 934~936 页。
③ 见《梁书·诸夷传·扶桑国》。其后正史如《南史》《通典》《通志》《文献通考》等均本《梁书》。
④ 罗荣渠：《扶桑国猜想与美洲的发现——兼论文化传播问题》，载《罗荣渠文集》之二《美洲史论》，商务印书馆，2009，第 44 页。
⑤ 朱谦之：《哥伦布前一千年中国僧人发现美洲考》，《北京大学学报》1962 年第 4 期，第 2 页。

世纪西方汉学家对此进行了热烈讨论，支持者和反对者反复论辩，反对者提出扶桑国应在日本或库页岛，但虽长期争论，却未有一致结论。进入 20 世纪，在西方研究中国的第一流学者中，从希勒格（G. Schlegel）、劳费尔（B. Laufer）、考狄（H. Cordier，又译考迪埃等）到李约瑟（Joseph Needham）等皆对此说提出异议。①

例如，19 世纪荷兰汉学家希勒格针对德·吉涅上述报告及其支持者的观点，于 1870 年在杂志上刊布征求中国古籍关于扶桑的材料，以求断定其地理位置，但应者寥寥，遂孜孜搜求"散见于（中国）各种书籍之中，有时且见之于人所向不搜寻书籍之内"的扶桑国事迹，以较长篇幅写成《扶桑国考证》一文，后成为其《中国史乘中未详诸国考证》著作之首篇。该文采引《古今图书集成》《文献通考》《山海经》《淮南子》《梁四公记》《十洲记》《三才图会》《酉阳杂俎》《后汉书》《三国志》《宋书》《梁书》乃至《广事类赋》《负暄野录》等中国古籍数十种，并与欧美日等国各种史料相结合，力驳扶桑在美洲之说，主张扶桑为中国以东某岛即库页岛（日名桦太岛，西人称萨哈连岛，即今译之萨哈林岛），扶桑国民为居于该岛之虾夷人，扶桑木则为楮木。②

西方汉学家们的讨论，引起一些中国学者的兴趣和灵感。20 世纪中期以前的论者不但都同意德·吉涅等人的说法，还根据中国史籍，把中国人前往美洲的时间提前了几个世纪，甚至推到远古。章太炎根据 5 世纪初东晋求法高僧法显在南海航行遇风漂至耶婆提国的记载，依据该国国名发音提出，该国即南美的耶科陀尔（即厄瓜多尔）。但这只是当时人们对美洲历史地理知识不够而导致的误解（厄瓜多尔是西班牙殖民者征服美洲后才有的名称，即"赤道"之意）。陈汉章（1864～1938 年）于 1920 年提出"美洲为古蟠木地说"，认为上古时期所谓"蟠木"即扶桑木，进一步把美洲与中国的历史联系上溯到公元前若干世纪。陈志良（1908～1960 年）于 1940 年提出商朝灭亡后殷民族后裔东迁美洲的说法。朱谦之（1899～1972 年）于 1939 年著《扶桑国考证》一书，又名《哥伦布一千年前中国僧人发现美洲说之讨论》，于 1941 年在香港商务印书馆出版，确认中国僧人发现美洲"绝无可

---

① 罗荣渠：《扶桑国猜想与美洲的发现——兼论文化传播问题》。
② 希勒格撰《中国史乘中未详诸国考证》，载冯承钧译《西域南海史地考证译丛》第三卷，商务印书馆，1999，第 251～432 页。

疑"。①

当时恐怕谁也没有想到，中国人发现美洲，或者说中国人在哥伦布之前已经到达美洲，这个肇始于西方汉学家，也在一些中国学者中引起兴趣的假说，其后在国内学界和国外学界竟一再被人重新提起，并且新的观点和新的论据层出不穷。罗荣渠教授曾经写道：在世界史领域内，像美洲发现之谜这样引人入迷者，似乎不很多。② 现在我们可以补充一下：关于中国人发现美洲的问题，在罗荣渠教授写下这段话之后 30 多年间，依然在中外学界内外继续一再发酵，构成一种奇特现象。

二 慧深—扶桑传说阶段

在 20 世纪中期之后，中国大陆再次出现对这个问题的讨论是在 60 年代初期。1961 年 9 月，马南邨（邓拓）在《北京晚报》发表《谁最早发现美洲》等三篇短文，早在 20 多年前就写有相关论述的朱谦之也在《北京大学学报》1962 年第 4 期发表《哥伦布前一千年中国僧人发现美洲考》。马南邨力主《梁书·诸夷传》中所说的扶桑国沙门慧深是中国人，朱谦之不但完全同意这一看法，而且更进一步提出新论据。这可算是 1949 年后中国大陆学界讨论这一问题的第一个时期，但其影响似乎并不很大。

这一时期，国外有学者也在继续着关于慧深和扶桑木的研究，其中最为著名的是美国女学者亨利埃特·默茨，其著有《淡墨——中国人在美洲探险的两份古代记录》一书。该书同样认为《梁书》所记扶桑国即墨西哥，而由于此前文宁等论者所谓扶桑木即龙舌兰的观点漏洞太大，《淡墨》提出扶桑木为印第安人的基本粮食作物——玉米，还提出了许多新论点，如在美国西部和墨西哥地图上找出一些带有与中文慧深、比丘、释迦等发音相近的词头词尾的地名，解释成为当地为怀念这位中国高僧而命名的，从而把慧深在美洲漫游的行踪在地图上连成一条线，并认为慧深就是墨西哥印第安人信奉的真神——圭查尔柯脱尔，是他改变了印第安人的信仰，使他们信奉了佛教。③ 默茨的论证方法与前述 19 世纪文宁如出一辙。④ 此书一出，有关扶桑

---

① 见罗荣渠《论所谓中国人发现美洲的问题》；朱谦之前引文。
② 罗荣渠：《扶桑国的猜想与美洲的发现——兼论文化传播问题》。
③ 罗荣渠：《扶桑国的猜想与美洲的发现——兼论文化传播问题》。
④ 见朱谦之前引文。

国的争论在西方似乎又趋活跃。①

在这一阶段，不管是国内还是国外，讨论的中心都是慧深和扶桑国的假说。

三 殷人航渡美洲论说阶段

关于中国人发现美洲讨论的第二个阶段始于20世纪70年代末期，并且（中间曾有一段时间的沉寂）一直持续到90年代初期。

70年代前半期，在美国加利福尼亚州近海海底打捞出多件人工石器，有的石器表面带有锰质层。美国学者莫里亚蒂等认为，这些石器的石料不是本地所具有的，而在中国东部海岸则常见；石器属于船锚之类，并且依据锰质金属在海底物体表面的积聚率推算，这些石锚沉海已有2500～3000年的历史，在北美太平洋海岸的考古记载中没有这类人工石器，在亚洲考古资料中则有这类人工石器被用作船锚的详细记载，因而它们来自亚洲。

中国古代殷人航渡美洲的说法最早出自1846年英国汉学家梅德赫斯特（Medhurst）。他曾考虑到中国历史上周灭商与美洲墨西哥等地同时兴起奥尔梅克文化之间的联系，根据史书所记武王伐纣之事，猜测公元前1000年左右可能已有大批被周打败的殷人渡海逃亡，漂泊到美洲西海岸，甚至在墨西哥地区建立国家。约100年后中国学者陈志良撰《中国人最早移殖美洲说》（载《说文月刊》1940年第1卷），创立了多种假说。其中之一便是提出了殷人东迁、航渡美洲的说法。② 莫里亚蒂等人的假说重新提出了古代亚洲人航渡美洲说，并把讨论引入了殷人的祖国中国。

1979年8月，房仲甫在《人民日报》发表《中国人最先到达美洲的新物证》一文，向中国读者披露了美国的考古新发现和莫里亚蒂等人的看法，并结合中国的史料，断定这是"中国人最先到达美洲的新物证"。次年8月，作者又在《中国建设》发表类似文章，论证了慧深航渡扶桑、扶桑即墨西哥一带等传统观点。1981年12月他在《人民日报》发表《扬帆美洲三千年——殷人跨越太平洋初探》一文，根据"石锚"形状用途、我国古代

---

① 默茨此书中译本已由海洋出版社于1993年7月出版，译名《几近退色的记录——关于中国人到美洲探险的两份古代文献》，著名学者贾兰坡作序。

② 张箭：《近年来关于"殷人航渡美洲"问题的研究述评》，《中国史研究动态》1996年第12期，第16页。

船碇资料以及"石锚"岩样经鉴定与我国台湾中东部的灰岩一样等，提出殷人东渡命题。1983 年他进一步在《世界历史》发表堪称力作的《殷人航渡美洲再探》，从历史、考古、文献、文物、外语、古文字、民族、民俗、宗教、科技等多方面进行论证，提出虽然尚未发现有关殷人东渡的文字记载，但可从当时的历史背景来探讨这种可能性，即商朝灭亡、纣王自焚、王子武庚在入周后叛乱失败复国绝望，殷人"为了寻得栖身之所，溃军临危，有可能就象（像）以前战败的其他航海民族一样，仓卒夺海而逃"，而商在灭夏之前就以航海见著，商朝是一个最重水陆交通、以航运为用的国家，且具有"相当成熟"的建造木板船的能力，而且"可认为当时已能立桅扬帆，扬帆美洲单就航船来说已有实据"。① 几篇文章层层递进，从确认"中国船锚"，到正式提出"中国同美洲的海上交往史，将有可能上溯到三千年前"，产生了较大影响，一时间赞成者与反对者皆有之，但总体来说否定派沉寂下来，殷人渡美似乎已成定论，直到 1992 年随着全世界纪念哥伦布航渡美洲 500 周年的来临，该问题再次激发了学者们的兴趣，殷人渡美的肯定派和否定派均推出了自己的论著，彼此针锋相对，使问题的研究和争论达到新的高潮。②

在这一阶段，"殷人渡美"取代了慧深和扶桑国假说，成为讨论热点。

除在中国大陆学界的讨论外，先后移居香港、台湾的卫聚贤独辟蹊径，提出了自己的"中国人发现美洲"的观点。

历史学家卫聚贤（1899～1989 年）在 20 世纪 30～40 年代已是成名学者，曾对古史研究和考古有重大贡献，但也因立论怪异、穿凿附会而受学界排斥。③ 50 年代后他先后移居香港和台湾。据其自述，他在香港时因见儿童图画书中印有蜂鸟在扶桑花内吸花蜜图，并配有文字"蜂鸟会退飞，只有美洲有"，而在《春秋》中有"六鹢退飞过宋都"之语，认为鹢（古代同"鹝"）就是蜂鸟，于是着手考证。④ 其所著《中国人发现美洲》一书堪称

---

① 房仲甫：《殷人航渡美洲再探》，《世界历史》1983 年第 3 期，第 47 页以下。
② 张箭，前引文；罗荣渠：《扶桑国的猜想与美洲的发现——兼论文化传播问题》。
③ 卫聚贤于 1939 年编辑出版《说文月刊》（被称为抗战时期唯一国学刊物），并担任主笔，直到 1947 年停刊。前述陈志良《中国人最先移殖美洲说》即发表于该刊 1940 年第 1 卷。由此似可看出卫聚贤观点的渊源。近年间其早期著述如《中国考古学史》《中国考古学小史》《山西票号史》在大陆由多个出版社予以再版。
④ 卫聚贤：《中国人发现美洲》，序言第 2 页，正文第 750 页。笔者所见此书为台湾新竹说文书店 1982 年版，仅是该书第一册，笔者未知其他两册是否出版，然仅此一册即已达 1000 余页。笔者引文皆据此版本。据有关资料，此书 1969 年初版于香港。

巨著，由美洲发现的中国文字、花纹、古物，美洲特产的植物、动物、矿物、特俗、地理为中国所知者，美洲土人系由中国迁移者到过美洲者等十类构成，自称全部出齐将共 300 多万字，可排 3000 多页。他的研究方法是"在香港出版的杂志和报纸上，凡有关于美洲的故事我都把它剪下来，在中国古书找类似的材料"。作者具有深厚的中国古代史及考古学功力，书中引用的中国古籍、古文字、古器物、民俗、遗迹等资料洋洋洒洒、蔚为大观，以此解释在美洲发现的似与中国有关的种种事物。

例如，为了论证前述"退飞"的"六鹢"是来自美洲的蜂鸟，中国各种古籍、古诗、古文中所谓鹢、鹝等皆指此鸟，而且其退飞原因绝非是风吹所致（《左传》："六鹢退飞过宋都，风也。"《史记·宋微子世家》中"鹢"写作"鹝"："六鹝退蜚［同'飞'］，风疾也。"），他用了 66 页的篇幅，引用的中国古代文献据笔者统计至少达 200 种，由此构造了这样一个故事：殷人国破家亡后，相率由白令海峡逃到美洲，其后公元前 650 年齐桓公为寻找美洲虎皮（文皮），到达阿拉斯加的达科特岛；殷人后裔闻知周人已衰，于是组团回中国观光及贸易，到达殷人后裔仅存的国家宋国，在此将所携带并且仍然存活的仅有的六只蜂鸟放生，为宋人所见并视为奇异，因而宋襄公令史官书写下来。《洞冥记》等书中又载"汉元封五年（公元前 106 年）毕勒国贡细鸟……数百头，形如大蝇，状似鹦鹉"之事，因为蜂鸟是世界上最小的鸟，所以"细鸟"即蜂鸟，而毕勒国即墨西哥，从此蜂鸟在中国繁殖下来，因此历代诗文中有大量"鹢"的记载和描述。但《康熙字典》引宋代辞书《集韵》对"鹢"的解释"与鹝、赤鸟同，水鸟也，似鹭而大"，这则并不生僻的资料，却被作者"忽略"了。

卫聚贤对他认为可以表明中国与美洲联系的其他事物，皆以这种方式不厌其烦地加以论证。根据他的观点，在上古时代就有中国人到达美洲，而在哥伦布时代以前，从殷周之际起，到达美洲甚至往来于中国和美洲之间的中国人数不胜数，而美洲居民也不乏来到中国的。许多原产于美洲的农作物并非在 16 世纪以后，而是很早就传到中国了。翻检他的著作，在惊叹其深厚的运用资料的能力和不辞辛苦的同时，也为他的随意牵强而惊诧不已。

如果说卫聚贤的天马行空般的研究，是一位功力深厚但玩世不恭的知名学者的率性而为或自娱自乐，那么王大有及其合作者的著述就像是痴人说梦。1992 年 2 月，王大有等人在报纸发文，提出殷末将领率众东渡美洲建立新家、传播文明的观点。他们继而推出《中华祖先拓荒美洲》一书（黑龙江人民出版社，1992年），提出武王伐纣后有25万名殷商军民在攸侯喜等率领下，分25部族五路东渡美洲，他们的后裔在美洲墨西哥形成殷福族，即印第安Infubu人，印加（Inca）帝国即为殷人的一支后裔所建，意为"殷家"，而"印第安"（Indian）这个名称则是因为殷移民不忘故地，见面问候"殷地安"而得来。① 尽管这些说法一经提出即遭学者批驳，但王大有等人乐此不疲，接连推出一系列大部头著作。从其《殷地安之谜》②（初版名为《图说美洲图腾》）一书及其他各种著述推论，他们的目的不是要研究中国人发现美洲之谜，而是要构建一种"中华大道文化"体系。美洲文明是中华文明这个母体文明的美洲子体，虽有变异且纷繁复杂，但中华文明的基因谱系依然如故。在他们看来，"自最近一个冰河期（距今1.2万年）以来，古中华境内的先民一批又一批迁徙到美洲全境，形成了一个个文化群体"，甚至给出了最初各批先民的原部落名称、原居住地、迁徙路线、到美洲后的分布和后来的名称等，其传承脉络历历在目、清晰无误。似乎还有"近3万年（?）东夷民族在洪水时代从陆路、海路的移民"；"自距今8000年~5000年前，经甘肃河西走廊……东北、东北亚以及朝鲜半岛—日本—阿留申群岛—阿拉斯加—沙斯塔地区，广布美洲"的移民，而"中美洲的奥尔梅克（Olmeca）文明，是殷人东渡美洲重建的殷商文明"，等等。结论是"至少28000年以来，移居美洲的中华先民，是美洲土著的文明的主体，拓殖了美洲，为世界文明和人类进步，做出了不可磨灭的贡献"。

四 郑和船队发现美洲论说阶段

继1992年纪念哥伦布首航美洲500周年之后，2005年迎来郑和首下西洋600周年纪念。前一次纪念以西方国家为主，中国学界予以热切关注及参与，后一个纪念则以中国为主，国际学界与中国学界进行了密切互动。而以这次纪念为契机，关于中国人首先发现美洲的讨论也迎来新的阶段，只是这次的主角变成了郑和及其船队。

对郑和下西洋的研究，经100多年来中外学者的努力，已经取得丰富的

---

① 张箭：《近年来关于"殷人航渡美洲"问题的研究述评》，《中国史研究动态》1996年第12期。
② 王大有、宋宝忠：《殷地安之谜》，中国时代经济出版社，2007。

成果。但在这次纪念活动前后,一位西方业余研究者石破天惊地提出一个新的观点,使纪念活动延伸到了学术界以外。

2002 年,英国退休海军军官加文·孟席斯(Gavin Menzies)发表令世人震惊的新观点:中国明朝航海家郑和的船队比哥伦布早 72 年到达美洲大陆,还可能比麦哲伦早一个世纪进行了环球航行。同年他来到中国进行学术讲演。孟席斯认为,郑和船队中的洪保、周满等率领的分艨于公元 1421 年 3 月至 1423 年 10 月间,率四支大型船队进行了环球航行,这些水手及家眷定居在马来西亚、南北美、澳大利亚、新西兰及其他太平洋岛屿。是他们最先发现并定居在美洲新大陆,并绘制了世界地图。"我相信我发现的证据能够推翻西方世界长期接受的历史观念。我发现的大量证据表明:由郑和、周满、洪保、周闻和杨庆率领的中国船队在第六次史诗般的航行中到达过世界上的每一块大陆……中国的船队穿过印度洋来到东非,绕过好望角来到佛得角群岛,通过了加勒比海道、南美和北极,接着向下绕过合恩角、南极、澳大利亚、新西兰,跨越太平洋。"①

此书首先在西方引起巨大反响,据作者介绍,至中译本出版之前,此书已被翻译成多种文字,在 65 个国家发行了 100 多万本。② 2005 年为纪念郑和首下西洋 600 周年,该书被译为中文出版,产生巨大反响,给纪念活动平添了新的气象,"中国人以极其兴奋的心情关注西方人孟席斯对郑和下西洋史料及成就的新发现",在学界,基本赞同、不完全赞同、基本否定和持存疑态度并存,③ 许多学者认为孟席斯的考察显然充满臆想和猜测,而主观臆想和猜测毕竟无法取代严肃的学术研究,④ 也指出尽管其新说无疑有许多推测和想象的成分,但给我们以启示:郑和下西洋有可能航行到更远的地方,对孟席斯提出的许多证据也需要进一步研究加以证实。⑤ 孟席斯的观点在媒体引起的反响远比学界更大,赞成的声音更高。

就像是与孟席斯的新说遥相呼应,若干年后,华裔学者李兆良以《坤舆万国全图解密——明代测绘世界》(2012 年)和《宣德金牌启示

---

① 〔英〕加文·孟席斯:《1421——中国发现世界》,师研群译,京华出版社,2005,第 257 页。
② 〔英〕加文·孟席斯:《1421——中国发现世界》,师研群译,"致中国读者"第 1 页。
③ 王健:《郑和研究百年状况述论》,《历史学研究》2005 年第 2 期,第 52 页。
④ 林被甸:《探访"玛雅"——兼评 G. 孟席斯关于玛雅文化来自中国影响的观点》,《拉丁美洲研究》2006 年第 1 期,第 72 页。
⑤ 万明:《郑和下西洋研究新动向》,《中国社会科学院院报》2003 年 3 月 11 日,第 3 版。

录——明代开拓美洲》（2013年）两书，提出了自己的郑和船队发现美洲说。生物学博士、生物化学博士出身的李兆良与孟席斯一样，是在退休以后以业余历史学家身份进入这个专业领域的。他从一枚偶然得到的在美国出土的明代宣德年间（1426～1435年）御制铜牌出发，在认定其为由郑和船队（而非后来的华人以及传教士等）带到美洲的、宣德皇帝（郑和最后一次下西洋的派出者）与礼物一起颁赐外国元首的用来宣布新年号的"金牌"后，"引发出一连串的追寻、查证，一发不可收拾，从明史到美洲史、欧洲史、非洲史、穆斯林、金属学、旗帜学、陶瓷、印第安人文化、农业发展史、利玛窦和《坤舆万国全图》等等"，"从文化痕迹着手，尽量列举最早的没有经过过滤的原始资料，包括欧洲、美洲及中国的历史文献、典章制度、风俗习惯、旗帜、陶瓷、语言、动植物、农耕技术、地图和金属等等，从多个角度去探明明代人留在美洲的证据"，认定明代中国人不仅到达过美洲，而且绘制了世界地图，利玛窦于1602年绘制的《坤舆万国全图》，其原本是1430年左右中国人所绘制的世界地图，而这个地图与郑和下西洋有密切关系，同样证明郑和之旅不只停在东非洲，极可能远涉美洲，利玛窦地图保存了郑和时代测绘世界的证据。①

李兆良两书考证颇详，推理严密，称得上态度严谨的学术著作，但或许其立论的两个基础，即铜牌的性质和将其带至美洲的人是否可以确定，仍然难以让人信服，其论据虽包含颇多新的发现，仍未超出以往对中国人发现美洲持反对态度的学者可以否定的范围。两书在台湾出版未久，且尚未在大陆出版，虽然他本人曾于2013年携两书到北京等地在多个场合进行宣讲，但尚未引起大陆学界的广泛注意。

五　各种论述接连不断

以上所举，只是关于"中国人发现美洲论"中的主要者，实际还有更多人士在探求这个问题。罗荣渠先生曾在文中以注释方式举出台湾、香港和

---

① 李兆良：《坤舆万国全图解密——明代测绘世界》，台北：联经出版事业股份有限公司，2012，第9、11页。

海外的一些著述。① 此外，以笔者目力所及，并参照徐世澄先生所述，尚有 1992 年连云山在《谁先到达美洲》中发展了章太炎旧论，认为东晋法显于 5 世纪初曾到达墨西哥南部西海岸，停留五个月后西航回国。1997 年胡春洞《玛雅文化》一书再谈扶桑国，认为扶桑树是木棉树，扶桑国应该是墨西哥无疑，玛雅文化起源于华夏文化，炎黄近支亲系早在 5000 年前就抵达美洲。② 2000 年冯翔、李达合著《中国人发现美洲》一书，综述近一二百年来国内外对此研究情况，并加入作者自己的观点，所提出的论证涉及考古学、人类学、海洋航行、天文星宿、文化艺术、宗教信仰、民俗民风、龙凤图腾等。③ 2006 年，一幅据说绘制于 1763 年的《天下全舆总图》被公之于众，此图的原本是 1418 年《天下诸番识贡图》，后者正是郑和下西洋的产物，由于地图中有关于美洲的详细信息，也证明郑和船队到过美洲，但此说引起的争议在于这幅古代地图是否为赝品。④ 同在 2006 年，沈福伟教授推出其名著《中西文化交流史》（第二版），该书较其 1985 年初版"有了 16 万字以上的增补与改写"，在"扶桑国传闻的考察"子目中，认可文宁、陈志良、朱谦之、卫聚贤等人看法，认为"扶桑国在墨西哥是无可指责的"，"从航海知识而言，顺着太平洋中常年流通的海流可以往返，也非子虚乌有"，在"再版后记"中再次强调"早在哥伦布一行到达美洲前，中国有人去过美洲又回到了中国的荆州，对扶桑国加以报道，却是有迹可寻、有文可据的，并非扑朔迷离、子虚乌有的传闻"。⑤

在国外，1962 年墨西哥学者基奇霍夫提出，墨西哥的阿兹特克日历起源于中国。1973 年墨西哥总统埃切维里亚访问中国时表示，"我们最初的血缘在许多世纪以前就渊源于世界的这一地区"，难以确定其是否仅指墨西哥印第安人与中国人的相同起源。1990 年墨西哥学者巴尔加斯出版《扶桑：哥伦布之前到达美洲的中国人》一书，详细介绍了关于公元前 5 世纪中国人发现美洲的推测。⑥ 2015 年 7 月世界知识出版社出版由几位美国作者所著

---

① 罗荣渠：《扶桑国猜想与美洲的发现——兼论文化传播问题》注释，前引该书第 59 页。
② 徐世澄：《中拉文化的特点、历史联系与相互影响》，《拉丁美洲研究》2006 年第 5 期，第 50 页。
③ 见"中国经济史论坛"（http：//economy.guoxue.com），2003 年 2 月 1 日。
④ 见刘钢（《天下诸番识贡图》收藏者）《此图无声胜有声》，http：//tech.sina.com.cn/d/2006 - 03 - 23/1727875871.shtml。
⑤ 沈福伟：《中西文化交流史》（第 2 版），上海人民出版社，2006，第 339、569 页。
⑥ 徐世澄前引文。

《郑和发现美洲之新解》一书的中译本,认为美国伊利诺伊州峭壁上的一幅宏伟岩画是郑和舰队所绘制的"彩虹龙",郑和率领的中国舰队分别于1423年的第六次、1433年的第七次远航时抵达密西西比河谷。①

纵观多年以来对此话题的种种论说,从慧深、法显,到殷人东渡,再到郑和或其副手远航赴美,总能在学术界内甚至界外引起各种反响。而论述者既有知名学者,也有业余研究者,一拨拨层出不穷,使这个本属相对狭窄的古代中国对外交往史的领域平添许多生气,许多论述开人眼界、启人思考,也有让人啼笑皆非者。但迄今为止,不管论者及其支持者提出何种论据,言之凿凿、考证详尽,总有反对者提出有力证据予以否定,双方接连争论,使问题的研究步步深入,但迄今在学界没有达成共识。

例如,慧深和扶桑国的问题,罗荣渠先生在前后相隔20多年的两篇长文,即1962年的《论所谓中国人发现美洲的问题》和1983年的《扶桑国猜想与美洲的发现——兼论文化传播问题》中予以了彻底否定,影响很大,已被主流学界认可。但是如前所述,仍有认扶桑国为墨西哥者,包括有很大影响的沈福伟教授。

关于殷人渡美,在房仲甫提出自己的观点后即有学者予以商榷。例如张虎生指出,仅指出石锚岩质与中国沿海地区所产灰岩一样,而没有或无法指明只有中国沿海地区才产这种灰岩,就不能断定这些石锚一定产于中国;并且他从根据锰积聚率测定海底沉物年代的误差、我国古籍没有商末殷人东渡的史实记载、商末周初不存在殷人东渡的政治背景等方面,否定这一论断,并认为那些"石锚"更有可能是美洲早期印第安居民的遗物。

美国加州地质学界对"石锚"进行测定后认为,其为"加州南部最常见的岩石之一",从而否定了莫里亚蒂等的结论。而且随后在同一水域发现的这类遗物越来越多,这就难以用偶然遇难的沉船遗物来解释。加州历史学家还认为,这些水下遗物可能与不到100年前在加州经营渔业生产的华工有关,是他们停泊固定船只、控制渔网用的。②

在国内,到1992年纪念哥伦布首航美洲时期,这一争论也有了不利于肯定论者的深入。首先就是对"石锚"的认定也出现逆转,当年亲手鉴定

---

① 〔美〕马克·尼克莱斯、劳丽·邦纳·尼克莱斯、王胜炜:《郑和发现美洲之新解》,王胜炜译,世界知识出版社,2015。
② 林被甸前引文,第938~939页。

寄到中国的"石锚"岩样的安泰庠教授发文公布鉴定研究结果:"石锚"的石料为灰岩,来自美国西海岸,也制于当地,它们不是殷人渡美的物证。接着,张箭教授针对房仲甫的长文接连发表文章,认为殷人东渡是"缺乏历史依据的推断",全面否定此说,认为人类的认识发展有一定的规律性,独立发展的文明完全可能具有某些相同或相近的特征,而且文明越古老越原始,其相同相近的特征就越多越大。而且印第安人在创造自己的文明时,以他们带去的10000多年前的东亚的物质精神文化为基础,致使太平洋两岸的原始文化和早期古代文化呈现某些相似的成分。张文还从碌碡移作船锚存在加工难度与坚固适用成巨大反比的问题、商代造船航海能力等方面,否定殷人航渡美洲的可能性。考古学者蒋祖棣以陶器为重点进行了"玛雅与古代中国"的专题研究,也否定了中国与玛雅两种文化之间的直接联系。他依据在考古学范畴内所揭示的详细而丰富的资料,对两大文明赖以产生和发展的地理环境、文化景观、文化特征,作了较深层次的微观讨论,认为玛雅文化和古代中国文化有各自不同的文化重心,彼此独立地完成了从农业产生到文明繁盛的整个发展过程。①

尽管如此,殷人渡美的肯定派也在不断出现。王大有等人就在此时开始构建他们的体系。但其说甫出即遭龚缨晏教授批评,后者接连撰文,根据1959年英文版的奥尔梅克拉·文塔遗址发掘报告,并从体质人类学角度指出王论的错误和荒唐,也批评了各种古代中国人到达美洲说。②但王大有等人此后却越走越远,直至把"印第安人"改写为"殷地安人"。

关于"殷地安人",按王大有最初的说法,是东渡美洲的殷人思念"殷地安阳",故每日必说"殷地安",犹言"家乡好"。但立刻有学者指出,"安阳"之名在商代还没有出现,它始于公元前257年。商末东渡的殷人怎么会知道800年之后才有的"安阳"之名呢?这个错误被指出后王大有放弃此说,改称"殷地安人"是东渡美洲的商朝遗民的自称,意为中国殷商人,并祝愿殷人在新地平安。但学者又指出这种解释顾此失彼——在已出土的15万片卜辞中找不到商人自称为"殷"的例子,商人一直称呼自己的国家(民族)和国都为"商"、"中商"或"大邑商",这已经是公认的事实,

---

① 蒋祖棣:《玛雅与古代中国——考古学文化比较研究》,中国社会科学出版社,1993,转引自林被甸前引文,第943~944页;徐世澄前引文,第51页。
② 此处论述皆引用张箭前引文。

"殷"不是当时商人的自称,称商为"殷"始见于周初金文,后世延续了这种称谓,包括商遗民,如此种种。① 这些反对意见显然无法改变王大有等人构建自己"中华大道文化体系"的想法。

如本文开头所言,从16世纪开始,西方的殖民主义将中国与美洲联系在了一起。有据可查的中外文献记载,自16世纪后期至17世纪前半期,有一些中国的商人、工匠、水手、仆役等沿着当时开辟的中国—菲律宾—墨西哥之间的太平洋贸易航路,即海上"丝绸之路",到达墨西哥、秘鲁等拉美国家侨居,在那里经商或做工。这一时期移居拉美的"马尼拉华人"有五六千人,他们将中国的丝绸、瓷器、手工艺品等产品和中国的文化习俗带到了拉美国家。② 同时,在16~17世纪葡萄牙、西班牙和荷兰殖民者来到中国后,掠卖华工的罪行就开始了。③ 此后,来到美洲的华人越来越多。这些早期来到美洲的华人,既可能随身带去中国的物品,也有可能在其所到之处留下痕迹。所以,不管是李兆良所说的"宣德金牌",还是让卫聚贤等人感到惊诧的似乎带有中国因素的文字、图形、实物等,除那些望文生义、牵强附会、无法确认的,如果的确是华人遗物或华人遗迹,就不能排除与早期来到美洲的华人有关的可能性。这也是迄今为止一切以华人遗物遗迹为主要证据的"中国人发现美洲"说难以让人信服的原因。

六 历史话题争议的国际政治因素

据说,前文所述的陈汉章先生,在北大教中国历史时自编讲义,从先秦诸子的作品中搜罗片段,证明欧洲近代科学的所谓声光化电,都是我国古已有之。他曾坦率地说:"我明知我编的讲义,讲外国现代科学在2000年前我国都有了,是牵强附会。但为什么要这样编写呢?……鸦片战争以后,清廷畏洋人如虎,士林中养成一种崇拜外国的风气,牢不可破。中国人见洋人奴颜婢膝,实在可耻。忘记我国是文明古国,比洋人强得多。我要打破这个风

---

① 子乔:《论王大有的殷人东渡美洲说》,"小隐在线历史论坛",2003年4月21日,http://wenku.baidu.com/link?url=aByBc8lpTYei6hzb2XTz4xDPIL3siLXL-fT-RVgd6XQevs2e0oQcM_6b96wkdFFhH-xPztEdZcqiHgsnw5PvRK-twird3rJ0Ed58oeHiBay。需要指出的是:除图书及报刊等传统领域,相关争论还延伸到网络上,涌现出众多有意义的文章和评论。
② 徐世澄前引文。
③ 林被甸前引文,第975页。

气,所以编了那样的讲义,聊当针砭。"① 或许,他把美洲与中国的历史联系上溯到公元前若干世纪,也是出于这个动机。陈汉章的假说是无法证实的,但他的这番表白却无意中披露了本文所涉学术争议背后的非学术因素。

陈汉章的学术活动是在 20 世纪前半期。我们无法确定章太炎、陈志良和朱谦之这些前辈在论述中国与美洲早期联系的观点时,除限于当时对美洲的知识外,是否也具有与陈汉章类似的想法。正如本文开头所说,学术研究具有自己的逻辑和规律,但非不受政治与社会等外界因素影响。纵观 20 世纪中期以来对这个问题的讨论,与国际关系的发展态势和中国国际诉求之间却明显具有某种关联。换言之,几次讨论高潮,都发生在国际关系转型与中国外交诉求具有重大变化的时期。

作为 20 世纪后半期以来西方世界最强大国家的美国,与作为发展中国家的为数众多的拉美国家,分别位于美洲大陆的北南两部。在 1949 年之后的 20 多年里,中国与美国处在隔绝和敌对状态。这一时期中国外交的主要方向是苏联和东欧社会主义国家以及广大亚非拉国家,把积极支持亚非拉的民族解放运动作为自己的国际义务。但当时的拉美被美国视为"后院",受到美国严格控制,而且多数国家都与台湾当局保持所谓外交关系,而未与中华人民共和国建立外交关系。但中国政府十分重视拉美国家,积极开展民间外交,进行了多方面的文化交流。② 恰在此时,1959 年古巴革命取得胜利,随即宣布实行社会主义,中古迅速走近,1960 年 9 月中古建交,这是中国第一次与拉美国家建立外交关系,并且两国同属社会主义,这一点在当时被认为意义重大。

马南邨(即邓拓)的《谁最早发现美洲》等三篇文章正是在这个背景下发表的。邓拓(1912~1966 年),是一位历史学家,但也是中国共产党宣传战线的一位领导干部,任《人民日报》总编辑和社长等职。《燕山夜话》是杂文专栏,发表于《北京晚报》副刊,用邓拓夫人丁一岚在 1979 年为该书在"文革"过后再版时所写的前言所说,"1962 年,正当我国处在暂时经济困难时期,邓拓同志应《北京晚报》的要求,遵照毛泽东同志倡导的'百花齐放、百家争鸣'的方针,以提倡读书、丰富知识、开阔眼界、振奋

---

① http://baike.baidu.com/link?url = My_ oXlULH_ huP9RlF2b93audkzvxGt3t1iwzl_ QhktR50Z PrQ0TNS8hh - GbtoExWMAUirFrFWTESAvkt5VOIVp7EExBpnf1q8CGgMOgPZqa.
② 裴坚章主编《中华人民共和国外交史 1949 - 1956》,世界知识出版社,1994,第 8、351 页。

精神为宗旨,开设了《燕山夜话》专栏。"① 由此我们不难理解作者考证阐释中国人与美洲早期联系文章的用意。专栏中就有《交友待客之道》这样为了做好"满腔热情地经常接待着来自世界各地的宾客"工作的文章,有《宇宙航行的最古传说》这样把中国古代一些奇思妙想与当时"人们都在热烈地谈论着苏联载人宇宙飞船胜利往返的伟大奇迹"联系起来等的文章,也可以使我们进一步去了解作者的用意。

关于中国人发现美洲讨论的第二次浪潮发生在20世纪70年代末和80年代初期,同样不难理解。1978年底决定把工作重点转移到经济建设上来之后,中国在外交方面也进行了重大调整。恰在此时,自1972年尼克松访华后实现正常化的中美关系更进一步,于1979年1月实现了正式建交,随即邓小平对美国进行访问,成为中美关系中前所未有的重大事件。美国成为中国对外开放的重要对象和重要参照物,不但在中国高层决策中,也在普通民众心目中占有重要地位。这一时期的讨论由美国的水下考古发现引出,且最初的文章不是在学术刊物,而是在《人民日报》和《中国建设》这样的报刊,虽然不排除当时学术刊物相对较少等因素,但也不难推测出作者、编者甚至有关部门的某些心态。当然,自70年代初期中美关系正常化以来,至1978年底中国已与12个拉美和加勒比海国家建交,其后这个数目进一步扩大,中拉关系全面发展,交流合作更趋密切,② 与拉美关系的需求同样需要历史学锦上添花的支持。但是这一时期也是中国学术界不断发展、成熟和丰富的时期,有关讨论很快转入学术轨道,并且取得了相当的学术成果。

如果说前两次讨论与中国外交的某些因素具有关联,那么进入21世纪之后围绕郑和船队发现美洲进行的第三次讨论热潮,则更多地反映这一时期特定的国际政治与中国国际地位变化背景下民众心态的变化。改革开放20多年来,中国社会已经历深刻变迁,国际处境和国际地位也在发生变化。随着中国经济的发展,改革开放初期那种对外关系局面已经改变,西方国家对中国的态度经历了重大变化。中国崩溃论、中国威胁论、中国责任论等论调层出不穷,对华制裁、台海危机、炸馆、撞机、日本错误史观与政要错误言行等事件接连发生,"围堵中国""重返亚太"等政策和主张一再出现。中

---

① 丁一岚:《不单是为了纪念——写在〈燕山夜话〉再版的时候》,载《燕山夜话》,北京出版社,1979,第1页。
② 田曾佩主编《改革开放以来的中国外交》,世界知识出版社,1993,第240页。

国经济经过持续快速增长，相继超过欧洲国家和日本，最终于 2010 年成为世界第二大经济体，中国民众的自豪感和自信心显著提高，民族主义情绪持续高涨。这样，中国的国际贡献和地位，民众的自我认知和期许，与此时所面临的外部环境出现一定落差。

政府对爱国主义和民族精神的弘扬、经济崛起的鼓舞、外部环境中这些消极因素的刺激，都促进了民众民族自豪感的上升。与此同时，在一些人中则滋长出某种自我膨胀和睥睨外部世界的虚骄之气。郑和下西洋的壮举及其所体现的古代中国领先世界的历史地位，恰如其分地成为人们寄托感情、抒发情怀和宣泄情绪的对象。一位西方人士对这个伟大历史事件和伟大历史时代所做的锦上添花般的"深入开掘"，在体现了外部世界对中国再次燃起的强烈兴趣和重新认识的热情的同时，不管它是否能够经受学术上的检验，都能在中国国内激起许多人的心理共鸣。孟席斯的研究成果传到中国国内，在媒体以及受到媒体感染的民众（包括历史学界以外的一些知识界人士）中引起的热情和受到的欢迎，远远超过学术界尤其是历史学界，这不是表明更具理性和专业知识的学术界的冷淡、保守和拒斥，它表明这个话题从一开始就不是单纯的学术问题，而是涉及某种社会心理和意识的社会性话题。这是一个耐人寻味的现象。至于那种痴人说梦般的历史与文化呓语，只是借助并且试图推动了社会上的民粹主义情绪，已超出学术探讨的范围。

（作者系《世界知识》杂志主编，编审）

《现代化新论》的三大理论创新与历史性贡献

张少华

罗荣渠先生是北京大学世界现代化研究中心的创始人,中国现代化理论研究的先行者、开拓者和奠基人。作为先生生前亲自指导培养的学生之一,在纪念先生九十周年诞辰之际,我怀着十分崇敬和感恩的心情,谨以此文向先生表示深切的悼念和无尽的怀念。

罗先生一生视学术重于生命,把"为了中国"作为人生座右铭(这是应邓正来要求题写的,当时就有人批评四个字意义含混不清,不是什么座右铭),为国家的现代化建设事业和社会科学的发展奉献了终生。作为我国著名的社会科学家和历史学家,罗先生著述甚丰,研究领域非常广泛,为我们留下了十分丰厚的学术遗产。其中,《现代化新论》(以下简称《新论》)(包括《现代化新论续编》)作为罗先生的代表作,是中国学术界世界现代化研究的奠基之作和扛鼎之作,是先生对中国现代化事业的重大理论贡献。

从世界范围看,现代化起源于欧美,西方现代化研究自然(请查阅《从西化到现代化》)也早于中国。但由于西方早期现代化基本是一个自然过程,西方学者特别是社会科学巨擘的论著虽有论及,但很长时间现代化并没有真正破题。只是到了二战以后,世界范围兴起现代化和发展大浪潮后,现代化问题才逐步成为社会科学的跨学科前沿课题,出现了五花八门的现代化和发展理论,令人一时眼花缭乱。但尽管如此,大多数现代化研究者受学科局限,缺少实证性的宏观整体研究和总体概括。例如,源于社会学的"现代化论"基本上是社会变迁的横向比较研究,专注现代社会文明变迁以及传统与现代性的文化特质研究。再如,由于课题过于庞大和艰巨,历史学中的现代化比较研究一般也限于个别国家的比较研究,缺少宏观整体性实证研究。因此，从全球范围研究世界现代化发展进程，对这个世界范围历史大变革作整体的研究探索，成为摆在世界各国学者面前的历史性大课题。

从中国现代化进程来看，现代化研究不仅是一个重大学术和理论研究课题，也是中国建设发展的重大历史课题。《新论》作为改革开放后又一波现代化研究热中的代表作之一，其问世反映了新时期中国现代化建设兴起的历史大趋势，有着历史必然性。

实现中国的富强和现代化是自鸦片战争后中国无数仁人志士为之奋斗的目标。中国共产党在延安时期就主张在中国搞工业化，周恩来在50、60、70年代曾多次提出实现"四个现代化"的目标。然而，"文革""以阶级斗争为纲"的"左倾"错误使现代化建设严重受挫。"文革"结束后，以十一届三中全会为标志，中国进入了改革开放和社会主义现代化建设的新时期。但现代化必须靠有理有据、坚实可靠的基础理论来支撑。罗先生以推进中国的现代化建设为己任，以他对世界历史多年的扎实研究为根基，开始了这一关系当代中国发展的重大课题的艰难理论探索。

《新论》作为"七五"国家社科基金的重点项目，是1993年10月由北京大学出版社正式出版的，但酝酿和写作过程却持续十多年之久，部分章节前期曾独立成篇在报刊或研讨会发表。如《论一元多线历史发展观》曾获得"全国纪念十一届三中全会研讨会"哲学社会科学一等奖。《建立马克思主义的现代化理论》一文在《中国社会科学》刊登，也引起很大社会反响。我当时刚在中央党校中共党史专业硕士研究生毕业，读了这篇文章后下决心转回世界史专业，回母校报考罗老师的博士研究生。在校学习期间，《新论》主要部分曾作为专题教材发给学生并在课堂讲述。作为罗先生指导的研究生，我自然要逐字逐句地下苦功反复阅读，学习掌握其中的每一个观点。毕业后自己讲授"世界现代化研究"研究生课程，把《新论》作为基本教材，组织指导学生继续研读。以后，在科研遇到问题时还经常查阅，真不知看了多少遍。然而，每看一次都有新的启示新的收获，对书中思想观点的认识也不断加深。初读《新论》，一般都为罗先生高屋建瓴、学贯中西、通古论今的渊博知识所震撼，或为本书大气磅礴、妙语连珠的文采所吸引，但接下来留下最深印象的则是文章的深刻、透彻的分析，严密、求实的论述，以及大道至简的精辟概括。最后读到的则是书中通篇洋溢的爱国情怀，字里行间渗透的深切人文关怀，以及求真务实、勇于开拓创新的精神。文若其人，很多与先生从未谋面的学生、学者，就是通过这本书认识了罗老师的深厚学养和高尚人品，从而对他产生由衷的敬佩。

开拓创新是罗先生学术研究的最大特点，集中地体现在《现代化新论》这本著作之中。概括起来，我认为主要有三大理论创新。

第一，首次系统阐述了"一元多线"历史发展观。

研究世界现代化为什么要从"一元多线"历史发展观入手，这对研究世界现代化有什么意义？这个问题比较复杂。记得在校学习期间罗老师曾以此问题组织过一次课堂讨论，在讨论中有的同学同意"一元多线"，但也有不少同学主张"多元多线"，是"一元"还是"多元"？两种观点互不相让，争论十分激烈。但回头看来，无论持哪种观点，当时实际上都还没把握问题的实质。

概括地说，"一元多线"历史发展观是研究世界现代化的理论基础，也是从根本上突破当时对研究现代化构成严重障碍的政治领域"以阶级斗争为纲"理论的关键点。新中国成立后我国史学界一直沿用从苏联引进的五种生产方式单线演进的历史发展观，"文革"期间又与当时以路线斗争为纲的政治形势相关联，形成了更为狭窄的阶级斗争史观，丰富多彩的历史被这些教条裁剪得既支离破碎，又僵死枯燥。70年代中期，我在北大学习世界历史专业，对此有着切身的体会。而西方流行过的现代化和发展理论，实际上遵循的也是单线演进的历史观，大多是以西方社会发展为蓝本，为非西方国家绘制现代化路线图。改革开放后，社会上就有一部分人认为，现代化就是西方化，主张按照西方的模式搞中国现代化建设；而另一部分人则认为搞现代化就是搞资本主义，反对学习西方国家的现代化建设经验。

罗先生以他对马克思、恩格斯经典理论研究的深厚功底，引经据典，旁征博引，详尽论述了五种生产方式演进并非马克思、恩格斯为世界历史描绘的图式，还原了唯物史观原貌，又以多年积淀的丰厚的世界史功底，论述了单线历史发展观根本不符合世界历史发展实际，从而发展了历史唯物主义。在此基础上，罗先生批判地吸收国际学术界流行的各种现代化和发展理论，首次提出和建构了马克思主义的现代化理论体系，系统阐述了现代化的定义、本质特征、基本规律和发展趋势等一系列涉及现代化的基本理论问题，提出了建立现代化研究中国学派的宏伟设想，这是对人文社会科学做出的重要贡献，也是对中国现代化实践做出的重要贡献。

第二，首次采取宏观历史研究方法，对人类社会特别是近代以来现代化全球发展进程趋势做了总体性研究，明确提出和论证了现代化并非西方化，对探索中国式现代化道路的必然性作了系统的科学论证。

社会科学发展史表明，一种创新理论的提出，总是要借助一种新的研究方法，伴随着研究方法的创新。现代化新论是基于历史研究的著作，但其方法又不同于一般历史研究，而是宏观历史研究，用今天流行的说法就是全球史或整体史研究。在这方面，《新论》开了宏观研究的先河。

图1　罗荣渠和学生们在居所附近合影。左起依次为：龚兵、董正华、巫永平、林被甸、张少华、罗荣渠、尹保云、王红生、严立贤、赵自勇，约1994年摄

从研究领域和视野上看，《新论》一开始就是从人类发展的全部历史着眼的，用罗先生的话说就是"把现代化视为一个世界历史过程"，"从宏观上把握人类社会发展变迁的长过程所呈现的总趋势和一般特征"。为此，《新论》把人类历史演进划分为前农业时代即采集—渔猎时代、农业文明时代和工业文明时代三大时代，分析了这一期间发生的"新石器时代革命"或"农业革命"两次历史大变革。接着，把人类有文字以来的历史的文明演进划分为四个时期——原始农业文明、古典农业文明、原始工业文明和发达工业文明时期，界定了这四种文明演进的相对年代，并以图表的形式，对这四种文明的生产力的物质技术基础、生产方式、交换方式、经济结构、政

治制度和文化形态的基本内容作了概括。然后,《新论》把论述的重点放在英国工业革命后世界现代化的历史进程,《新论》第二编"现代世界发展趋势通论",在对进入现代化的世界各国的历史发展进程进行深入的宏观分析比较研究后,提出世界现代化三次大浪潮的新论点,即从18世纪中期后的近两个世纪,由英国开始向西欧扩展,并逐步扩展到整个欧洲和美洲,最终从20世纪下半叶开始扩展到东亚、拉美和北非等国家,形成了全球性变革的大浪潮。在书中绘制的世界现代化三次大浪潮示意图中,对现代化三次浪潮中的典型国家在现代化的三个阶段,即"起飞"、"向技术成熟推进"和"大众高消费"作了标注,从而提供了世界各国现代化发展的坐标系。这对从历史发展的客观进程中分析各国的现代化的定位,具有重要的理论意义和实践价值。

新中国成立后,中国开始大规模经济建设,并在新时期改革开放中走向世界,融入全球化进程,但在很长一段时间由于找不到自己在世界中的位置,加上缺乏建设经验和"左"的错误,盲目追求高指标,导致了"超英""赶美"的"大跃进"以及后来的"洋跃进"等"左"的错误。现代化三次大浪潮坐标系的提出,很容易就使人找到中国在世界现代化中所处的坐标,对从根本上纠正现代化建设上的认识偏差和政策失误具有决定性的作用。

《新论》还从现代化发展的源头上研究,把世界现代化分为两种不同的现代化——"内源"的和"外诱"型现代化,详细分析了二者在启动条件背景、历史文化传统、发展方式途径等方面的明显差异,然后,进一步从各国社会经济制度、市场交换制度和国家制度等方面,概括了世界现代化的三大主要类型,即西方资本主义、苏式社会主义、混合现代化,分析了英国、德国、法国的现代化模式,苏联的社会主义现代化模式,日本、中国的东亚现代化模式,以及墨西哥等国的拉美模式等,概括了世界现代化的几种主要类型及其基本特征。在着重论述了第三世界发展中国家现代化的发展模式和战略选择后,指出:"由于通向现代化的道路不同,各国实现现代化的方式也就各不相同,各国现代化的社会变革顺序与发展模式也就各异。"特别是在二战以后兴起的第三世界国家进行的第三次现代化大浪潮中,由于新的工业革命的冲击,"通向现代化的道路呈现出更大的多样性和复杂性"这一重要结论,彻底否定了西方认为现代化就是西方化的武断结论,以实证研究和严密的逻辑分析,论证了现代化并非西方化,对探索中国式现代化的模式选择的必然性作了系统的科学论证。新时期以来，中国现代化建设的实际进程充分证明了其正确性。

第三，以实证历史研究为基础对中国现代化进程做了整体研究，对近代以来中国现代化趋势、规律及经验教训做了全面总结，为新时期中国现代化道路的开拓提供了历史借鉴和理论支持。

推进中国现代化是《新论》的出发点和落脚点。因此，《新论》第三编"转型期中国发展趋势通论"，以及《现代化新论续篇》，以大量篇幅论述了自清末"自强运动"到现代化建设新时期一个多世纪中国现代化的艰难曲折历程，深入分析了中国现代化的起因、启动、延误和艰难前行的历史进程，这也是《新论》最重要和最有现实意义的部分。

改革开放后，中国的现代化引起国内外学者的普遍关注。在西方，美国普林斯顿大学国际研究中心在进行了日本和俄国现代化的比较研究后，于20世纪80年代转入中国现代化的研究，并出版了吉尔伯特·罗兹曼主编的《中国现代化》一书，成为西方学者研究中国现代化的代表作。国内以章开元教授带领的课题组开始中国现代化的研究，也取得一系列重要成果。与同时期中国现代化的国内外著作相比，《新论》有几个显著特点。一是更注重实证研究，而不是用现代化的模式、概念剪裁历史，而这在中国现代化研究早期著作中十分常见。二是更注重历史整体性研究，而不是仅以现代化的主题叙事代替其他历史发展主题叙事。对此，《新论》指出，"从革命史取向转为现代化取向，对近百年中国大变革中各种趋势都应该进行深入研究，并且还要研究各种趋势间的相互作用"，中国现代化与中国近代其他历史趋势——衰败化、半边缘化、革命化是并行的历史过程，并在相互联系中形成中国近代社会变革的"四重奏"。另外，以研究主体看，由于现代化研究课题范围广泛，内容繁多，国内外的研究几乎都是采取集体写作的研究方式，由作者分工负责其中一部分，因此整体协调性较差。而《新论》研究虽然也有研究团队支持，但其写作由罗先生一人执笔，研究的整体性和一体化也是显而易见的。三是更注重实证历史资料的支撑，而不是随机性收集相关历史资料来作注解。作为资深的历史学家，罗先生非常重视原始史料的考证，他从收集原始史料开始，经过了数年时间，先是组织编辑出版了《从西化到现代化——五四以来有关中国的文化趋势和发展道路论证文选》近80万字的资料集，接着又组织编写了《中国现代化历史探索》，乃国内外学者研究中国现代化问题的论文集。这样，就把对中国现代化进程的研究建立在更加扎实可靠的历史资料的基础之上，在这方面，《新论》在实证研究的深度和广度上达到前所未有的高度，成为实证性宏观历史研究的一个典范。

在对中国现代化进程进行多向度多侧面深入研究的基础上，《新论》论述了中国现代化进程与历史发展四大趋势及其相互关系，概括了中国现代化基本脉络，即三次模式大转变，对其时间划分、变迁内容和特点进行了详尽论述，并且以西欧和东亚其他国家现代化为参照系，分析阐释在现代化模式转变和发展阶段中的主要特点和经验教训。指出，"西欧北美的内源型现代化一般都没有出现内部衰败化与边缘化，革命化的层次一般也比较浅"，而东亚各国四种趋势交织，三种矛盾重叠，使现代化呈现更加复杂的多线性、多矛盾的复杂过程，往往给历史学家造成迷惑。与日本和韩国不同，中国现代化的特点是"历经内部严重衰败化与帝国解体，通过长期的革命化重组过程，缓慢地走向工业化—现代化的道路"。《新论》深入分析新中国成立以后中国对新的发展道路的探索、所经历的三个阶段的艰难过程，系统总结了新中国成立后中国社会主义现代化建设的曲折过程与经验教训，总结了"大跃进"大折腾式的经济突进造成的危害，以及这种片面追求高速发展引起社会失序的"发展病"的根源，提出要重新研究社会主义发展理论，探索适合中国国情的发展模式。

需要指出的是，以上仅仅是从三个主要方面，就《新论》的重大理论创新和贡献作的概括，远不是它的全部理论创新和学术贡献。实际上，《新论》是一部反映了近两个世纪以来以世界与中国发展主题为历史主线的著作，涉及极其广泛的领域和问题，这与《新论》在整个社会科学理论体系中的定位有关。《新论》属于以历史研究为主的跨学科著作，是社会科学的中层理论。这一理论定位使《新论》成为融理论探索与历史研究为一炉，集多学科于一体的社科著作，其理论探索与学术开创涉及各个领域。例如，马克思主义哲学与历史唯物主义、中国的现代化建设与发展研究、中国社会问题与未来发展前瞻研究、当代世界发展格局与国际问题研究，以及当代文化和文化发展研究，等等，都能从《新论》中获得理论借鉴和重要启示。世界和中国近代史研究领域更是如此，以我个人为例，20 世纪 90 年代初，我在美国史研究领域尝试以《新论》的理论为指导，用基于一手原始资料的实证研究，研究了美国早期现代两条道路之争，即汉密尔顿"工商立国"与杰斐逊"农业立国"之争，从现代化研究的新视角解释了美国建国之初有关发展道路的这场大争论，填补了史学界以往研究的空白，得到罗先生和国内世界史学界的肯定。出版过程中罗先生还亲自写了序言，对这种研究方法给予鼓励。

总之，《新论》作为我国首部全面深刻阐释世界和中国现代化的著作，以其开拓性、独创性产生了深远的社会影响，使它成为改革开放以来在学术著作中被引用最多的著作，并产生了广泛的国际影响。它的出版是罗先生对社会科学，对中国现代化与世界现代化研究做出的重大贡献。在纪念罗先生诞辰九十周年的日子里，重读这本著作，令人感慨万千，仿佛穿越时空，把人带回到当年的北京大学世界现代化研究中心艰苦创业的岁月，再次看到了当时罗先生为实现中国现代化呕心沥血、矢志不移的艰辛探索，看到他带领老中青学者为中国学术事业艰难前进和开拓创新的过程。

当前，中国特色社会主义进入新时代，现代化建设进入一个新的发展阶段，面临许多新问题、新课题和新挑战，迫切需要从理论和实践的结合上作出系统性的回答。实际上，由于各种原因，当年罗先生在写《新论》时就面临很多现实问题及历史遗留问题，《新论》出版绝没有封闭研究的道路，而是打开了研究的大门，因为世界与中国现代化仍在进行，人类社会对现代化的探索远没有结束，对世界文明史的研究永无止境。在纪念罗先生诞辰九十周年之际，我们悼念先生，就要发扬他所倡导的学术精神，把他开拓的学术事业继续推进下去，发扬罗先生奋勇争先、不怕艰难的拼搏精神，继承罗先生开拓创新、求实严谨的学术追求，为开拓中国现代化研究新局面，为推进中国现代化建设做出自己的贡献，这应该是对罗先生最好的纪念。

我读《北大岁月》

——父亲逝世十周年祭

罗 晓

父亲（已故北京大学历史学系教授罗荣渠）离开我已经整整十年了，所幸的是他的日记书信体的《北大岁月》一书已于2006年6月由商务印书馆出版。我曾多次阅读了所有的日记和书信原件，每读一次都有新的感受，每读一次都会被在那样一个动荡的年代里求知若渴、崇尚民主、苦中作乐、潇洒不羁的北大学子们的丰富的校园生活所吸引，对父辈们坎坎坷坷、初衷不改、执着追求的具有中国知识分子特色的"精忠报国"精神感到由衷的钦佩。

1943年，父亲在成都树德中学上高中的时候，就与一帮志同道合的同学结成"四为"学社。他们选择了北宋思想家张载的名言作为四为学社的社铭："为天地立心，为生民立命，为往圣继绝学，为万世开太平。"从此这横渠四句也就成为父亲一生的座右铭。当年的同学们除了少数人身遭不幸，后来都各有所成。父亲可谓是他们中间最出色的一个。他的学者风范和坚实的理论基础就是从当年的西南联大开始培养和积累起来的。

1945年，父亲以同等学力考入西南联大，他赴昆明入学时，抗日战争刚刚结束，整个国家仍处在战后的满目疮痍之中，国共之间的内战一刻也没有停止过。在其后的四年里，校园从昆明迁回到北平，但是这种动乱和不安定的状态一直持续到1949年父亲从北大毕业。就是在那样一个环境下北大学子们从未放弃过"五四"以来的北大精神，为争取民主和自由，为了和平与进步持续不断地参与、奋斗和付出。他们既没有被"圣贤书"所束缚而不闻"窗外事"，也没有忘记学生以学为主的本职，他们真的是在战火中成长起来的一代。

那时的北大学子虽然在学习的环境、生存的空间甚至生命的保障等方面都不能与今天相比，但那时北大校园里学术自由的空气非常浓厚，学生们既可以去听费孝通教授讲"内战与美国"，探讨和评论中美关系的发展，也可以去听张奚若先生讲"政治协商会议应该办的事"，抨击国民党的腐败。教授可以公开批评孙中山的三民主义，学生可以阅读《共产党宣言》。孔孟之道和西洋政治思想史都在可选课目中。正是这种可贵的学术自由使父亲那一代学子得以在战乱的年代中完成学业，兼收并蓄，为日后的厚积薄发打下了基础。

从父亲的日记中可以看到在红楼北大时期，教授与学生的关系是那么的自然、平等，既有尊重，又有交流。师生均以学术自由和追求真理为宗旨。做学问来不得半点的虚伪，做先生的不可以为五斗米折腰，做学生的亦没有理由为拜在名师门下而沾沾自喜。学生可以不同意先生的论点，但不可以不尊重老师。老师可依自己的兴趣和所长开课，但不可以随意误人子弟。学生拜见老师比邻居串门还容易，老师的门永远为学生敞开。父亲大学四年有幸听过课和耳提面命的大师真是太多了。

父亲一直不是成绩最好的学生，他从不只是为了考个好成绩而读书。他很懂得利用选课的机会扬长避短，有取有舍。有时候他也逃课，把时间用来读自己想读的书。每个学期开始时他都会给自己制订读书计划并请教授指点。父亲的兴趣非常广泛，古今中外，文史哲，天文地理，政治经济，外文，美术，音乐，只要有兴趣就去涉猎。他从不盲目接受或相信一种理论，也不迷信权威，相反他常常是在博览众家的学说之后，再进行比较和分析，找出各家学说的长短，并着手去做一些考证工作。他在探讨理论真伪时一向执着，从不妥协。即使争论的对方是名教授，是权威，他也不示弱，据理力争。他在1947年的日记里就写道："从今以后不写无病呻吟，抄袭剽窃，摇旗呐喊的世界上无此不少的文章。"正是这种治学态度和学习环境，使父亲日后成为一名具有独立人格的学者。

父亲一生最大的爱好就是买书，只要他认为是有价值的书，他就非常想据为己有。大学做了四年穷公费生，大部分时候都是囊中羞涩，常常为凑款买书而绞尽脑汁。他最爱逛的地方就是北平城里的东安市场和琉璃厂的书店、旧书摊，隔三岔五去光顾。为了买下一部好书，他常常是不惜代价，拆东墙补西墙，甚至挪用伙食费或者别人暂时存放在他手里的款项。那种抓到好书就爱不释手的感觉是金不换的。我最欣赏的是他很会利用"流通"理论去换取更多的书来读，把读过的书再送到书摊上去卖，换了钱去买没读过的书，偶尔吃亏少一点就欢喜得不行，淘换到一本好书就非常得意。实在买不起或找不到的书就去图书馆查找借阅甚至抄写。那个时候所有的公立图书馆都是对公众开放的，教授们的藏书也是父亲的书源之一。对父亲来说，拥有书籍就是拥有了知识和财富。

父亲的另一个爱好是吃，嘴馋得很！这一点我也继承下来了。读着日记中三五好友凑钱下馆子，一碗麻婆豆腐就美美地打了一次牙祭，出了一个馆子马上又拐进第二个馆子，把瘾过足的情景好像都还历历在目。几个四体不勤的穷学生竟然学会了割几斤猪肉，加几个萝卜在宿舍里炖肉吃。谁家里寄来了钱，谁就理所当然地做东请大家一起分享，颇有"共产"之风。当然更多的时候作为"伙食膳委"的父亲，不仅要为自己的生活精打细算，还要学着为所有的学生当家。寅吃卯粮、东挪西借是常有的事，把伙食费迅速换成粮食存着往往是更有效的保值方式。为改善伙食而"斤斤计较"无形中也锻炼了学子们自我管理的能力。学生时代的窘困，为父亲一生的节俭打下了基础。

父亲很喜欢听音乐，看电影、戏剧和歌舞，参观美展，寻访古迹。即使是在做穷学生的时候也没有割舍这种"奢侈"。这种爱好不仅丰富了他的生活，使他有机会了解中国和世界各国的文化和历史，也培养了他的鉴赏水平和雅俗共赏的能力。他利用去美国或苏联大使馆的机会，看免费电影，即使是在内战时期的北平，这种文化交流的窗口也一直是有的。利用一切机会了解国内和国外各民族的文化，不仅使父亲能够以包容和开放的心态进行历史研究和文化比较，也缩短了父亲在20世纪80年代初第一次走出国门时的适应期。

很难用几句话来概括红楼北大时期的大学生活。虽然动荡不定，却丰富多彩。学生们不仅在校内参与教育的改革，而且与国家和民族的生死存亡息息相关。学校不仅是传授知识的殿堂，也是追求民主自由的前沿。学术自由的空气不仅使先生们能各尽所长，诸子百家争奇斗艳，也使学生们能够各取所需，尽情地在知识的海洋里遨游。那一代学人后来很多都成为新中国建设的栋梁之材，可见高等学府的治学思想和学术自由的环境对一代学子的成长是何等的重要啊！

1956年父亲调回北大历史学系教书，从此开始了40年的执教生涯。前面的20多年总是被政治运动和意识形态所左右，不是在挨整就是在跟风，没有多少机会认认真真地做自己想做的学问。改革开放以来，父亲才真正获得了自主选题、放手研究的权利。他在接近60岁的时候开始向建立中国自己的现代化研究理论冲刺。尽管他踌躇满志，蓄势待发，也还是感到时不我待，他是那么的渴望上帝能假以他足够的时日来完成这一伟业，他是那么的期望他的学生们能更快地成长，每每恨铁不成钢；他亲自给研究生们开列阅读书目，从不降低对学生们的要求。从他的书信中处处可以感受到这种紧迫感和责任感。过度的劳累使他终于在事业的巅峰期倒下了。

《北大岁月》能在父亲去世十周年暨八十诞辰之际出版是对父亲最好的纪念。父亲不仅是一个学者，他也是一个有血有肉的活生生的人。这本书中记载了父亲之所以能成长为一个学者的心路历程，印证了千里之行始于足下的道理。我以有这样的父亲而自豪，我为北大曾培养出这样的学者而骄傲！

2017年10月我和丈夫有幸参加了北大历史学系和现代化研究中心鼎力召集的"纪念罗荣渠教授诞辰九十周年暨中国现代化研究学术研讨会"，亲眼看到和听到在父亲去世21年以后，他所开创的中国现代化理论研究还能够薪火相传，还能引出相关的研讨话题，我们感到很振奋，这是对我父亲最好的纪念，也是对老一辈历史学家为之献身的史学研究发展的一种传承的态度。我们相信父亲若九泉有知也会感到欣慰的。作为罗先生的家人，每参加一次这样的活动都使我们对父亲生前为中国史学界所做的贡献加深了一些了解，他作为一个有家国情怀，有大视野、大抱负、大担当的历史学家的形象在我们心中也变得更具体，他作为一个大写的人和父亲永远是我们的骄傲和学习的榜样。各位学者的坦率探讨也使我们对当今中国史学界所面临的挑战和困境有所了解。但我们相信前途是光明的，路是人走出来的。只要中国知识分子的良心和脊梁还在，罗先生所开创的尊重科学的不同于既往的治史之路就一定是后继有人的。

初稿于2006年4月
修稿于2017年3月

中国现代化研究的三次浪潮

——纪念罗荣渠教授诞辰九十周年

何传启

引 言

今天我们聚集在一起，纪念罗荣渠教授诞辰九十周年。首先，衷心感谢罗荣渠教授为中国现代化研究做出的突出贡献，在此我和我的同事向罗荣渠教授致以崇高敬意！

罗荣渠教授是中国经典现代化研究的代表人物之一，他的《现代化新论》是中国经典现代化研究的代表作之一，他创立的北京大学世界现代化进程研究中心是中国经典现代化研究的一个学术重镇，罗荣渠教授的学术贡献影响深远。罗荣渠教授是我的前辈，我没有见过罗老师，没有机会当面聆听他的教导，时常引以为憾。但是，罗老师的《现代化新论》是我开展现代化研究的启蒙图书之一，也是中国科学院中国现代化研究中心新进人员的必读图书之一，还是被《中国现代化报告》引用次数最多的图书之一，他的下列论述被经常引用。

广义而言，现代化作为一个世界性的历史过程，是指人类社会从工业革命以来所经历的一场急剧变革，它以工业化为推动力，导致从传统农业社会向现代工业社会的全球性的大转变，它使工业主义渗透到经济、政治、文化、思想各个领域，引起深刻的相应变化；狭义而言，现代化指落后国家迅速赶上先进工业国家水平和适应现代世界环境的发展过程。作为人类近期历史发展的特定过程，把高度发达的工业社会的实现作为现代化完成的一个主要标志也许是合适的（罗荣渠，1993）。

1998年我开始专职从事新现代化研究。起因之一是1996年经济合作与发展组织（OECD）发表《以知识为基础的经济》报告，认为OECD主要成员国知识经济占国内生产总值的比例已经超过50%（OECD，1996）。当时我很好奇，知识经济与现代化是什么关系？于是到北京图书馆查阅现代化的论著，到新华书店购买现代化的图书，收集和阅读了一批现代化的相关资料。

现在回想起来，当时对我启迪最大的著作有四部。罗老师的《现代化新论》和许纪霖、陈达凯主编的《中国现代化史》，使我对国内学者的现代化概念有一个了解。布莱克教授主编的《比较现代化》和贝尔教授的《后工业社会的来临》，使我对国际学者的现代化概念有了一个认识。同时广泛阅读国外关于知识经济、知识社会和国家创新体系等方面的学术文献。反复对比现代化和知识经济两个概念的差别，认识到知识经济兴起对于现代化研究而言既是挑战也是机遇。于是决定投身其中，专职从事以知识经济为基础的新现代化研究。

罗老师在《现代化新论》中说："把高度发达的工业社会的实现，作为现代化完成的一个主要标志是合适的。"显然，发达工业国家知识经济和知识社会的兴起，已经超出了罗老师所说的"现代化"的范畴。那么，知识经济和知识社会的兴起，是不是"现代化"？如果是，它就是一种"新型现代化"，是一种"以知识经济和知识社会为基础的新现代化"。为区别两者和便于讨论，本文把"以工业经济和工业社会为基础的现代化"简称为经典现代化，把"以知识经济和知识社会为基础的现代化"简称为新型现代化。

我于1998年4月在《光明日报》发表《知识经济与中国现代化》一文，提出"如果说，实现从农业文明向工业文明的转变是第一次现代化，那么，从工业时代向知识时代的转变就是第二次现代化"。从1998年发表第一篇论文至今，我从事"以知识经济为基础的新现代化研究"已经有近20年历史。

以下简要回顾20世纪以来的中国现代化研究。希望能将本文献给罗荣渠教授，以感激他为中国现代化研究做出的突出贡献，并纪念他诞辰九十周年。

20世纪30年代以来中国现代化研究的三次浪潮

中国现代化研究可以追溯到20世纪30年代。在30年代初,中国学者就开始了关于现代和现代化的学术讨论,但这种学术探索后来中断了。1978年以来,中国实行改革开放政策,经典现代化研究出现一个高潮,涌现一批高质量论著。1998年以来,中国学者开展了以知识经济为基础的新现代化研究,中国现代化研究进入多学科的现代化研究阶段。

2010年12月28日,在中国国家图书馆网站,以"现代化"进行书名检索,检索时间范围为1900~2010年,共检索到1959部图书(见图1);其中,20世纪80~90年代有797部,约占41%;21世纪前10年有1039部,约占53%(欧阳楠、叶青、吴述尧,2011)。

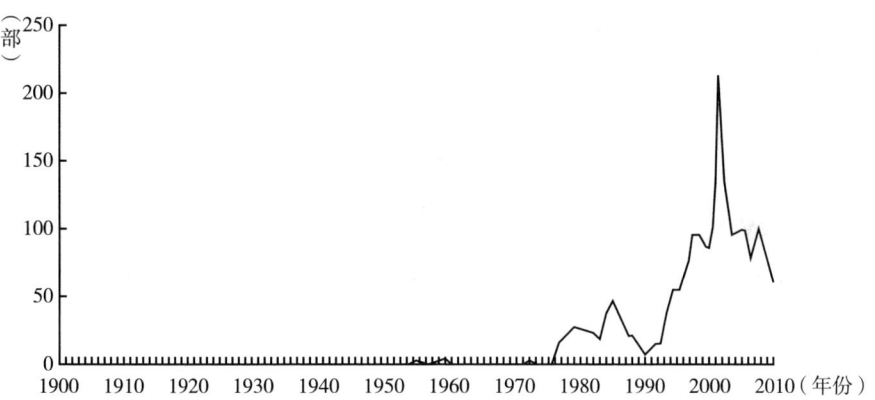

图1　1900~2010年现代化研究中文图书的数量变化

资料来源:欧阳楠、叶青、吴述尧,2011。

如果把20世纪30~40年代的现代和现代化讨论看作"第一次浪潮",把20世纪70~90年代的经典现代化研究看作"第二次浪潮",把1998年以来的多学科的现代化研究看作"第三次浪潮",那么,20世纪30年代以来中国现代化研究大致出现了三次浪潮(见表1)。其中,第二次浪潮和第三次浪潮在研究主题和研究人员等方面有许多交叉;从文献数量上看,第三次浪潮的文献数量实际是第二次浪潮的延续部分和第三次浪潮的叠加。

表 1　20 世纪 30 年代以来中国现代化研究的三次浪潮

项目	早期现代化探索	经典现代化研究	多学科的现代化研究
时间	20 世纪上半叶 （30~40 年代）	20 世纪下半叶 （70~90 年代）	21 世纪初 （可追溯到 1998 年）
主题	现代和现代化	经典现代化 中国现代化	新型现代化 现代性与后现代性
举例	中国现代化问题特辑 《现代化》半月刊 《中国文化与现代化进程》	《现代化新论》 《第一个工业化社会》 《社会现代化》	"第二次现代化丛书" "中国现代化报告"系列 "世界现代化历程丛书"
翻译		《比较现代化》等	"现代性研究译丛"等
特色	现代化启蒙	以工业经济为基础的现代化	以知识经济为基础的现代化

第一次浪潮：20 世纪上半叶的早期现代化探索

在 20 世纪 30 年代，中国学者就开始关注和探讨现代和现代化问题。

例如，1933 年上海《申报月刊》推出"中国现代化问题特辑"，包括 10 篇短论和 16 篇专论，可能是中国现代化研究的第一部论文集。在 30 年代前后，中国出版了一批现代期刊，如《现代周刊》（1931）、《现代社会》（1932）、《现代政治》（1932）和《现代经济》（1933）等。1937 年太原出版了《现代化》半月刊，可能是中国第一份以现代化为刊名的杂志。1948 年上海观察社出版《中国文化与现代化进程》（吴世昌，1948），它可能是中国第一部书名包含现代化的著作。

第二次浪潮：20 世纪下半叶的经典现代化研究

20 世纪 50~70 年代，中国大陆内地现代化研究处于低谷，现代化研究文献比较少见。

但从 1978 年开始，现代化研究的文献开始增加。1979~1998 年间，中国科学技术协会主办发行了《现代化》杂志。1981 年以来，科学出版社出版了《农业现代化研究》杂志。1989 年以来，天津社会科学联合会出版了《理论与现代化》杂志等。中国学者完成一批高质量研究，出版一批高水平论著，成果丰硕。大致可分为七个方面：经典现代化理论、世界现代化史、中国现代化史、领域现代化、部门现代化、现代化译著和后现代论著（见表 2）。

表2　20世纪70~90年代中国现代化研究的著作举例

七个方面	研究成果（著作）举例
经典现代化理论	从传统到现代（金耀基,1979）,走向现代国家之路（钱乘旦、陈意新,1987）,现代化新论（罗荣渠,1993）,现代性社会理论（刘小枫,1998）,寰球透视：现代化的迷途（钱乘旦、刘金源,1999）等
世界现代化史	世界现代化进程（钱乘旦、杨豫、陈晓律,1997）,发达国家现代化（丁建弘,1999）,东亚现代化（罗荣渠、董正华,1997）,美国现代化（张少华,1996）,英国现代化《第一个工业化社会》（钱乘旦,1988）等
中国现代化史	罗荣渠（1990）,张琢（1992）,罗荣渠、牛大勇（1992）,章开沅、罗福惠（1993）,胡福明（1994）,许纪霖、陈达凯（1995）和周积明（1996）等
领域现代化	社会现代化（孙立平,1988）,文化现代化（刘永佶,1997）,人的现代化（叶南客,1998）等
部门现代化	农业现代化（裘元伦,1980）等
现代化译著	如经济成长的阶段、现代化的动力、比较现代化等
后现代论著	如后工业社会的来临、后现代状态等

20世纪80~90年代出版的现代化著作有800部左右,上述成果只是其中的一小部分。

第三次浪潮：21世纪初多学科的现代化研究

1997年12月,中国科学院向中央和国务院报送《迎接知识经济时代,建设国家创新体系》研究报告,受到中国政府的高度重视。"知识经济"和"创新"成为中国社会的热门词语。我是这份报告的第一执笔人。1998年本人开始专职从事以知识经济为基础的现代化研究,就是所谓的新现代化研究。2000/2001年中国现代化战略研究课题组成立,是一个跨学科和跨部门的联合课题组。2002年中国科学院中国现代化研究中心成立,是我国首家跨学科、综合性和专业性的国家现代化研究机构。中国科学院中国现代化研究中心在成立之始,就与北京大学世界现代化进程研究中心开展合作。21世纪初,中国现代化研究进入多学科的现代化研究阶段。

21世纪初,我国现代化研究的优秀成果大量涌现,前10年的著作就超过1000部。在此阶段,我国新现代化研究进入世界前沿。首先,经典现代化研究继续推进,优秀著作不断产生。其次,现代性和后现代化研究引起关注,出现一批译著和论著。最后,新现代化研究取得重大进展,并产生较大国际影响,建立了新现代化研究的系统研究方法等（见表3）。

表3　21世纪初中国现代化研究的著作举例（回溯到1998年）

三个方面	研究成果（著作）举例
经典现代化研究	什么是现代化（尹保云，2001），世界现代化（董正华，2009），世界现代化历程（钱乘旦等，2015），拉美现代化（曾昭耀，2000；苏振兴，2006），巴西现代化（吴红英，2001；董经胜，2009），亚洲现代化（张蕴岭，2001），日本现代化（王新生，2002），印度现代化（林承节，2001），中国现代化（吴承明，2001；虞和平等，2002），中东现代化（哈全安，2006），社会现代化（朱庆芳，吴寒光，2001），经济现代化（丁文锋，2000），政治现代化（燕继荣，2006；徐宗华，2007），文化现代化（辛文斌，2007），人的现代化（郑奋明，2003），农业现代化（黄祖辉等，2003；刘振邦，2006），工业现代化（陈佳贵等，2004），城市现代化（朱铁臻，2002）等
现代性和后现代化研究	现代性研究译丛（周宪、许钧主编），后现代转向、后现代与后工业、社会理论与现代性等
新现代化研究	第二次现代化丛书10部（何传启等，1999~2013）、中国现代化报告系列22部（何传启等，2001~2017）、中国现代化研究论坛丛书15部（中国科学院中国现代化研究中心，2008~2017）、世界现代化报告系列4部（何传启等，2014~2017）

在新现代化研究领域，我国学者的表现比较突出。北京大学出版社出版、笔者主持完成的"中国现代化报告"系列，先后两次入选国家新闻出版总署国家重点图书出版规划，分别是"十二五"和"十三五"国家重点图书出版规划，三次获全国高校出版社图书出版奖，其中一等奖1次和二等奖2次；"第二次现代化丛书"中的《现代化科学》英文版被德国学者评价为"一个原创性贡献"，第二次现代化理论在俄罗斯联邦等国家得到实际应用。

遵循"举贤不避亲"的典故，从创新性和国际影响力角度看，笔者愿意推荐"第二次现代化丛书"和"中国现代化报告"系列等，作为第三次浪潮的代表作之一（见表4）。

表4　中国现代化研究第三次浪潮的代表作推荐

方面	代表性著作推荐	推荐理由
新现代化研究：理论研究	"第二次现代化丛书"（何传启等，1999~2013）	提出第二次现代化理论、综合现代化理论和现代化科学等，国际影响比较大
新现代化研究：实证研究	"中国现代化报告"系列（何传启等，2001~2017）	提出一批现代化研究的理论模型、评价模型和政策建议等，国际影响比较大

新现代化研究

新现代化研究：我国学者走在世界前沿

1998年以来，我和同事一起，从自然科学角度，开展以知识经济为基础的新现代化研究。在创新政策和新现代化研究领域，完成学术著作50多部，包括英文著作5部和俄文著作1部。我们的工作，主要涉及新现代化研究的理论研究和实证研究两个方面，前者以"第二次现代化丛书"为代表，后者以"中国现代化报告"系列为代表。

在理论创新方面，提出了两种新理论即"第二次现代化理论"和"综合现代化理论"，一个新学科即"现代化科学"；提出了一批理论模型，如人类文明进程的周期表、世界现代化的坐标系和定位图、国家现代化的路线图、人类文明进程的"长江模型"、世界现代化的水平结构和转移概率、现代化过程的"创新驱动模型"和国家发达的"创新价值模型"等。

在方法创新方面，建立了世界现代化的定量评价模型和世界现代化指数，完成131个国家1950~2014年和中国34个地区1970~2014年现代化评价，探索和建立了新现代化研究的系统研究方法，后者将在后面专门介绍。

在政策创新方面，提出了"第六次科技革命"的方向预测，完成和出版《第六次科技革命的战略机遇》等。在过去300年里，世界现代化前沿的每一次浪潮，都是由科技革命推动的，第六次科技革命将推动世界现代化的新一轮浪潮，包括仿生再生和新生物经济等。提出了一批具有战略意义的政策创意，如运河战略、和平鸽战略和健康高铁战略等。例如，2008年提出建设海南岛自由贸易区，目前"自由贸易区建设"成为我国的一个前沿热点。

中国科学院原院长路甬祥院士说，"传启同志及其团队关于现代化的研究坚持十余年，形成比较系统的理论体系，应积极加强对外传播和应用"。中国工程院原院长宋健院士说，"你们近几年出版的《现代化报告》非常好，对各界极有参考价值，很有思想性"。

美国杜克大学荣誉教授Tiryakian先生说，毫无疑问《中国现代化报告》代表了这些领域的世界先进水平。德国学者评价说，Springer出版的《现代化科学》英文版（He, 2012）是"这个领域的一个原创性贡献"。俄罗斯科学院通讯院士、哲学所教授拉宾说:"中国现代化报告"对于俄罗斯现代化的研究者和管理者都极有意义,俄罗斯科学院人文学部的院士们完全接受报告的概念和数据。采用"第二次现代化理论"及其研究方法,拉宾教授发现,2010年的俄罗斯,19个地区处于第二次现代化,64个地区处于第一次现代化。"中国现代化报告"在哈萨克斯坦共和国也受到欢迎并被应用,2014年笔者应邀给该国总理等人做了3次专题讲座,主题分别为:文明与现代化、现代化科学和现代化战略。

新现代化研究:什么是 21 世纪的现代化

在世界范围内,迄今为止,关于现代化没有统一定义。笔者认为,可以从三个角度认识现代化。首先,现代化是一个世界现象,是 18 世纪工业革命以来人类发展的世界前沿,以及追赶、达到和保持世界前沿水平的行为和过程。其中,发达国家要保持世界前沿水平,发展中国家要追赶世界前沿水平。其次,现代化是一种文明进步,是从传统文明向现代文明的范式转变,以及人的全面发展和自然环境的合理保护;它发生在政治、经济、社会和文化的各个领域;同时,文化多样性长期存在并发挥作用。18~21 世纪,世界现代化进程可以分为两大阶段,其中,第一次现代化是从农业社会向工业社会,从农业经济向工业经济的转变;第二次现代化是从工业社会向知识社会,从工业经济向知识经济的转变。最后,现代化是一个发展目标,已经实现现代化的国家,其目标是保持现代化水平;尚未实现现代化的国家,其目标是早日实现现代化(何传启,2017)。

世界现代化进程的两大阶段,既有继承又有转折。其中,第一次现代化就是前面提到的经典现代化,主要特点是工业化、城市化、民主化和理性化,经常以经济增长为中心等;第二次现代化就是前面提到的新型现代化,目前主要特点是知识化、信息化、绿色化和全球化,工业比例下降,物质生活趋同,精神生活多样化,经常以生活质量为中心等。发达国家的做法是先完成第一次现代化,然后进入第二次现代化。目前尚未完成第一次现代化的发展中国家,可采用综合现代化路径,实现从半工业社会向知识社会、从半工业经济向知识经济的转变。综合现代化是两次现代化的协调发展,大致分为三个阶段。第一阶段,以第一次现代化和工业化为主,以经济增长为中心;第二阶段是工业化和知识化并重,两次现代化并重;第三阶段,以第二次现代化和知识化为主,以生活质量为中心。

新现代化研究：一种系统研究方法

20世纪50年代以来，世界现代化研究有三次浪潮：现代化研究、后现代研究和新现代化研究。其研究方法主要有两种视角：社会科学角度，定性研究为主，阐释性和描述性；自然科学角度，定量研究为主，实证性和模型化。当然，这种区分是相对的，社会科学也有定量和模型，自然科学也有定性和描述，两种视角可以互补。我和同事主要从自然科学视角开展新现代化研究。新现代化研究与知识化、信息化、绿色化、高技术和国家创新体系紧密相关，属于跨学科的综合交叉研究，强调科学性、创新性、战略性和建设性。后现代研究和现代化研究属于社会科学的范畴。

我和同事在"中国现代化报告"中，逐步发展和完善了一种从自然科学角度、定量和定性相结合的新现代化研究的系统研究方法，即从创新到新科技、新产业、新经济、新社会和新现代化，开展全过程的系统研究，包括时序分析、截面分析、范式分析、过程分析、前沿分析和定量评价，以及图形化和模型化分析等。研究时间跨度为400年（1700～2100年），研究对象为131个国家，覆盖世界97%的人口，试图去"数字化重构"世界现代化的历史进程，并预测未来的趋势，同时探索中国现代化的合理路径。

结束语

20世纪30年代以来中国现代化研究出现了三次浪潮。如果把参与第一次浪潮的学者称为中国现代化研究的"第一代学者"，把参与第二次浪潮的学者称为中国现代化研究的"第二代学者"，那么，参与第三次浪潮的学者可以统称为中国现代化研究的"第三代学者"。虽然第二代和第三代学者之间有一些交叉，但这种说法有一定的合理性。第一代学者的研究持续时间不到20年，第二代学者的研究有20多年，第三代学者的研究有近20年。

俗话说：吃水不忘掘井人。如果没有以罗荣渠教授为代表的中国现代化研究的第二代学者的卓越研究和突出贡献，可能就没有中国现代化研究的第三次浪潮和第三代学者。从这个意义上说，罗荣渠教授的学术贡献至少影响了两代学者，而且还会影响更多人。

2020年中国将全面建成小康社会，将开启基本实现现代化的新征程。中国各地都将经历从全面小康向现代化的转型，对现代化研究的需求将与日俱增。中国现代化研究的"黄金时代"即将来临。它是中国现代化研究三代学者的共同期盼，也是科学报国的难得机遇。

（作者系中国科学院中国现代化研究中心主任，
国际欧亚科学院院士）

参考文献

贝尔：《后工业社会的来临——对社会预测的一项探索》，新华出版社，1997。

布莱：《比较现代化》，上海译文出版社，1996。

董正华：《世界现代化进程十五讲》，北京大学出版社，2009。

何传启：《知识经济与中国现代化》，《光明日报》1998年4月7日，第5版。

何传启：《第二次现代化——人类文明进程的启示》，高等教育出版社，1999。

何传启：《东方复兴：现代化的三条道路》，商务印书馆，2003。

何传启：《第六次科技革命的战略机遇》，科学出版社，2011。

罗荣渠：《现代化新论》，北京大学出版社，1993。

马蒂内利、何传启：《世界现代化报告》，科学出版社，2014。

欧阳楠、叶青、吴述尧：《1900~2010年现代化研究的文献计量学分析》，《理论与现代化》2011年第3期。

钱乘旦：《第一个工业化社会》，四川人民出版社，1988。

孙立平：《社会现代化》，华夏出版社，1988。

许纪霖、陈达凯：《中国现代化史》，上海三联书店，1995。

尹保云：《什么是现代化：概念与范式的探索》，人民出版社，2001。

He, C., *Modernization Science: Principles and Methods of National Advancement*, New York: Springer, 2012.

OECD, *Science, Technology and Industry Outlook*, Paris: OECD, 1996.

韩国"农民工"融入城市的过程与启示

董向荣

> 罗荣渠先生有很深的家国情怀,他把学术研究和国家的发展、民族复兴紧密相连,在20世纪末引领中国的现代化研究。东亚国家的现代化进程,是罗先生关注的重点研究对象之一。罗先生曾在《现代化新论》中对文化因素在东亚崛起中的作用进行过深入分析。本文也是聚焦韩国的现代化经验,尝试分析同样是人多地少、重视教育、重视家庭,也经历了30多年快速经济增长,为何韩国的"农民工"比较顺畅地融入了城市、实现了儒家文化圈所推崇的均等社会分配,而我国在这个问题上遭遇了瓶颈。谨以此文纪念罗荣渠先生。
>
> ——向荣题记

现代化进程中,农民大量涌入城市是一种普遍现象,发展中国家的现代化进程更为复杂,尤其是中国,有一种现象几乎是为我国所独有,即新移农民只完成了"半市民化",被悬在农村与城市的半空,形成了农民工群体"进不了城市""回不了农村"的尴尬格局。这个群体的规模有多大呢?中国国家统计局数据显示,2013年全年农民工总量26894万人,比上年增加633万人,增长2.4%,其中本地农民工10284万人,增长3.6%,外出农民工16610万人,增长1.7%。[1] 如果再加上农民工所赡养的人口,他们的问题至少涉及5亿中国人。

在经济高速增长期,韩国的城市新移民较为顺畅地、不可逆地从第一产

---

[1] 中国国家统计局网站,http://www.stats.gov.cn/tjsj/zxfb/201401/t20140120_502082.html[上网时间:2014年1月31日]。

业转移至第二和第三产业，成功地分享了经济增长，融入了现代城市。新移民拥有土地、劳动密集型产业和第三产业强大的吸纳能力、被抚养人口的同步迁移、城市住房单位面积较小等因素，都有助于韩国的新移民在城市扎根立足。受城乡收入差距较小的影响，韩国的收入分配状况相对均等，基尼系数一直低于0.4。而在中国，农民工融入城市遭遇瓶颈。韩国的某些城市化经验能够带给我们一些启示。

一　韩国农民手里的第一桶金——土地

韩国农民看起来与中国农民一样，赤手空拳进入城市。但实际上，韩国农民手里有土地的所有权，而中国没有，这是天壤之别，是与城市化密切相关的起点差异。在20世纪40年代末期到50年代初期，韩国实行土地改革，把收缴的日本殖民者手中的土地以及韩国本地地主手中超过规定面积的土地，较为平均地分配给无地和少地的农民，在经济高速增长之前实现了土地这种重要生产要素的平均分配，对后来的经济发展和收入分配至关重要。[1] 土地所有权在农民手中，带来如下三重影响。

第一，农民有了地产就有了财富。虽然面积不很大，但随着经济的增长，土地不断增值。统计显示，1975~1988年，韩国的消费指数（consumer prices）上涨了350%，土地价格上涨了840%，房屋价格上涨了470%。[2] 农民可以转让土地，作为进入城市、在城市安家的第一笔资金，相当一部分农民（土地相对较多的或者靠近城市的）就直接变成"中产阶级"[3]。

第二，农村土地的私人所有和相对自由的所有权转移，扩大了土地经营规模。根据世界银行网站的数据，从1980年到2011年，韩国的人均可耕地面积从0.05公顷下降至0.03公顷。同期中国的人均可耕地从0.10公顷下

---

[1] 董向荣：《浅析台湾和韩国在缩小城乡差距方面的努力与成就》，《台湾研究集刊》1999年第3期，第30~37页。

[2] Kim, T-D., and Lee, K-S. *Land* (*in Korean*). Seoul: Pibong. 1989. Cited from Bae-Gyoon Park. "Where Do Tigers Sleep at Night? The State's Role in Housing Policy in South Korea and Singapore", *Economic Geography*, Vol. 74, No. 3 (Jul., 1998), pp. 272-288.

[3] 尹保云：《病态发展：城乡差距与分配不平等的根源》，《战略与管理》2004年第2期，第12~20页。

降至0.08公顷。① 农村居民单靠这么点土地很难获得高收入，唯一的出路就是让大部分农村居民转移至城市，从事第二和第三产业，实现城市化。城市化从另一方面也帮助了留在农村务农的人，由于越来越少的人留在农村，土地可以在农民间流动，留下来的人耕作的土地面积扩大了，收入自然也就增加了。韩国统计数据显示，1960～1973年，0.5公顷以下的农场数量由16.7%下降至11.4%，而3公顷以上的农场则由1.2%上升至7.0%，农场规模逐步扩大的现象相当明显。② 数据显示，2010年，韩国的耕地面积为160万公顷，农村人口为220万，农村人均耕地面积是0.73公顷（约11亩）。③ 2010年，以农村人口6.7亿、耕地面积18亿亩来计算，中国农村人均耕地面积只有2.7亩。同样是人多地少的国家，韩国的资源禀赋比中国还差，但每个韩国农民耕种的土地面积是中国农民的4倍多，所能获得的收入的差距也就显而易见了。

第三，农村收入增加减小了城乡收入差距，使这个重视"均贫富"的儒教国家保持了较为平等的收入分配。在韩国经济快速增长的过程中，城乡收入差距最大的是1965～1975年这十年间，1967年的数据显示，农村家庭收入只占城市家庭收入的59.6%，这是最糟糕的情况。之后，由于大量人口持续转向城市、非农雇佣机会增加和农产品价格提高等因素的影响，农村家庭收入增速超过了城市家庭，逐渐拉平与城市家庭之间的收入差距，个别年份还超过城市家庭。城市化顺利进行，城乡收入相对均等，整个社会实现了较为均等的收入分配。

二 劳动人口能否在城市找到工作

众所周知，韩国经济发展的转折点出现在1961年。朴正熙带领一小股对政府不满、有强烈发展欲望、组织严密的军人，发动军事政变，彻底改变了韩国发展的轨迹。新政府大力发展经济，以经济营收作为合法性的重要来

---

① 见世界银行网站，http://data.worldbank.org/indicator/AG.LND.ARBL.HA.PC? page = 6 ［上网时间：2014年5月2日］。
② 转引自 Sung Hwan Ban, Pal Yong Moon, Dwight H. Perkins, *Rural Development*, Harvard University Press, 1980, p.296。
③ 韩国《农林水产食品统计年报》，见韩国统计厅网站，http://www.index.go.kr/egams/stts/jsp/potal/stts/PO_ STTS_ IdxMain.jsp? idx_ cd = 1287&bbs = INDX_ 001&clas_ div = A ［上网时间：2013年12月20日］。

源，大力推动出口导向战略，"充裕的低成本国内劳动力与国际资本、技术和市场联姻"①，经济开始起飞。当劳工政治化威胁到出口导向发展战略时，政府采取坚决措施应对劳工挑战，包括禁止罢工、撤销工会登记、逮捕工会积极分子等。韩国政府双管齐下，既利用反共意识形态的武器，又利用强有力的安全部队，压制草根劳工运动，使劳工处于未组织状态，工人工资长期维持较低水平。当然，工人工资长期较低的另一个重要原因是城乡二元结构下的劳动力无限供给，这是人口密度较大的发展中国家的共同经历。② 在这段时间里，资本家经历了投资的黄金时期。

伴随经济增长，韩国的劳动力主体平稳迅速地从农村转向城市，从第一产业转向第二和第三产业。把第一产业劳动力占总劳动力的比例从81.6%降低至50.4%，韩国用了12年（1958~1970年）。③ 伴随快速的工业化，韩国制造业领域的工人由1963年的17.3%上升至1985年的38.9%，数量也由42万人上升至314.7万人。第三产业工人绝对数量也在增长，但占工资收入者的比重比较稳定。正如美国韩裔学者具海根所分析的那样，蓝领工人和白领工人同时增长，工人阶级内部出现了"大混杂和内部分化"。④ 用20多年的时间，韩国就业结构发生了根本性的变化，快速地从以农业为主的社会转向以工业为主的社会，完成了浓缩的工业化。

---

① Frederic C. Deyo, "Industrialization and the Structuring of Asian Labor Movements: The 'Gang of Four'", in Michael Hanagan and Charles Stephenson ed., *Confrontation, Class Consciousness, and the Labor Process: Studies in Proletarian Class Formation*, Greenwood Press, 1986, pp. 167–168.

② Arthur Lewis, "Economic Development with Unlimited Supplies of Labour", *The Machester School of Economic and Social Studies*, Vol. 22, 1954, pp. 139–191; John Fei and G. Ranis, "Development of the Labor Surplus Economy: Theory and Policy", *Economic Development and Cultural Change*, Vol. 41, 1964, pp. 147–174;《人口研究》编辑部：《从"民工荒"到"返乡潮"：中国的刘易斯拐点到来了吗？》，《人口研究》第33卷第2期，2009年3月，第32~46页；John Fei and G. Ranis, "A Model of Growth and Employment in the Open and Dualistic Economy: The Cases of Korea and Taiwan", *The Journal of development Studies*, Vol. 11, Issue 2, 1975, pp. 32–63; Edward Mason etc., *The Economic and Social Modernization of the Republic of Korea*, Cambridge: Harvard University Press, 1980, p. 466; Byung-Nak Song, *The Rise of the Korean Economy* (third edition), Oxford University Press, 2003, pp. 102–104.

③ Korea Economic Planning Board, Annual Report on the Economically Active Population, 1972 and 1985. 而在中国，第一产业劳动力占总劳动力的比例从83.5%降低至50.5%，用了近40年（1957~1996），中国国家统计局网站，http://www.stats.gov.cn/tjsj/ndsj/2011/indexch.htm［上网时间：2012年12月27日］。

④ Hagen Koo, "From Farm to Factory: Proletarianization in Korea", *American Sociological Review*, Vol. 55, No. 5 (Oct., 1990), pp. 669–681.

伴随经济发展和产业结构的变化，韩国的城市化进程稳步推进。韩国农业经济学家潘性纨曾估算，1957~1982年间，韩国有大约1230万人从农村移向城市。[①] 考虑到1980年韩国的总人口只有3812万，[②] 移民群体规模之大可想而知。从地域上看，韩国的城市化立足于大城市，在地理上高度集中，主要集中在首尔周边、釜山，以及从首尔到釜山的连接线上的工业城市。

三 被抚养人是否共同迁移

城市化不仅与劳动者相关，还直接关系到劳动者的下一代（以及上一代）。在韩国，多数农村人在转移至城市的时候是举家迁移，或者在城市安顿下来，生儿育女，完成广义的劳动力再生产过程。通过代际更替，在差不多一代人的时间里，韩国完成了城市化。

有韩国学者在1970年完成的研究显示，在城市化的高峰期，国内移民绝大多数是举家迁移。具体而言，在调查的2226个国内迁移者中，69.0%（即1535人）是举家迁移，只有11.2%（249人）是与家人分离，单身的迁移者有17.6%（即391人），还有其他情况51人。[③] 朴振焕博士在其著作《韩国新村运动》中写到了自己的经历。他1927年出生于韩国庆尚南道农村，家里有4男3女共7个孩子，只有3个孩子有机会上小学。朴振焕家只有半公顷耕地，只能留下他哥哥在家里务农，其余6个孩子不得不到城市去找工作。到1995年，他的儿子辈所有26个孩子都从大学毕业，属于城市中等收入阶层。[④] 韩国正是通过这样一种方式，在约一代人的时间里，实现了完全的不可逆转的城市化。

---

① 〔韩〕潘性纨：《韩国经济发展与均衡发展的问题——以工农间均衡问题为中心》，《经济学研究》1984年总第32卷，第257~284页。
② 见韩国统计厅网，http://www.index.go.kr/egams/stts/jsp/potal/stts/PO_STTS_IdxMain.jsp?idx_cd=1009&bbs=INDX_001 [上网时间：2013年4月26日]。
③ Yoon jong-ju, "Findings from a Survey on Fertility and Immigration of Seoul", Seoul Women's College, 1970. p. 147. cited from Hyung-kook Kim, "Social Factors of Migration from Rural to Urban Areas with Special Reference to Developing Countries: the Case of Korea", *Social Indicators Research*, Vol. 10, No. 1 (Jan., 1982), pp. 29-74.
④ 〔韩〕朴振焕：《韩国新村运动——20世纪70年代韩国农村现代化之路》，潘伟光等译，中国农业出版社，2005，第1~17页。

四 新移民的阶级意识形成，强烈反对"臭工人"标签

在工业化的早期阶段，出身于农村的新工人遭受中产阶级的鄙视，是一种较为普遍的社会现象，由工作性质、工作环境、工资收入、个人修养等多种因素决定，只是在某些国家表现得更为严重，延续的时间更长。正是在各种抗争中，新移民逐渐形成了稳定的阶级意识。

在韩国，新移民的城市化进程并非一帆风顺，新移民被城市接纳，也有一个艰苦的磨合过程。在20世纪60～70年代劳动密集型产业发展过程中，尽管人们承认工厂工人在工业化进程中发挥至关重要的作用，但他们以相当严重的鄙视态度看待这个人群。在日常语言中，从农村转移至城市的第一代工厂工人被称为"臭工人"、"打工仔"（kongdoli）、"打工妹"（kongsuni）等。kongdoli 和 kongsuni，给人以强烈的带有明显的奴仆性工作、生来不得不在工厂里干粗活的印象。[①] 这里面，有传统儒家思想对体力劳动者的不屑，也有男尊女卑思想影响下对女工的轻蔑。对于外界给新移民贴上的标签，敏感的青年女工更急于掩饰和摆脱这一称呼所表征的负面形象，她们认为自己所受到的粗暴对待源自自身未受教育。她们试图通过上教会组织、商业机构和自己公司举办的夜校，弥补缺失的教育，寻求心理上的信仰和支持。在学习和集体活动中，他们形成了平等的意识，出现了积极的表达取向。汤普森强调，"阶级是一种历史现象……当一批人从共同的经历中得出结论，感到并明确说出他们之间有共同利益，他们的利益与其他人不同（而且常常对立）时，阶级就产生了"。[②]

从韩国的历史经验来看，劳工运动在20世纪70年代后期和80年代达到高峰。这个时间段，从政治上看，是朴正熙时代结束、威权体制放松的阶段；从经济社会上来看，是经济发展到达刘易斯拐点、劳动力无限供给结束、劳工工资快速上升的阶段。由于供求关系质的改变，工人在劳动市场上的谈判能力提升，劳动成本的上升几乎成为必然。劳动密集型产业丧失比较优势，产业结构提升迫在眉睫，劳工运动活跃化趋势明显。在长期的工人运动压力下，伴随产业升级，韩国工人工资有了大幅度的增长，工人群体的结

---

① 〔美〕具海根：《韩国工人》，梁光严等译，社会科学文献出版社，2004，第159～160页。
② 〔英〕汤普森：《英国工人阶级的形成》（上），钱乘旦等译，译林出版社，2013，第1～2页。

构也发生了巨大的变化。韩国新移民工人群体没有被固化，而是很快融入新产业和城市中。

五 韩国"农民工"融入城市的经验对中国的启示

与韩国类似，中国在经济高速发展初期，劳动密集型产业获得了大发展，成为"世界工厂"，为离土离乡的农民工提供了诸多工作岗位。农民工的失业率低得出奇。[1] 这至少表明农民工在城市寻找一份高于农村收入的工作并非最困难的事情。但是，中国的农民工在融入城市的问题上遭遇瓶颈，这里面有制度性的问题，有发展战略的问题，也有思想意识上的原因。

第一，中国农民手中没有土地所有权。从产权界定上看，土地还是集体所有，农民无法自主转让，伴随经济发展而来的土地增值，并不归农民所有。由于耕种土地获利微薄，经营期不确定，很少能有农民工依靠土地经营权的转让获取进入城市的资金。这是很大的劣势。近年来随着城市化的推进，在城市周边，不少耕地被占，土地转让的收入很少能惠及当地农民。农民有点谈判权的，只是在他们的房屋被拆迁时，有可能得到某些补偿。

与此同时，由于土地经营权得不到保障，不能有效地完成土地流转，留在农村的农民经营规模得不到扩大，收入很难有起色，日益扩大的城乡收入差距为中国的总体收入差距的拉大做出了最大的"贡献"。据统计，1952年，中国平均每个农业劳动力负担耕地9.35亩，到1978年，这一数据下降至5.07亩。中国经济高速发展之后，每个农业劳动力负担耕地面积总体呈现下降态势，只是在1985年和1986年出现过一个阶段性的高点（4.66亩和4.61亩）。此后继续下降。到1996年，每个农业劳动力负担耕地面积下降至4.44亩。[2] 每个农业劳动力耕地面积的下降是农民收入相对下降的重要因素之一，也是城乡收入差距很难改善的原因。2011年，农村居民人均纯收入只占城市居民人均可支配收入的32.0%。如果计算房产等财产性分配的话，城乡收入差距将会更大。城乡收入差距是拉大中国全社会收入差距

---

[1] 学者胡鞍钢曾表示，农民工的实际失业率只有1.5%，远低于城市实际失业率，也大大低于国有集体企业的下岗比例（18%以上）。潘圆、张坤：《胡鞍钢：善待农民工就是善待我们的兄弟》，《中国青年报》2001年8月16日。

[2] 中华人民共和国农业部市场信息司：《中国农村经济统计资料》（1949~1996），中国农业出版社，1997，第33页。

的最主要的因素。

第二，与韩国的举家迁移不同，在中国，不少已婚农民工在城市打工，把子女留在农村，由配偶或父母照看。夫妻分离，老人空巢，儿童留守，一家人难得团聚，家庭的分离大大降低了国人的幸福指数。家庭分离实为迫不得已，因为农民工在城市多数生活条件有限，无法在城市实现完全的劳动力再生产。全国妇联2005年的抽样调查显示，0~17周岁留守儿童在全体儿童中所占比例为21.7%，据此推断，全国农村留守儿童约5800万人，其中14周岁以下的农村留守儿童有4000多万人。在全部农村留守儿童中，父母一方外出的留守儿童占47.1%，父母双方外出的留守儿童占52.9%。[①] 显然，这种城市化进程即便是在个人的层面上讲，也只能是半城市化状态。

第三，韩国的经历对于中国也有警示作用。韩国的工人运动在20世纪70~80年代进入高峰，这与阶级意识的形成相关，也与经济走过刘易斯拐点、劳工的博弈能力上升有关。如果中国的农民工继续被阻止平等地享受公共服务、分享经济增长的话，他们对社会的不满难以避免。中国的农民工曾经被看作"沉默的群体"，他们顽强地在城市驻足，虽然有较普遍的不平等感，但他们面对城市政府，除了讨薪之外，基本上不表达（利益诉求）、不申诉（权益受损状况）。学者分析认为，作为非市民的农民工身份的认同，直接影响了作为城市居住者的权利意识，作为城市的局外人，他们倾向于不行动。这是制度得以维持的重要机制。[②]。

[①] 全国妇联：《全国农村留守儿童状况研究报告》（节选），《中国妇运》2008年第6期，第34~37页。

[②] 陈映芳：《农民工：制度安排与身份认同》，《社会学研究》2005年第3期，第119~132页。

"七五"事件相关记述及研究之问题
——读罗荣渠《北大岁月》有感

刘一皋

现实关怀与求实精神,为良史所必备,两者在罗荣渠老师的学术生涯中均有充分之展现,这已是学界共识。

在罗老师的论著中,最能体现其深刻的现实关怀和严谨的求实精神者,当属《北大岁月》[1],其以日记、书信和诗词的形式,表达了作者的生活境况、对于现实社会诸问题的认识,以及对于学术研究的思考。

自该书出版后,笔者已多次翻阅,每每为罗老师的文字所感动。作为一名青年学生,罗老师在北京大学历史学系求学时期的日记,记载十分详细,实属不易,反映了他对激荡的现实社会变动的积极参与,对生活的热爱,以及作为一个良史的深厚的基本功训练;书信和诗词部分,则更多地展现了一个学者的深邃思考,尤其是在逆境中,仍然能够坚持学术标准,保持乐观向上的探索求真精神。这样的文字,实在令人钦佩,故也常向学生推介,一同阅读讨论。

不过,此种阅读在方法和目的上,通常只包含两个方面:其一,通过文字了解罗老师的行状、社会关系和思想,以便深刻了解罗老师,并由此推及他周围的知识分子圈;其二,将日记、书信和诗词中的部分内容,作为当时人或当事人所记述的"事实"片段,借以增加我们对那个已经变得不熟悉的历史阶段的感觉,以便更深刻地了解那段历史,甚至建构或复原逝去的历史场景。可以说,两个方面均是一般性阅读的基本要求,此类阅读,有助于增进人们对作者及其活动时代的"了解",但是,对于

---

[1] 罗荣渠:《北大岁月》,《罗荣渠文集》之四,商务印书馆,2006。

"解释"历史,即所涉人物是否可以充当某种"类型"代表,所涉记述是否可以直接用来"建构"或"复原"历史,显然还需要更广泛的阅读和更深刻的分析。

通过对战后学生运动之"七五"事件研究,我对罗老师《北大岁月》中的相关记述,有了更为深刻的理解。

1948年北平"七五"事件,被称为民国时期最后一次大规模学生运动,亦是较之"三一八"惨案更为严重的流血事件。该年四五月间,东北战局吃紧,东北部分国立高等学校有迁校之举动,大批私立学校学生尤其是中学生,则自发流亡到达平津,国民党政府亦有在平津设立临大、临中的设想。随着东北流亡学生越聚越多,食宿等基本生活问题越来越严重,筹办中的临大、临中却尚未落实,预计收容人数也无法满足流亡学生的需要,不满情绪日益增长。就在此时,北平市参议会一届三次大会通过了《救济东北来平学生办法案》,其中,有对已到北平的东北学生予以严格军事训练,"确有学籍及思想纯正之学生,暂时按其程度分发东北临大,或各大学、中学借读,俟东北稳定时,仍令回籍读书。其身份不明,思想背谬者,予以管训。学力不合者,即拨入军队,入伍服兵役,期满退伍"① 等项内容。7月4日,决议案在报纸上公布,东北学生的愤慨达到了最高点。7月5日晨,东北各校来北平大中学生约4000人,分途到北平市参议会请愿,"一路上群情激愤,众难塞胸,悲愤到了极点,感情燃烧得要爆炸出来"。② 到达参议会后,因无人理睬,有捣毁参议会之举。继而到李宗仁副总统私邸请愿。因对李之答复不完全满意,再到许惠东议长公馆请愿,

图1　罗荣渠北京大学毕业留影,1949年

---

① 《参议会通过议案办法全文》,《世界日报》1948年7月4日,第3版。
② 罗荣渠:《北大岁月》,第105页。

经过冲突、交涉，就在疲惫的学生准备撤离时，枪声大作，酿成流血惨案。事件起因及其过程，自发生之日起至今，无论是当时记载，还是当事人回忆，抑或各种版本的相关论著之中，有着较为一致的叙述，似乎已是板上钉钉的历史"事实"。

尽管如此，"七五"事件之发生，仍有一些疑点存在。

首先，事件导火索为7月4日报载市参议会通过之《救济东北来平学生办法案》，可是，学生究竟看到的是何种报纸？抑或报纸对学生的影响程度及消息的传播方式如何？当时的报道均语焉不详，东北流亡学生及各类东北人士的叙述也未提及，仅北平市教育局局长王季高的报告中提及《世界日报》刊登了此项消息[1]。事后学生对于事件起因的整理、归纳，更是漏洞百出。[2] 经查，7月4日当天，北平发行的各日报中，《大公报》《北平日报》《华北日报》《平明日报》等均未刊登此项消息，后两种报纸又与北平军政当局关系密切。就算东北流亡学生恰巧在《世界日报》上读到了此项消息，且十分敏感，如何传播？是否具有强大的震撼效果？仍然需要说明。至少，以小号字印刷的此项消息，伏案查阅也很困难，很难想象"无数"学生"拥挤"在报纸面前的情景。退一步讲，让东北流亡学生充当北平内战炮灰的解释，的确具有动员力，那么，《世界日报》在同一标题下，还登载有市参议会的另一项决议案——《建议变通本市兵役办法案》，主旨为由本市壮丁担任本市防卫之责。[3] 东北学生为什么没有注意到这条消息？叙述口径的一致与漏洞并存，反映了"七五"学生运动的组织状况、动员水平、目标选择和外部介入等诸多问题，并影响着运动中的学生行为及其结果。

其次，东北流亡学生在"七五"的行动，似乎想把自身封闭起来，既

---

[1] 《北平市教育局长王季高为报告"七五"事件经过致朱家骅函》（1948年7月6日），北京市档案馆编《解放战争时期北平学生运动》，光明日报出版社，1991，第455页。

[2] 《为"争生存，争自由"而遭屠杀——"七五"血案前后记详》一文称，"七月四日的早晨，东北流平各校住宿地的墙上，照例地贴出了当天的报纸"，"不一会，报纸的面前已拥挤了无数的男女同学，具有着同样阴森严肃的面部表情，和燃烧着愤怒之火的心"，并未说明在居住分散、混乱的情况下，有多少学生可以看到报纸和看到什么报纸。《反剿民要活命》，东北华北学生抗议"七五"血案联合会编印，1948年8月，第5页。

[3] 《参议会通过议案办法全文》，《世界日报》1948年7月4日，第3版。

未与北平各学校联络以获得声援，又极力摆脱被戴上"红帽子"[1]，试图把运动仅限于东北流亡学生之中。如此，在"反迫害"的学生运动主述话语之下，"七五"示威游行却标榜东北学生遭受严重地域歧视的口号，诸如"反对歧视东北同学""打倒地域观念"等等，并在酿成血案后被一再强化。7月9日，东北、华北学生举行大规模请愿游行，队伍前面是一面大旗，大旗之后是一副挽联——"廿年屈辱却盼祖国原是梦，两月流离投奔内地丧残生"，[2] 欲借东北学生两度流亡之悲情唤起社会同情。十分明显，自我封闭并非学生运动的惯见形式，学生上街，无非想要唤醒民众，或以激起社会同情对当局施加压力，自然规模越大越有效，流亡者更需借助本地学生的声援达到目的。诚然，学生运动有时也会刻意排除与其他阶层共同行动，那多是为要表达学生行为之纯洁和要求之真诚。地域观念则完全不是学生运动话语，特别是在大学生群体行动中，地域概念并不重要。其实，以"九一八"之后东北学生向关内流亡的惨痛经历，强化其战后再度流离失所并遭受地域歧视的宣传极为不妥，混淆了两者的本质区别，也有曲解历史之嫌。全面抗战爆发前夕，东北大学曾遭遇被肢解危机，流亡到北平的东大学生前往南京请愿，此时，他们已将北平认作第二故乡，在即将返回时，叙述语言充满了思乡的温情。

　　事件的最大疑点，可能是运动过程中大量暴力行为的使用。作为社会正义的代表或象征，学生运动通常采用和平请愿方式，然而，上街示威游行本非正常的参与形式，在遭受拦阻或冷落时，激昂的情绪就有可能引发暴力行为，但多发生于行动的后一阶段，如五四运动的火烧赵家楼。"七五"事件中的学生暴力行为十分特殊。当天学生的"请愿"行动分为三段，即9时

---

[1] 当时报纸上，充斥着所谓中共"职业学生"制造学潮的指责和评论，"七五"事件在所难免。据北平中共组织报告，中共在东北学生中关系不多，对"七五"事件发生及随后动态并无准确情报，对运动的口号亦有不同意见。《关于学生运动情况》（1947年7月），共青团中央青运史工作指导委员会、中国青少年研究中心、中央档案馆利用部编《中国青年运动历史资料（1947.1～1948.2）》第17集，中国青年出版社，2002，第320～322页。该文件内容为报告"七五"事件，编者对文件年份的判断有误，应为1948年7月。迟至9月，中央华北局城工部才根据从北平撤回的干部报告及部分报纸、学生刊物和宣传品编写成《北平"七五"惨案及"七九"大请愿》，除政策、策略分析外，并无新内容。《中国青年运动历史资料（1948.4～1948.11）》第18集，第377～444页。另外，因"七五"事件被纳入解放战争时期学生运动序列，亦有研究者以为面对突发事件，中共组织仍然发挥了作用。

[2] 《北平学生昨请愿》，《大公报》1948年7月10日，第2版。

结队游行至府前街市参议会抗议,随后有捣毁行动;11时大队转往北长街李宗仁副总统私邸请愿,等候约一小时李由中南海返回,在私邸召见学生代表,再由代表将谈话转达全体学生;14时大队开赴东交民巷许惠东议长住宅,随即与警宪发生冲突并僵持,19时大队拟离去时枪声响起。① 三段中,前后两段均出现了较为严重的群体暴力行为,中间一段却出奇地和平,烈日之下大队学生在街上静坐近三个小时,秩序井然,连亲政府的报纸都赞扬"结果相当圆满"②。再者,血案发生后,就捣毁市参议会行为,学生更加强调其初衷是和平请愿,只是由于该会"置若罔闻",才"忍无可忍,因群情激愤"有捣毁举动。③ 假设运动的前段为泄愤,中段为请愿,导致惨剧的后段则似乎多余,完全不合分析学生运动惯用的刺激反应模式,难怪当时东北学生中亦有不同意见。④ 如果说,后段行为果真是对李宗仁答复不满的反应,那么,学生显然是在依据对象选择行动方式,也就必须回答选择的理由和如何作出选择等诸问题。

对于"七五"事件记述的这些疑点,与当时复杂的政治环境和事件善后方式直接相关。遗憾的是,既有相关研究未能关注这些疑点,或是已经注意到了,却未能给予正面的回应。疑点一关涉事件导火索,牵一发而动全身,几乎所有相关研究均停留在以当时报道为基础的事实叙述之上,既未分析消息传播渠道及动员过程,也未对市参议会决议案内容给予认真解读。对于疑点二,近年来有研究注意到了东北军政人士"制造学潮"的说法,强调因极力炒作血案的"地域情结",由"学潮"转为"政潮"对于事件善后的影响。⑤ 此种研究肯定了地方实力派及地方利益在事件中的作用,但未

---

① 《北平昨一大惨案》,《大公报》1948年7月6日,第2版。另有报纸记作8时结队游行前往市参议会请愿;12时复至李宗仁副总统官邸请愿;14时大队至东交民巷许惠东宅,19时发生不幸事件。《东北学生昨捣毁市参议会》,《世界日报》1948年7月6日,第3版。区别主要在早晨分路出发和进入参议会的时间,以及大队相继离开参议会和到达李宅的时间计算上。对于组织松散的大规模群体行动,当天不同记载的误差在所难免。不过,不同的时间叙述,无形中拉长了学生在市参议会请愿阶段的时间,日后东北学生以遭遇"等待再等待"等"刺激"为捣毁参议会行为辩解时,更是将此阶段的时间模糊化。《反剿民要活命》,第7页。
② 《忠告纯洁爱国青年》,《华北日报》1948年7月11日,第2版。
③ 《七五血案政府屠杀学生真象》,北京大学学生自治会编《北大半月刊》第8期,1948年7月20日,第9页。
④ 《捣毁市参会事,学生意见不一致》,《北平日报》1948年7月7日,第4版。
⑤ 贺江枫:《从学潮走向政潮——1948年北平"七五"惨案研究》,《南京大学学报》2012年第1期,第92页。

解释地方势力利用学潮可能对学生运动造成何种影响。疑点三所涉及的问题十分敏感，在"抗暴"等革命话语下，多数研究都接受了捣毁市参议会行为是学生遭遇"刺激"的合乎情理的反应，似乎质疑事件前段的行为，就有可能动摇整个事件的正义性解释。如此研究状况，自然无法祛除读史之疑惑。

带着问题再读罗老师的《北大岁月》，大有顿开茅塞之感。

作为北京大学历史学系学生，罗荣渠老师尽管未担任学生组织领袖，但也积极参与了各项学生运动，日记中对"七五"事件的记载尤其详细。7月5日上午，华北17院校河南同学会在北大民主广场召开国民党军滥炸开封控诉示威大会，史学会送的挽联，即为罗老师所作。至于东北流亡学生的行动，罗老师一是"听说"当天集队请愿，二是吃晚饭时自治会临时发起募捐"送点吃食"，三是晚上在大街散步时碰见一队"请愿归来"的东北同学，四是赶回学校后"才知道"出了惨案。① 可见，"七五"当天北平有两个大型学生行动：民主广场的活动，起因是地域事件，发起者为华北学生地域性组织，但并不影响华北各校学生的广泛参与，表明学生运动中的地域观念并不强，通常是此起彼伏，相互声援，罗老师亦参加在内；东北学生的街头请愿活动，则缺乏与华北各校学生保持有效联系，只有较为被动的同情声援，与罗老师的了解明显存在差距。

7月6日的日记很长，记述了"七五"事件的大概情况。所记内容曾被部分研究者转引，均被作为罗老师已认定的"事实"或个人"回忆"，用以加强各自研究的论点，未对材料加以认真的分析。② 其实，罗老师在该天日记首段，便强调所记为"据各方面的传说与报道进行综合判断"，③ 只是记事而已。记事是为了"静心检讨"。罗老师写道："我们觉得东北同学实在是缺乏战斗经验，组织不够严密，态度尤其不好。"这些问题直至现今，仍未得到足够的关注和深入的研究。激烈的批判之余，罗老师亦强调："这是民国史上最黑暗的一页，比鲁迅先生说的'三一八'还要黑暗。"主张追究

---

① 罗荣渠：《北大岁月》，第 313~315 页。
② 王春林：《国共内战中的国民政府、地方当局与流亡学生——以 1948 年北平七五事件为中心》，《南京大学学报》2012 年第 1 期，第 108~109 页；张皓、陈银屏：《从期望到失望：1948 年北平"七五"事件再探讨》，《史学集刊》2012 年第 3 期，第 61 页。
③ 罗荣渠：《北大岁月》，第 315 页。

以坦克、机枪对付手无寸铁的学生的元凶。① 不乏一颗正义学生的赤子之心。

7月7日下午，罗老师参加了北大学生慰问东北同学的活动，先去了绒线胡同中正大学学生的住处，后转到该胡同背后一条街上临中学生的住所。在日记中，罗老师对东北学生中弥漫的悲戚之情，尤其是中学生的食宿状况，表示了深切的同情。值得注意的是罗老师描写与两位同学谈话时所使用的笔调。在东北各院校中，正大较早准备搬迁，故流亡北平学生较多，又因学校濒临破产且为私立并未得教育部注册承认，学生尤感前途渺茫，在各种请愿活动中最为积极。与罗老师谈话的是一位二十几岁的同学，"比较老练"，因过度哀伤神气"恍惚"，所"细谈"的"七五"情形"与我知道的情形差不多"。中学生的反应没有正大同学激动，罗老师的判断是因为"幼稚"而"有苦说不出"。一位十五六岁的同学谈话中，"再三述说政府看不起东北人，政府偏偏要虐待东北人，言下无限冤屈与苦痛"。②

7月9日，东北华北二十几校学生举行"反剿民要活命"大请愿，罗老师没有去，但在当天的日记中深刻分析了行动的得失。罗老师以为，虽说结果还算圆满，可"枪毙傅作义"的口号不合适，过分激进"绝无半点好处"，理由是"中央正重用傅氏，就是中央也还奈何他不得"；当天的北平与"一二·一"时的昆明"时异事异"，"不可相提并论"。罗老师的分析，准确地揭示了事态的发展。③ 更可贵的是，罗老师还提出了群众运动发起之后的普遍问题，即一个运动的开展达到高潮，有时会在感情推动下，"骑虎难下、欲止不能"。④ 在7月12日的日记中，罗老师进一步分析了学生街头运动有可能演变为"人民"旗号下各种政治势力的"火并"，并且严重伤害学生与市民的关系。此种情况下，学生想要利用当局内部矛盾亦有风险，"特务、剿总、清共委员会与副总统根本是不相干不隶属的机构，内中把戏

---

① 罗荣渠：《北大岁月》，第318页。
② 罗荣渠：《北大岁月》，第320页。
③ "七九"后东北流亡学生及各类东北人士的分化加快，又多表示支持傅作义主持"七五"事件善后。《东北学生昨发紧急声明》，《世界日报》1948年7月10日，第3版；《东北各院校教授昨访傅作义对"七五"事件交换意见》，《世界日报》1948年7月11日，第3版；《东北华北慰劳团昨向傅总司令献旗》，《华北日报》1948年7月11日，第4版。当时，中共高层指示学生运动"必须反对单独轻率前进的冒险主义和急性病，反对过分突出，以免给反动派以借口打击这些学校，遭致可能的损失和失败"。《中央城工部对平津学生运动的意见》（1948年7月11日），《中国青年运动历史资料》第18集，第194页。
④ 罗荣渠：《北大岁月》，第322页。

实在不少"。①

　　7月14日，罗老师去图书馆期刊阅览室翻阅报纸。可能出于个人兴趣，罗老师先注意到"七五"追悼开封十万冤魂大会报道，抄录了几副师长的挽联，并注明可作"内战文献"。由此，罗老师发现了"七五"学生运动发起的疑点："关于'七五'事件导火索之市参议会议案，我查了好几种报均未查到，结果在北平《益世报》7月4日的报上找到，也把它抄了下来。"②原来已被再三强化报道的事件起因，并不是一个显见的"事实"，想要获得需要在图书馆下些功夫，又说明报纸报道并非当时学生行动最重要的信息来源，《益世报》（北平版）也不是学生中较为普遍的日常读物，并反证《世界日报》亦如此。"七九"以后，东北流亡学生与北平学生交往渐密。7月24日，北大史学系与东北各校史学系同学联欢，"大家像久别重逢的兄弟姊妹一样"，"感情是十二万分地热烈"。罗老师与一位长白师范学院的同学对谈，日记中记下了谈话感想："他们铭感华北青年对他们没有地域的成见，这是他们事先未预料到的。"③ 此时，也许罗老师对"七五"事件的一些疑点，已经有了自己的答案。

　　在那个令人激动的剧变年代，学生运动占据着重要的历史地位。学生运动的高涨，成为"第二条战线"形成的标志和主力。④ 作为一股重要的社会政治力量，学生运动势必引起各种政治势力的介入、控制、利用，促使学生运动在高度发展、成熟之即，自身的复杂性亦在增长，甚至成为一种仅具学生运动外壳的另类行动。"七五"事件就是这样一个异类：具备学生反抗行动的一般特征，但在导火索、组织与口号、暴力行为等方面独具特色，展现了运动的复杂性。

　　罗荣渠老师对于"七五"事件的记述，虽然是日记体，但还是通过细致地刻画，使我们看到了运动的轮廓和问题，并且预留了宽厚的想象空间，研究者可以追寻相关问题开展工作。很清楚，日记中的罗老师具有三重身份：热情的参与者、冷静的观察者和求实的记录者。身处剧变年代，是投身其中，还是置身事外？是明知事物复杂而出于正义感和同情心的积极参与，

---

① 罗荣渠：《北大岁月》，第323页。
② 罗荣渠：《北大岁月》，第324页。
③ 罗荣渠：《北大岁月》，第329～330页。
④ 《蒋介石政府已处在全民的包围中》（1947年5月30日），《毛泽东选集》第4卷，人民出版社，1991，第1224～1225页。

还是有所图谋或洁身自好？罗老师可谓提供了一个榜样，这也是成为一个高尚的人的基本要求。热烈不失冷静，感情激昂地行动又不失客观理性地分析，则是成长为一个学者的必需条件，作为一名学生，罗老师对"七五"事件的分析可谓深刻，并且涉及群众运动发展的一般性问题。当然，对于后学而言，能给予直接帮助的当属记录的内容和态度，罗老师的"七五"事件记录展现了良好的历史学训练，从中能够清晰看到所记内容的依据和目的，以及对场景、心态的描述，差不多可以作为一个研究提纲使用。

笔者在阅读《北大岁月》时也曾想，如果罗老师研究"七五"事件，是否现有的几点疑问就不成为问题了呢？由同时代的人写同时代的历史，这是现当代史写作的一大长处，有助于细节的揭示和复杂问题的深度分析。然而，有利也会有弊，亲历者书写的历史，可能受到自身经历的局限，更容易受到历史评价与现实利益相互关联的束缚。总体而言，历史是后来人写的，因此，也就有了一个历史研究中的超越的问题。

站在今天回望过去，我们的史识能否比前人更高明呢？再者，研究者如何才能准确把握那个我们并不熟悉的年代和事物，得出合乎逻辑的历史解释呢？这是一个需要终身学习与思考的问题，需要坚持严格的学术训练和严谨的学风，绝非工匠式的史料堆砌所能解决。仅就《北大岁月》中有关"七五"事件的记述而言，文字虽然不多，又是用日记形式表达，可其中的信息量却十分丰富，既是宝贵的史料，又有分析的方法，还可学到一种做事与为人的态度。因此，阅读《北大岁月》，不但有助于解决笔者在历史实证研究过程中遇到的问题，更是一种历练和享受。

总结"七五"事件研究工作的一些感想，同时也是在回顾罗老师的成长历程和学术精神，并以此作为对罗荣渠老师诞辰90周年的纪念。

"古今上下任翱翔"
——我所认识的罗荣渠先生和他的现代化研究

赵自勇

"古今上下任翱翔",出自罗荣渠先生在1975年创作的一首七律,在当时的特殊时代背景下表达了罗先生对理想状态的憧憬。改革开放之后,罗先生终于迎来了其学术的春天,涉足多个领域并取得巨大成就,特别是他开创的现代化研究影响更是波及社会科学的各个学科,这句诗也就成了他晚年学术活动所达到的状态的一种真实写照。这句诗描绘出罗先生的现代化研究在我心目中的形象,也鼓励我在理解历史和现实方面能够达到一种自由状态。

一

我读书期间发生了两次专业上的转向。第一次发生在本科时,学习政治教育专业的我因为听了一场有关国际形势的报告而对国际政治专业产生了浓厚兴趣,并最后在毕业时报考了北京大学国际政治系的硕士研究生,可惜没有被录取,被调剂到当时在六院的南亚研究所,跟随导师学习当代南亚的政治经济与外交。第二次则发生在硕士研究生期间,是由罗老师引发的,这次转向不仅让我开始接触历史专业,而且也决定了我现在的职业。

我在1989年作为南亚研究所的硕士研究生进入北大。对于当时的我来说,历史学属于完全不同的另外一个世界,对于那个圈子里的人和事近乎一无所知,甚至不知道近在咫尺的历史学系有哪些知名学者。当时我所有的历史学知识只限于本科通史所学,当然作为非历史专业学生所学的通史,与历史学系学生所学差别很大,最终能够留在记忆里的,除了一些零散的史实外就是各类教科书所勾勒的线性社会历史发展框架。

我大概是在 1990 年的某个时候在图书馆读到了罗老师有关现代化的文章。多年过去了，当时具体的感受绝大部分已从记忆中消失，但有一幕至今记忆犹新：某天读完一篇文章特别留意了文末的作者介绍，心中不禁惊叹，写出如此有新意文章的竟然是一位老教授，还是历史学系的！从此罗老师的大名深深印入了我的脑海，与现代化有关的文字也开始成为我刻意去阅读的对象。

1991 年春天我选修了罗老师为历史学系研究生开设的课程"世界现代化进程比较研究"，第一次接触到罗老师。我们那一届研究生（有工作经历者除外）第一年不用上课，按规定都到了基层参加社会实践，第二年才开始专业课程的学习。南亚研究所当时只有两名研究生，除导师们开设的有关南亚、东南亚的两门课外，其余课程需要自己到其他院系选修。我翻遍了北大文科院系的课程名单，在历史学系、社会学系、国际政治系、经济学院选择了一些自己心仪的课程。当然选课并非随意，主要是围绕发展中国家的历史和政治经济发展这个主题进行选择，主要的考虑是：南亚诸国都是发展中国家，中国也是发展中国家，既然是发展中国家，发展和现代化当然就是最值得关注的问题。除了正式选修的课程外，当时也旁听了一些课程，比如社会学系孙立平老师为研究生开设的"发展社会学"，经济学院为本科生开设的"发展经济学"（只听过两次，因为内容是数学模型推导，而我从来没有接触过高等数学）。

除了第一次上课找罗老师在选课单上签字同意时有简单的问答外，我记忆当中一个学期里再也没有和罗老师有直接的交流。由于缺乏必要的历史学基础，我对于课堂上所听到的内容其实有时并不能完全理解其精妙之处。不过，因为是自己兴趣所在，我对待这门课的学习态度非常认真，除了上课，还阅读了一些罗老师课堂上提到的学术著作。比如亨廷顿的《变革社会中的政治秩序》大概第一次就是这个时间读的，作者研究问题的路径和观点多年之后仍对我的研究很有启发。

选修罗老师的课除了使我在课堂上获得相关的知识、理论和学术信息外，现在回想起来更大的收获是培养了对于学习新知识、探索新问题的积极性。临近期末，我准备写一篇有关"四小龙"工业化成功原因的文章作为课程的作业。以此为题是因为对于东亚的情况相对熟悉，而"四小龙"的发展问题在当时国内学术界还研究不多，工业化是现代化的重要内容，所以自认为作业以此为题应该与课程内容相符，对仍在追寻工业化梦想的中国来说也有现实意义。在搜集材料的过程中，除了在北大图书馆借阅一些中、英文图书外，也曾到当时的北京图书馆（现国家图书馆）找英文书看，只记得当时北京图书馆复印很贵，学生又无法办理借书证，所以只好待在馆中读书。文章的写作除了为完成课程作业外，我当时还把它看作是一个对学术问题进行探讨的尝试，所以当时看了很多资料，大部分是英文图书和论文。阅读材料过程中，在一本英文杂志上看到一篇文章有些新意，后来就把它翻译成中文发表在《世界经济译丛》1991年第11期上，文章的题目是"东亚的经济增长与儒家伦理"，而这篇文章在我写的文章中并没有引用。

图1　罗荣渠教授和学生在一起，右一赵自勇，1994年11月

文章如期写好，作为期末作业提交上去。后来，大概是暑假过后，罗老师的学生找到我和我在南亚研究所唯一的同学（庄礼伟，也选修了罗老师的课），告诉我们去罗老师家一趟，询问原因，答曰作业写得好，老师想见我们一下。按照约定的时间，晚上去到罗老师在中关园的家里，近30年过去了，至今还有很深的印象，那次罗老师是在狭小的厅里接待的我们，厅里摆放着一张方木桌——餐桌，还有几张木凳，看来都已经有些年头了。罗老师询问了我们的学习情况，对我们提交的文章给予了肯定，给出了他自认为并不常见的90分。罗老师还提出，因为我的论文内容与正在编辑的一个论文集要求相符，希望能够进一步修改后收入论文集发表。

论文虽然有了一定的基础，但修改仍然是一个非常漫长的过程。现在已经记不清这篇论文根据罗老师提出的意见修改了多少遍,大概每隔一个多月就会去一次罗老师家里,一直到第二年7月毕业前要离开北京,罗老师才说,就这样吧!这篇文章就是收在《各国现代化比较研究》中的《东亚工业化的新经验:"四小龙"的经济增长战略初探》一文。多年来每次看到这篇文章,就会想起当初罗老师在稿子上密密麻麻的修改意见。当时我作为一个20多岁的学生并没有考虑太多,等到后来自己成了老师,尤其是了解到当时罗老师因为教学、科研和各种学术活动缠身时间安排非常紧张,每次想到他在这样的情况下仍在我身上付出那么多的时间和辛劳,我的心中都会涌出各种滋味。当时我虽然不是罗老师正式的学生,但通过这篇论文的反复修改确实从他那里受益很大,可以说这是我所接受的学术研究和论文写作方面训练的绝大部分。正是因为经过了罗老师的训练,后来在硕士毕业论文写作时就显得轻松自如。博士毕业论文的题目定下后罗老师突然去世,论文的构思和写作虽然得到了何芳川老师的指导,但何老师工作繁忙,所以多数情况下只能靠自己摸索,如果没有硕士阶段接受罗老师的严格训练,博士毕业论文恐怕很难顺利完成。

我那一届的硕士生因为第一年到基层参加社会实践,所以整个培养计划安排很长时间里并不明确,所有的人都不清楚何时可以毕业。大概是在1992年初寒假到来之前,学校突然通知我们可以选择正常三年学制毕业,也可推迟一年毕业。其实当时大家做出选择时最主要的考虑就是毕业论文能否在短短的几个月内完成。我因为有了受罗老师训练的经历,自信毕业论文的完成并非什么难事,于是选择了1992年夏季毕业。

硕士研究生时期在课堂上聆听罗老师的教诲,后来在论文修改过程中得到罗老师的指导,是改变我人生轨迹的事情。对于当时仍然懵懵懂懂的我来说,很难说已经有什么明确的人生和职业发展目标,一切都还没有定型。可以说正是因为认识了罗老师,我当时认定了学术研究的这条路,并且因为罗老师的历史学家身份也使我向历史学倾斜。尽管我的硕士学位属于世界地区国别史专业,但我硕士期间受到的教育实际上与历史专业距离还是比较远的,所学的历史学课程非常有限,所以那张历史学硕士学位证书有点儿名不副实。我对历史专业身份的认同也并非毕业院所(1991年南亚研究所已并入亚非研究所,后来后者又并入了国际关系学院)天然赋予的。可以这样说,正是与罗老师交往的经历,使我形成了对历史学的专业认同。我毕业后来到广州的华南师范大学,成为一名历史学教师。毕业后一直和罗老师保持着联系,两年后的1994年,我成为罗老师的博士生。

二

后来我了解到,像我这样受到罗老师的现代化研究吸引迈入他的课堂甚至投奔到他门下的学生并不在少数,其中很多来自历史学系之外,罗老师招收的博士生大部分是非历史专业出身。一位历史学教授能够纯粹因为其研究而吸引不同专业背景的学生,这种罕见现象一方面说明现代化研究的多学科或者跨学科特点,另一方面则说明罗老师在学术上的开创性及其广泛影响。

我开始接触到罗老师时,虽然《现代化新论》还没有出版,但他的新现代化理论体系已经形成。这一理论对于当时的我来说无异于是一个知识领域的新大陆,在认识上给我带来的冲击效应是21世纪进入大学校园的学生无法体会到的,毕竟现在传播的知识和理论已经多样化。记得我在本科时有一门课程叫作"社会主义政治经济学",当时虽然改革开放已经某种程度上为商品经济正名,但毕竟只是刚刚开始,所以课堂上师生们还在就社会主义国家的生产资料是否属于商品进行争辩。改革开放初期的中国社会遇到的问题是,认识社会历史发展的旧坐标已经失灵或者受到质疑,必须有新的替代物,罗老师的新现代化理论就是这类替代物中的一种,所以在当时大学校园内外产生那么大的吸引力是很自然的事情。

把我引入新的专业和知识领域的新现代化理论,我过去一直当作一个既成事实接受,但近来一直在思考一个问题——这样一个影响了我人生发展轨迹的重要事物是如何形成的?现在大家关于这个问题的认识,基本上都是依据罗老师在"自述"(见《北大岁月》和《史学求索》)中简略的描述:20世纪80年代初访问美国接触到了以研究现代化而著名的历史学家——普林斯顿大学的布莱克教授和他的《现代化的动力》,开始对现代化研究产生兴趣;作为一名具有强烈现实关怀的历史学家,受中国社会主义现代化大潮的促发,1986年毅然中断《美国的历史与文明》的写作,转向具有重大现实意义的现代化研究。

改革开放后接触到美国的现代化理论甚至布莱克教授本人的中国学者恐怕绝非罗老师一人,为何唯独罗老师决定要进行现代化研究后就能够创造性地构建出自己的理论体系呢？显然这与罗老师自身的基础有关。表面上看罗老师转向现代化研究是其学术发展史上的一个重大转折，但实际上这种转变是相对的，仍然体现了罗老师长期以来所从事的学术研究的内在一致性和连续性，也就是对宏观历史问题的关注。1977～1979 年罗老师在给弟弟的信中一再表示对宏观历史的重视："专与通、分析与综合，两个方面的工作都应当有人来做。从历史科学的社会意义来看，'通'的工作比'专'的工作还更有价值。""今后我所要从事的，不是一般的历史研究工作，即考证某些历史事件和历史过程的真伪，而是要通观世界历史的全局"。"目前全局性的问题大家都不研究，都是各抱一摊，似乎也不利于中国和世界史研究的发展。总要有些人从宏观范围来观察一下世界全局，研究一下理论，整个历史学科才能较快提高，否则只能解决一些史料问题和具体问题。"（《北大岁月》，第 607、625、653 页）

正是因为罗老师一直关注宏观历史的研究，所以在美国接触到现代化理论时才能够充分认识到其价值和局限性，也才能够把它与自己已有的历史认知结合起来进行再创造。我们既可以把罗老师的新现代化理论看作是对产生于西方的现代化理论的进一步发展，也可以把它理解成对现代化理论的借鉴使自己在宏观历史研究方面推进到了一个新水平。从一开始罗老师借鉴现代化理论的态度就是非常明确的。1981 年夏天在美国期间，罗老师在给弟弟的信中讲道："我现在正在读一些有关现代化问题的书，很有兴趣……这门学问的特点是对世界历史进行综合比较研究，与我的兴趣最为切合。""（现代化理论）对世界近代以来的历史进行比较研究。这种新的研究方法……正是我所欣赏的宏观世界历史研究方法。……回国之后，准备开辟这方面的新路。"（《北大岁月》，第 667～669 页）

虽然罗老师在自述讲到 1986 年把自己研究的重点从美国史转移到现代化问题上来，而且他也确实是在这一年发表了第一篇以"现代化"为论题的论文，即发表在《历史研究》上的《现代化理论与历史研究》一文，但罗老师对现代化的研究应该早于 1986 年。罗老师回国后的几年里在与家人的通信中较多地谈到美国史，没有谈到现代化研究，但据罗老师的弟弟在回忆文章中讲："回国以后，80 年代前期，他在北大历史系开出美国史课程的同时，开始为研究现代化问题做了大量的准备工作。"（《求索者足迹》，第 321 页）当时罗老师虽然科研的重点在美国史上，但拉美史和宏观世界历史（包括现代化）的研究应该同时也在进行。

罗老师在1984年于《历史研究》第3期上发表的《有关开创世界史研究新局面的几个问题》一文中，再次强调了横向发展研究和宏观研究的重要性。"长期以来，世界各国所出的世界通史著作大多是国别史和地区史的总和……但国别史的总和不能算作世界通史。""加强世界史的整体发展进程研究，有可能形成宏观历史学，以区别于国别史研究或国别史总和的研究方法……马克思主义的世界史研究的基本方法本来就是宏观的方法。"（《史学求索》，第96～97页）罗老师在文中从促进世界历史整体性研究的角度推介了沃勒斯坦、斯塔夫里阿诺斯和布罗代尔等人的著作，使自己在宏观世界历史的研究方面立足于远比西方现代化理论更宽厚的基础之上。

在同一篇文章中，罗老师用大量的篇幅介绍了西方对现代化的研究，强调了开展现代化研究的学术价值和现实意义，提出了建立不同于西方资产阶级现代化理论的马克思主义的现代化理论的必要性。罗老师1984年的这篇文章，有关现代化研究的论述在某种程度上可以看作是他在1986～1989年发表的4篇有关现代化的论文（构成了《现代化新论》第一编）的论纲。也是在这篇文章里，罗老师向学术界发出了进行现代化研究的宣言书："当前的问题不是讨论现代化这个研究课题是否必要的问题，这个与当代世界各国人民的利益密切相关的问题早已是现实的存在。当前的问题是如何组织力量开展我国自己的研究，建立马克思主义的现代化理论。"（《史学求索》，第110页）

正是因为罗老师痛感国内学术界世界历史研究中存在很多问题，所以他能够体会到现代化研究的价值所在。罗老师1980年在《武汉大学学报》上发表的《浅谈政治权力、经济权力在世界历史进程中的作用：关于世界通史教材体系的一个问题》一文中指出："过去的世界史教材……为了突出阶级斗争的红线，往往忽视了经济斗争的红线，抹杀了文化斗争、宗教斗争活动、科学技术的发展……一部内容无限丰富、矛盾十分复杂的世界史，被砍削得只剩下一副'革命'的架子。"（《史学求索》，第7页）罗老师在1984年发表的文章中讲道："我们目前的世界通史教材所包括的内容却是，愈到现代，愈窄狭，愈简单化……作为国别史总和的世界史框架，到世界现代史范围内变成了不折不扣的各国革命史的总和了。"（《史学求索》，第103～104页）"'现代化'作为一个新的历史范畴，从新的宏观视角开阔了我们对世界近现代历史发展进程的视野……概括了在一个更长的历史发展过程中……所发生的生产力、经济结构、消费方式、政治、社会和思想方面的全面变

革……从这个意义上说，现代化丰富了目前世界近现代史的框架所容纳的内容。"（《史学求索》，第 109～110 页）

如果说罗老师对世界历史整体性的强调更多地属于专业性很强的学术问题的话，那么用现代化研究丰富历史研究内容的主张则具有学术和社会两方面的意义。罗老师关于现代化的论文和著作一经面世，不仅在历史学和整个社会科学领域内，而且在社会上都产生了巨大反响，与当时人们急需新的思想理论来重新认识理解历史和社会现实的客观形势密不可分。对我个人而言，罗老师的现代化理论当时犹如一股清新的空气、一道耀眼的光芒，描绘了一个认识历史和社会的理想境界，具有无穷的魅力。

三

"19 世纪以来盛行的以希腊、罗马为古代世界的中心，以基督教文明为世界文明的主题的观点，是狭隘的欧洲中心主义的世界观的反映，这是不符合世界历史的实际的。"这是罗老师在《历史研究》1984 年第 3 期上发表的《有关开创世界史研究新局面的几个问题》一文中所讲的一句话。"笔者深信：就世界通史编纂学而言，以 16 世纪作为现代世界开端的界标大概不会很久就会被 18 世纪末工业革命的新界标所取代。"这是罗老师在《历史研究》1994 年第 3 期上发表的《"现代化"的历史定位与对现代世界发展的再认识》中所讲的一句话。

这两句话，让我联想起 20 世纪 90 年代末开始在国际学术界引起巨大反响的"加州学派"，也使得我不止一次地想象，如果罗老师没有过早去世，将积极参与国际学术界关于"欧洲中心论批判"和"大分流"等问题的讨论的盛况。过去学术界只是从国内学术发展的角度来评价罗老师开展的现代化研究的重要性，但我们可能需要把它放在国际学术发展的背景当中来进一步认识它的价值。其实罗老师上文所表述的观点之所以与加州学派的观点具有明显的一致性，原因就是它们形成于相同的时代背景，那就是包括中国在内的东亚地区在现代化方面的快速推进。

罗老师作为一个历史学家具有非常强烈的社会责任感和现实关怀，这是他能够引领学术发展潮流的重要原因，而很多国际著名的学者都具有这样的品格。近来读到已故美国著名世界历史学家斯塔夫里阿诺斯在《全球史纲》一书中的自传，发现他在学术的经历和理念上竟然和罗老师有惊人的相似之处。斯氏本来已经是成名的巴尔干历史专家,但因为不满于美国学术界在20世纪50年代殖民地革命浪潮和冷战背景下暴露出的西方中心论思想,毅然"放弃巴尔干历史研究,转而探索世界历史。当时,作为正规的研究和教学领域的世界历史尚未得到普遍承认"。斯氏表示,"我最根本的主张,就是认为世界历史并非国别史或区域史的总和"。"每一代人都必须撰写自己的历史,不是因为过去的历史不对,而是因为这个急速变革的世界提出了新的问题,需要新的回答。"(斯塔夫里阿诺斯:《全球史纲:人类历史的谱系》,北京大学出版社,2017,第5、6、12页)

罗老师当初开展现代化研究需要面对的除了一些所谓的政治风险外,其实还有一个专业上的尴尬局面,那就是宏观历史研究不仅在学术界不受重视,甚至根本就不被看作是学问,起码在历史学这个行当里面不是学问。当然这个问题不仅是罗老师当年需要面对的,甚至也不是中国的学术界所独有的。在美国,曾经与斯塔夫里阿诺斯一道为世界历史闯出一片天地的威廉·麦克尼尔退休之后,他供职了几十年的芝加哥大学竟然不再开设世界历史课程,因为当时的大学校长声称"根本没有所谓的世界史这回事"(《追求真理:威廉·麦克尼尔回忆录》,浙江大学出版社,2015,第139页)。

1986年罗老师做出工作重点转移的决定,因为他很清楚,进行现代化研究或者是宏观历史研究并不是一项能够继续自己驾轻就熟的美国史和拉丁美洲史研究的同时可以顺便完成的工作,必须全身心地投入其中。虽然不需要像通常的历史学家那样花大量精力在史料上面,但进行宏观历史研究需要更多的精力去处理规模庞大、内容繁杂的二手材料。为了从事现代化研究,罗老师阅读的文献覆盖了社会科学的所有学科,其工作量和难度可想而知,正因如此,据师母回忆,罗老师人生的最后几年都是在超负荷工作。

罗老师在从事现代化研究的同时,为了推动国内的学术研究,还组织翻译了一些相关的重要的著作,如斯塔夫里阿诺斯的《全球分裂:第三世界的历史进程》和沃勒斯坦的《现代世界体系》,这无疑进一步加大了自己的工作量。罗老师的年谱中,记载了1996年的前三个月中写出了七八篇文章,其中包括3篇长文。其实这仍然只是当时罗老师所从事的工作的一部分!1996年4月4日早上我听到罗老师发病的消息赶到校医院时,他已经在病床上躺着,看到我和其他同学就给我们讲"我昨天晚上在校对沃勒斯坦书的译稿",本来还想继续说下去,但被更了解他病情危险程度的护士制止了。英文版《现代世界体系》是罗老师给研究生指定的必读书，1995年年底还组织我们几位博士和硕士研究生就其部分章节进行了讨论，我受到启发就写了一篇介绍世界体系理论的文章。文章写好后交给罗老师让他指点，但他还没来得及看就突然去世，后来是师母帮我找出了稿子。这篇文章参加北大历史学系举办的学术论文比赛获得了二等奖，最后发表在《史学理论研究》1996年第4期上，题目是《资本主义与现代世界：沃勒斯坦的世界体系理论透视》。

多年后的今天，中国学术界对宏观的世界历史（当然还有宏观的中国历史）研究的态度并没有改观，专门从事这种研究的人有多少？或者是，有吗？罗老师这样学识渊博、才华横溢的人尚且需要全身心地投入才能取得有创造性的成果，国内学术界若没有一批人致力于宏观历史研究，想要在这方面有所突破，无异于痴心妄想，而没有宏观历史研究作为基础，就不可能编写出有新意的世界通史或者中国通史教材——无论投入多少人力物力或者以多么"高大上"的工程的形式来进行。

1993年罗老师在《历史学要关心民族和人类的命运》一文中讲道："20世纪就快要过去了……一想到我们还没有写出一批反映时代变化的新著作来代替一些早已过时的教科书，用新的发展的世界观来教育青年迎接21世纪的挑战，我就感到很大的不安。学习历史本来是对青年人很有吸引力的，但在改革开放的新形势下，如仍用陈旧、落后的教材和在课堂上照本宣科，那就很难吸引学生，更难以适应时代需求，培养出迎接新世纪挑战的人才。"（《史学求索》，第54~55页）罗老师当年感到焦虑的问题解决了吗？恐怕没有！当然罗老师所批评的把世界史写成各国革命史的局面确实已经不存在了，但很多教材或者课堂教学把世界史变成西方文明史的情况则不在少数。当加州学派的学者在大力批评西方中心论的时候，西方中心论在国内学术界的稳固程度恐怕远远超过了西方。

罗老师的现代化研究实质上是他一直强调的加强宏观历史研究的具体实践，而罗老师的做法非常典型地体现了冷战后国际学术界在历史研究方面所发生的方向性变化之一：对世界史和全球史的关注不断增强（格奥尔格·伊格尔斯、王晴佳：《全球史学史》，北京大学出版社，2011，第410页）。罗老师的现代化研究能够在学术界产生巨大反响，对当时尚属于年轻人的我产生巨大吸引力，最重要的是其学术上的创新力，而我们直到今天对它的价值的认识还远远不够。

附 录

当代世界发展趋势和国际关系格局

罗荣渠

编者按：本文是罗荣渠先生1985年在北大《战后世界》暑期讲习班的一次专题讲演。他以宏观视野，结合当时尚未被国内学界了解重视的康德拉季耶夫长波理论和沃勒斯坦的世界体系理论，纵向考察了16世纪以来，特别是二战后40年来世界的发展趋势及其深刻变化，横向剖析了世界各个区域、各个国家、各个民族之间的相互关系及其演变，第三世界的形成及其对当代国际关系新格局的影响。罗先生是我国史学界开风气之先的拓荒者之一。他30年前对当代世界发展趋势和国际关系格局所作的分析和展望，表现了一个历史学家的探索勇气和深刻洞察力，至今仍不失其理论意义和现实意义。

这次演讲由林被甸教授在现场录音并保存，后经罗晓女士和韩琦教授整理，发表于南开大学世界近现代史研究中心编的《世界近现代史研究》第12辑。

这个题目，我们不是从当前一个国家的外交政策角度，而是从基础理论科学研究这个角度来进行探讨。如果从国家外交政策来讲，就要受当前各种政策性的限制，而政策是随时变动的。基础理论的研究不是跟随政策，不是仅仅做政策的解释，而是做理论性的探讨。长时期以来，我们社会科学一个很重要的问题就是理论落后于实践，实践走在理论的前面。我们对现代史，特别是对当代问题的研究，实际上是长期停留在这个层次上，就是去解释当前的政策。今天我们是试图从更高的一个层次，即从理论这个层次去探讨这个问题。所以,今天我们讨论的这个问题,并不是什么官方意见,仅是一种学术上的思考,同时提供国际学术界的一些新信息,供大家讨论参考。

一 当前世界处在一个新的大变革时代

第一个问题,我想说一下当前的世界处在一个新的大变革的时代。大家知道我们现在的一个很重要的问题就是要认识时代,认识时代首先就是要认识世界发展的趋势,用一句现成的话叫作审时度势,审时就是认识我们的时代,度势就是估量这个时代发展的趋势。中国的古代政治家做最重大决策的一个根据就是要审时度势,诸葛亮的《隆中对》《出师表》讲的天下三分,就是当时中国的审时度势。现在我们审时度势,一个是要看我们世界发展的趋势是什么,这就是对当代的世界历史做一个纵向的研究,另外一个就是了解当代国际关系的格局是什么,这就是对当代的世界做一个横向的研究。纵向的研究是研究历史的趋势,横向的研究是研究世界各个区域、各个国家、各个民族之间相互的关系,也就是它的格局。今天这个题目就是想在这个方面进行一些探索。所以前半部分是讲趋势,后半部分是讲格局,这是研究现代世界的两个基本的向度。

先讲趋势的问题。人类的历史发展了几千年,它一直在不停地发展,不停地变化,但是在这些发展和变化当中,我们可以找到有的时期是历史上变化最快的时期,有的时期是历史上变化慢的时期,历史绝对的停滞是没有的。发展得快的时期我们就说它是革命的时期,这个革命不是狭义的革命,是广义的革命,因为工业革命、农业革命、商业革命这些都是革命,不是仅仅限于政治革命。那么从这个角度来看,我们现在所处的这个时代,这个时代是指第二次世界大战以后到现在这40年,1945年到1985年正好40年,是一个什么时代呢?这是一个历史飞速发展的时代。

这样说有什么根据呢?请看我们发的大纲,在大纲后面我们附的参考数据里面第一个表,这个表是说世界的工业、世界的贸易在这两个世纪以来的年平均增长率。这个统计当然是一个趋势性的统计,不是非常严格的,不能像当前的微观统计那样严格,它是宏观的,但是它表现了总的趋势,而且它是从整个世界来看这个问题。我们可以看到现在的世界在发展速度上处于什么地位。我们拿近两个世纪的发展来看,从18世纪末到19世纪、20世纪,我们看世界工业的年平均增长率,这个表并没有列出它的全部系列,有些年代连不上去,为了节省篇幅而省略了。列上去的是速度比较快的年份。我们看在1780年到1830年50年的时间内世界工业的年平均增长率是2.6%,1840年到1860年是3.5%,这个速度超过前一个时段,下面又慢了一些,往后比较快的是1870年到1890年,是3.7%,1900年到1913年是4.2%,这是很快的了。20世纪初发展速度是很快的了。1913年到1929年是2%,但是1948年到1971年是5.6%。所以在近两个世纪以来,世界工业增长速度最快时是在战后这40年,实际是战后20年,即50年代到60年代。

再看看世界贸易,情况也是一样。1840年到1860年是4.84%,后来降低了,但是也相当高,也都是百分之三点几,第一次世界大战以后比较低,第二次世界大战以后1948年到1971年是7.27%,达到历史最高水平。所以这一切都说明了当代世界的历史最好的经济指标就是它的生产与发展速度是史无前例的,这是指从工业革命以来的时期。工业革命以前的速度就更不用谈了,在中世纪,我们称它为前工业社会,那就更慢了。世界人口的增长也是这样,在1625年,世界人口大概只有5亿,年平均增长率是0.3%,世界人口要250年才翻一倍,但是1970年世界的人口是36亿,年平均增长率是2.1%,就是说平均33年世界的人口就要增长一倍。我们发的材料上有一个表,上面列有人口增长的曲线。这几个世纪都是在这样那样地走,到20世纪以后,是指数曲线增长,估计到2000年时有65亿或者达到80亿。世界人口是在以这样快的速度增长。科学技术的信息每年是在以30%的速度增长,每三年半,世界科学的信息就要增长一倍,知识在以飞快的速度进行更新。这个知识的更新现在就叫作知识爆炸。知识已经不是一般地增长,它是爆炸性地增长。这种信息的传递之快也是很惊人的。比如说录音机,20年以前我们中国大概没有或还很少,10年以前我们才开始有,我们现在已经能制造,现在国外最先进的录音机,大部分我们也能制造,信息在加速度地传递。

所有这一切都说明我们这个时代是进入了一个新的工业革命时期。当然人们对这个革命有各种不同的说法,有人叫作第四次工业革命,有人叫作现代科学技术革命,有人叫作第三次浪潮,所有这些说法,都说明现在一个全球性的工业革命正在进行。人类的社会生产力正经历一个前所未有的飞跃。工业化时代以来,人类的前进是一种直线性的增长,而新的工业革命时期,它不是呈直线而是呈曲线增长,它的速度大大地加快。这个新时期,有人称为后工业社会、超工业社会、信息社会，尚无固定的说法，因为我们还没有想到更好的名称。

对于这个新时期的发展速度问题，在20世纪50年代西方就已经有人提出，但是苏联一直不承认，认为这是资产阶级的伪科学，是资产阶级美化它自己。一直到60年代初苏共二十二大的纲领才正式肯定人类正在进入科学技术变革的时期，变革就是革命嘛。70年代以来，苏联的学术界谈论得也很多了，为什么对这个问题认识这样迟缓呢？就是因为长期以来在一种僵化的理论框架下面，对时代的敏感性已经迟钝了。这种理论质疑在资本主义的生产关系下怎么可能进行科学技术革命呢！它不管世界到底是不是在发生变化，科学技术是不是在革命，它就是认定在这个理论框架下不可能进行革命（性发展）。事实上，现代马克思主义者对这个问题已经进行了新的探索。当时马克思的资本论就已经提出资本主义的发展是不断地跳跃式地前进的，不是平稳发展的，而周期性的产业革命应该看成是资本主义经济世界的一种运动形式。这并不是资本主义的一种很特殊的现象，应该把它看成一种正常的现象。资本主义生产力、社会生产力高度的发展，这个理论问题我们不准备在这里探索。

现代生产过程不断地革命化，越来越科学化，越来越智能化，特别是二战以后，自然科学领域里面核物理学、遗传工程、电子学、控制论等的发展。这些发展也不能说仅仅是资本主义的事情，是资本主义的发展，社会主义同时也在发展嘛。苏联的卫星是最早上天的嘛，苏联的星际试验站还在太空上运行。由于历史是在两个体系竞争下发展科学技术的，双方都力图要超过对方，这样就加速了科学发展的进程，所以不能把科学发展进程看成仅仅是资本主义造成的，当成仅仅是资本主义的事情，这是一个全球性的（事情）。由于两个世界的分裂，因此所有的问题都是从分裂的眼光来看，这个大家已经习以为常了，一谈就是这个是资本主义的技术，其实现在科学技术与研究的发展已经国际化了。当然资本主义国家，比如美国，它的钱多，经济力量强，第二次世界大战以后，美国为什么会成为科学研究的中心？不是因为它的科学家特别多，是因为它的钱多。它那里社会最安全，科学家都到它那里去了，它成为科学发展大国。现在日本也赶上来了，虽然日本在理论科学上还赶不上美国。那么由于这个情况的发展，科学技术的革命，科学是一种生产力，现在提出来这样一个问题，过去谈到这就是唯生产力论，或者唯科学技术论。我们说现在西方确实有唯科学技术论这种趋势，它对历史的划分完全靠科学技术推动，我们认为那是错误的。因为这里面也有社会的因素，刚才我们谈到战后科学的发展就是在两个体系的竞争下进行的，这就是社会的因素。

这个新的科学技术的革命对于历史进程的影响越来越大。人们对历史的看法，对战后历史提出一些新的观点，现在很重要的就是关于康德拉季耶夫的长波学说。长时间以来因为人们认为资本主义进入了垄断的阶段，所以它就走向没落与死亡，它的生产不可能再发展，不可能再出现繁荣，所以刚才我指出正是这种框架，即僵化的框架使我们对战后的变化看不清。但是这个战后的世界确实是发展了，刚才我们举的数字，这个是铁板钉钉子的东西，不是谁假造的。当然对数字的统计可以有差异，可以多一些或少一些，但是总的趋势是不能改变的。那么这个怎么解释，怎么在理论上对这个问题进行解释，这就使人们想起苏联学者康德拉季耶夫提出的长波理论。

图 1　罗荣渠在一次讲座中，20 世纪 90 年代初

早在 20 年代，1922 年，苏联学者康德拉季耶夫，一个马克思主义学者，就提出了这样一个问题，就是资本主义的经济是周期性发展的，50~60 年是一个长周期，不是经济危机的短周期，生产过剩危机的周期大家知道是 8~10 年，后来有人说在战后这个周期还缩短了。这个长周期也是经过长期

的萧条，然后恢复平衡、复苏，然后持续性地长期繁荣，然后又衰退，这就像资本主义的生产过剩的周期一样，它有这样一个发展的周期。这个周期是20年代康德拉季耶夫提出来的。据现在的研究，并不是他一个人提出来的，在康德拉季耶夫以前，荷兰人在1913年已经提出这个问题。在康德拉季耶夫以后，第二次世界大战以后，有更多的西方学者（包括马克思主义学者）都在研究这个长波的问题，他们提出这个长波并不仅仅是在生产方面表现出来，生产上升或者下降，在利润方面也可以找出这个长波，在资本的积累上也可以找出这个长波，在科学发明中也可以画出这个长波来，甚至把经济方面跟它的政治方面联系起来，看看在政治上霸权、战争情况下，这个长波是怎么进行的。

根据这个长波学说，请同志们看一下，在提纲上我们画了波长的示意图，就是从工业革命以来，历史的发展大概已经经过了四个长波到五个长波，这个长波的波峰就是它的经济繁荣时代，长波的波谷就是它经济衰退的时代，我这上面列的年代是相对的，不同的学者对波峰和波谷的年代前后有差异，有的相差两三年、一两年，甚至也有相差七八年、十年的。这个要进行分析。我们看，从工业革命以来，法国大革命时期它是处在高峰，19世纪40年代处于低潮，19世纪70年代又到了高峰，19世纪90年代又进入了低潮，到20世纪初开始上升，到20年代、30年代、40年代开始下降，到第二次世界大战后，这个长期的波动向上升的局面一直维持到70年代，然后开始下降。这每一个波峰，每一个经济萧条，之后是战后繁荣的局面。根据长波理论，从70年代开始我们正好度过了一个高峰，这样快的速度正是处在长波的波峰，下一个世界经济长期繁荣的高峰是在21世纪初。

现在对于这个问题有两种不同的论断，大家知道，对世界的前景一种是悲观的论点，就是罗马俱乐部《增长的极限》那本书上说的，由于能源的危机，各种的危机，人类在21世纪初要面临崩溃，要面临更严重的危机，这是一种估计。另外一种估计就是到21世纪初会有一个新的经济大发展的局面出现。这两种估计哪一种正确？我们说只能由实践来做结论。我们在座的，大部分人都会亲眼看到这个理论到底是正确还是错误的。从70年代以来，对美国经济的预测有很多不同的说法，有的人说30年代的大经济危机马上就要到了，有的人说不会，美国经济还要发展。从现在的情况来看，里根上台以后，经济并没有下降，它的经济好了。当然这是微观的，这是短时期的，不是长时期的，这个东西的结论只能由实践来做结论。根据现在的情况来看，由于微电子技术，由于核能源、生物工程、外层空间，所有这些的发展，我们估计在20世纪末21世纪初会有一个新的突破，这不是一般的突破，而是一个很大的突破，所以我个人认为，在21世纪将会出现一个更大的新的繁荣景象。我是比较倾向于赞成这个观点的。不过我是看不到了，等不到新景象的到来了。

为什么我们说它是更大的一个突破呢？因为我们知道第一次工业革命本质上是由蒸汽机来代替体力劳动，包括后来的电机，我们有的人把电机的发明和使用称为新的技术革命，而现在我们所推断的第二次工业革命，它本质上是用信息，用计算机把智能带入机器，带入生产系统，所以它是代替了部分的人的脑力劳动，这本质上很了不起。过去是代替体力劳动，现在是代替脑力劳动，而把人的智力今后提高到一个什么程度现在还不能想象，因为现在机器能代替人的思维这是毫无疑问的，机器可以下棋，可以做预测，再加上遗传工程的发展现在很难估计。新的变化，生产力的革命必然会带来一系列的革命，就是低层次的革命。生产力的革命是高层次的革命，它要带来各个领域的一系列的低层次的革命，比如在社会领域，在经济领域，在管理领域，在各方面，所以它对人类社会的影响是多方面的。我们现在已经可以感受到战后这40年的发展和产生的影响。

从宏观上来看，结合讲座题目我想说明这几个影响。第一，就是全世界不论是发达国家还是发展中国家，现在都面临着工业化或者再工业化的问题。对于发展中国家是工业化，对于发达国家是再工业化，因为它们原来已有的工业已经取得成就了，或者它们把已有的工业移到新兴国家里生产，这些国家不是要搞工业化吗？我就把纺织工业、钢铁工业都移给你，它不搞那些了，它要搞它的再工业化，甚至有人称为非工业化。我觉得还是再工业化这个名称更好。这个发展是全球性的劳动力、资源、生产的重新分配，经济的国际化要大大地加强，历史发展的这个趋势很值得研究。我们知道现在资本并不在欧洲这些高速发展的国家里面，资本很大一部分是转移到第三世界国家，而第三世界的很多资本现在在美国，现在听说我们的国家都在美国某些部门有投资，石油输出国的剩余资本大量向美国输出，进行重新分配。现在一个物品并不是在一个地方制造，一个国家制造一样物品那是很少有的，波音飞机的零部件是全世界哪个地方好就在哪个地方制造，我们中国也给它制造某些零件，这个世界的联系、世界的关系已经发生了很大变化。

第二，就是今后一个国家的发展优势日益取决于它的技术而不是取决于它的地理位置或历史传统。你的科学技术领先，尽管你的地理位置不好，你的资源不够，你也可以居于世界领先地位。我们知道现在日本是仅次于美国的一个经济大国，日本有什么呢？日本有殖民地吗？没有。日本有资源吗？也没有。但这并不妨碍它今天成为世界的经济大国。这个问题你就需要重新解释啊，你原来那套理论，马克思主义理论就不能解释它，因为世界已经变化了。60年代、70年代，亚洲的新兴国家里，新的工业化国家的崛起说明后来者可以居上，可以赶上去。因为它不需要再经过传统的工业化过程，它可以跳跃地前进。

第三，新的生产力把三大差别——城乡差别、体脑差别、工农差别大大地缩小了。这个问题在发达国家里面已经很明显了。工业社会现在已经度过了为维持生存而劳动的发展阶段，当然这些国家还有很多的穷人，那是一个再分配的问题，不是说它创造的生产力养不活这些人，而是它的分配不平均，社会的财富分配不平均，但是由于向福利国家的发展，把这些财富又进行了新的分配。劳动时间的缩短，五日工作制大家都知道，闲暇的时间多了，工农的差别、城乡的差别缩小了。现在美国的有钱人不是住在城里而是住在农村，美国的穷人不是住在农村而是住在城里，每天晚上汽车是"牵着线地"往城外开，每天早晨又开到城里去。晚上五六点钟以后的华尔街，乱七八糟，一塌糊涂，这个城市就进入"半死亡"状态，人都出城了。这是城乡差别的变化。至于工农劳动的差别，美国农业机械化的程度，我去参观过家庭农庄，它的投资都是100万美元以上，百万富翁简直不在话下。那套农庄设备没有100万美元根本买不到，但这并不是说美国的农庄很富、很有钱，其实很困难，就是因为它这个开销太大，入不敷出。这个是题外话。所以我们看到三大差别是它的社会制度带来的问题。

第四，世界在缩小，天地在扩大。为什么世界在缩小呢？是由于新的交通运输的革命，由于信息传播的革命。我们过去说"千里江陵一日还"，现在是全世界也可以一日还，世界是大大地缩小了。去年10月我到美国去开一个会，我特别做了一次环球的旅行，我从中国出发到日本，到美国，到欧洲绕了地球一圈回来。整个的信息，整个的安排，就在一个办公室里面搞定。芝加哥的泛美航空公司电脑就指挥全世界，在那里我全程的飞机票，我把哪天到哪里都排好告诉他，他马上输入电脑里很快就算出日程，就是香港这最后一站还定不下来，他说你到了伦敦的时候我就可以告诉你最后一站有没有飞机票。然后我待了几天,我的日程改变了,我又跑到航空公司,我说那个日程不行,我要换一个日程,他在电脑上敲击了一个钟头,我的全部日程,整个世界之行全部又都重新算出来了。这就叫控制论,你说控制论在生活中的运用我们搞文科的说不清楚,他讲我这就是控制论,他的电脑指挥着全世界的终端,从这个交通运输的系统我们就可以看到现在世界运输信息复杂的程度。天地在扩大是因为人类进入了外层空间,这就不用说了。

第五,这个工业革命当然也给人类带来了一些过去想象不到的新问题。不是说文明进步所带来的全部都是好的,它也同时带来很多不好的东西,所以经济增长是不是幸福,对于这个问题西方正在研究讨论。过去我们以为经济增长越快、收入越高就越幸福,这个不一定,幸福跟收入是两码事,我们跟美国比人均收入差距很大,但是你说我们中国人生活得就一定不比美国人幸福,这个不敢说。现在美国心理疾病患者这样多,做个心理医生吃香,在美国开业最多的医生就是心理医生。我们国家大概找不到这个门诊部,你可以到精神病院,但这不是精神病,因为这个社会带来了许多新的问题。而这里面最重大的问题我个人觉得就是对于社会的基层细胞——家庭的瓦解。高度工业化的社会造成了人与人之间关系的疏离,造成人的原子化,使最古老、最稳定的家庭结构断裂,出现解体的趋势。

以上大体上就是说,世界已进入一个新的工业革命时期,这个工业革命必将给世界带来很大的影响,引起很大的变化。这是我讲的第一个问题。

二 战后国际关系格局的形成和变化

第二个问题,关于战后国际关系的形成与变化,就是我们再从横向研究来看,从国际关系的格局来看,世界也在发生巨大的变化。国际关系的格局不但跟19世纪不相同,跟20世纪上半叶、第二次世界大战以前也不相同。我们知道国际关系的格局在不同的历史时期有不同的表现。在近代以前,世界不是一个统一体,因为当时没有共同的市场,世界市场形成以前,没有统一体的存在,世界分成很多区域性的中心,中国在亚洲,东亚,它是一个中心。在西亚,在埃及,两河流域,它是一个中心。在欧洲,那里形成一个中心,世界是多中心的,是区域性的。比如,印度在南亚构成一个中心。中心这个地区里面,有的时候它也能建立霸权,建立帝国。这是前资本主义时代的国际关系的格局。国家间也有战争……但是这种国际的交往，这种国际的斗争，一般并不影响民族、国家内部的社会结构，除非有一种情况，它把整个国家灭亡了，那它当然会改变你的社会结构，要不然的话，这个国家尽管跟那个国家打仗，打赢了它不外乎抢夺金银财宝，中国人说要叫它纳贡，并不是要改变那个国家、那个民族内部的社会结构。

而从16世纪以来，这个世界的格局在发生变化，因为16世纪世界资本主义的兴起，不仅改变了国际关系的结构，同时深入这些国家内部，使前资本主义内部的结构发生解体，这是一个深刻的变化，这就是资本主义的力量、殖民主义的力量。世界形成了一个统一的市场。从16世纪、17世纪商业革命、地理大发现形成世界的初步的统一市场，但是这个市场真正把世界纳入一个无所不包的体系是经过三个世纪才实现的。可以说是到19世纪末，由于非洲被瓜分，亚洲最后也被瓜分，世界市场才真正地统一形成。所以从19世纪末到第二次世界大战以前都是这个统一的无所不包的体系。这个格局里面就是以欧洲的殖民大国为中心划分一些政治、军事、经济的势力范围，整个资本主义征服了世界。但是它又包括一些大小不同的军事集团，两次世界大战就是因为这样打起来的。这个无所不包的世界体系，一方面把世界统一起来，另一方面把世界两极化。怎么两极化呢？一极是殖民国家，它以欧洲为中心。另一极是殖民地半殖民地国家。平常我们所说的西方世界就是指欧洲的这些中心国家。所以按照现在的世界体系的理论，世界资本主义的中心地区是这里（欧洲），世界其他地区是它们的外围或者边缘，这是核心，这是外围，外围和中心之间还有一个半边缘地区、半中心地区。这是资本主义的世界分工，使这个世界重新改组，原来多中心的世界开始围绕世界资本主义市场、资本主义体系，变成以欧洲为中心，后来加上北美构成一种同心圆的边缘与核心的世界，这就是新的世界体系的理论。这就是系统论，把世界作为一个整体来考察。所以我们原来所说的世界也可以分成两个世界，一个是所谓西方世界，就是指这个核心，东方世界就是指殖民地落后的地区。西方与东方是一个地理概念，它同时也是个政治概念，因为西方是先进的，是资本主义的中心，东方是落后的。过去说不要忘记东方，所谓东方是指整个殖民地落后的地区，它的概念是广泛的。

从19世纪末以来的这样一个格局，在第二次世界大战以后发生了一个很大的变化，这个变化是几世纪以来，从资本主义兴起以来，从16世纪以来的一个大变化，这个变化就是以欧洲为中心的世界格局被打破了，社会主义阵营成为世界一极，形成两个体系的对立。

本来在第一次世界大战以后，大家知道社会主义国家就已经出现了，即苏联。第一次世界大战以后，虽然苏联已经出现了，但是在整个国际政治里面它并不起什么大的作用。在第二次世界大战以前，在世界的重大政治、重大发展上，苏联都不可能影响它。但是第二次世界大战以后，它越出一国成为一个世界体系，世界从这些国家里面分出了一部分，苏联应该是从核心地区分出来的，从外围地区也分出来了一部分，变成了一个世界体系。世界第一次按照不同的社会制度、不同的意识形态划分成两个世界，就是资本主义的世界（也叫西方世界）跟社会主义的世界，这可以说是从16世纪以来世界历史的一个大变局。

第二次世界大战以后形成的这两个大体系，如果从地理上来看，就是欧美集团与苏联集团。我们知道欧洲在第一次世界大战以前和以后也有很多集团，帝国主义内部本来也有很多集团，但这两个集团的情况是不一样的。它有哪些不一样呢？

第一，它是两个社会制度、社会体系对立的集团，而在此以前，对立的集团是在同一个社会体系里面的对立集团。因为双方的不同不仅是所有制的不同，它的经济制度、政治制度、社会结构，以至它的价值观念都是不相同的，而且基本上是对立的。这样一种深刻的分裂在人类历史上是第一次，由于意识形态的不同形成这样一种分裂是人类历史上很深刻的分裂。因为过去也有分裂，而且过去也有意识形态的分裂，我们知道伊斯兰的世界跟基督教的世界这不是分裂了吗？宗教的分裂不是意识形态的分裂吗？那个分裂虽然是意识形态的分裂，但是它并没有经济制度跟政治体制的根本分裂，而第二次世界大战的这个分裂是更深刻的分裂，意识形态跟它的经济制度和政治体制是一个统一体。

第二，这两个集团形成了两个对立的政治军事体系，就是军事同盟。美国和西欧集团形成北大西洋公约组织，它还有一个附属的体系是东南亚条约组织，它是一个军事结盟的体系。苏联和东欧集团形成华沙条约组织，中国与苏联也是同盟，它是由一个条约体系构成的。这个体系在第一次世界大战以前和以后也有，但它是和过去不一样的，因为它是一种全球战略的一个军事同盟体系，它不是区域性的。社会主义跟资本主义争夺的是一种全球性的战略。所以美国不仅在它自己的国内驻军，而且在世界其他地区，它的盟国以及受它控制的地方，建有军事基地，驻有军队，形成一个保护伞。苏联也是这样，苏联的军队并不是只驻在苏联，第二次世界大战前苏联没在任何国家里有军队，第二次世界大战以后，苏联的军队是驻在它的集团里面。在其他国家，甚至不在集团里面，它的军队可以驻到非洲去。它的军事代表可以到拉丁美洲去，形成它的一个保护圈。这样造成的军备竞赛是史无前例的。第二次世界大战以前没有说把军队驻到别的国家，没有说在别国建立军事基地呀。这是二战的新的现象，所以它们后来发展成为超级大国。第一次世界大战里的军事集团——协约国、同盟国，它们的军事力量虽然也有强弱之分，但是它们的力量大体上是差不多的，或者你稍微强一点，我稍微弱一点。而现在是围绕着一个中心国家，一个特等的国家，现在叫作超级大国来形成的，一个是美国，一个是苏联。

美国在 19 世纪末已经在经济上跃居世界第一位，但是在第二次世界大战以前，美国在资本主义国际政治里面不占重要地位，它自己也没有很多的兴趣去干预这些东西，同时它也没有力量去干预，世界的心脏地区是在欧洲，所以欧洲支配一切，英国和法国支配一切。第二次世界大战以后一个重大的变化就是欧洲的衰落、美国的崛起。世界资本主义的中心转向美国。美国成为资本主义的中心，是建立在整个资本主义体系被削弱这样一个基础之上的。所以美国的霸权跟历史上的霸权不一样，美国并没有到哪里去征服，并不是像亚历山大或者罗马帝国那样去征服别国，通过长期的征服而建立自己的世界霸权。这一点我们过去很少有人提到，因为重点在于要说明它是霸权，不管它是什么样的霸权。所以美国的这样一种霸权是很脆弱的，它建立在第二次世界大战以后一个很特殊的时代条件之下，所以它的霸权顶多不过 20 年的时间就开始急剧衰落。但是它是世界上第一个全球性的大国，控制着两大洋，控制着欧亚非国家很大的地区，这样的国家在世界历史上是没有过的，所谓罗马帝国，所谓什么帝国那都不能相提并论。虽然它在外国并没有很多的直接的殖民地，但是它是一个全球性的大国。16 世纪、17 世纪西班牙建立了一个地跨欧亚非三洲的帝国，但是它跟现在的美国完全不能相提并论，所以形成这个核心大国的格局这在历史上是没有的。这不是一般的核心大国，而是超级大国。同样苏联也是这样一个状态，苏联在战前谈不上在国际上占有重要地位，因为它处在资本主义的包围里，它要为自己的生存而斗争，可以说在两次世界大战里它都是为了争取自己的生存权，但二战完全改变了苏联的地位，二战后期苏联说话的腔调是不一样的，它成为支配世界的重要的政治力量。苏联是社会主义的老大哥，它当头头这当然是毫无疑问的，还因为它是幅员辽阔、地跨欧亚两洲的一个大国。苏联在历史上有一点跟美国是不一样的，它是大陆帝国的继承者，俄罗斯就是一个大陆帝国，而美国过去不是这样。所以以美国和苏联为首的两大体系的斗争是当代世界格局的一个根本性的大变化。它影响着战后 40 年来世界的斗争，各种的斗争。但这两大强国在世界政治舞台的地位是不一样的，苏联是一个陆上的帝国，陆上的超级大国，它是一个中心大陆的强国。根据世界政治地理学，欧亚大陆被称为中心大陆（我简单画个示意图），苏联占有中心大陆的中心部位，所以叫中心大陆强国。属于苏联体系的国家在地理上是与它连成一片的，苏联与它周围的社会主义体系的国家构成大陆战略体系。它具有很大的优势，它连成一片。而美国是一个海洋外围的强国，它对于中心大陆来说处于外围，它的体系不连成一片。美国和苏联并不直接碰头，并不处于直接冲突的位置，它们两个隔得很远，是通过各自控制的地区、边缘地带的争夺进行斗争，主要是在中心大陆的边缘地带的斗争。当然从 60 年代以来，苏联已经打入美国的边缘地带了，苏联打到古巴，这是美国的边缘地带，打到尼加拉瓜和别的地方，现在已经是互相进行渗透了，但是长时间以来这个斗争是在中心大陆的边缘地带进行的。我想这几点是战后两大体系的特点。

战后世界格局的第二个大的变化是帝国主义的全球性的殖民体系的瓦解，这是 16 世纪以来世界历史的又一个大变局。殖民体系是从 16 世纪以来建立的，一直到 19 世纪末才完成。但是到第二次世界大战以后这个体系瓦解了。第二次世界大战本来就是为争夺霸权、争夺殖民地进行的，但是这次战争很奇特，原来有殖民地的这些国家在战争中把殖民地打没有了，打丢了，原来没有殖民地的国家，殖民地少的国家，像苏联跟美国倒是获得了很大的权力，历史的辩证法就是这样。对于这个问题西欧国家没有准备，一些欧洲的老牌殖民主义国家没有准备，没有想到打到第二次世界大战把它们自己的殖民地都打光了。所以丘吉尔就说："我当这个英国的首相不是来给英帝国送葬的。"结果他确实是给英帝国送葬了。丘吉尔回忆录里不得不得出这样的结论：这是一场不必要的战争！所以这是 16 世纪以来世界历史格局的一个重大变化。1919 年殖民地和半殖民地世界占有世界人口的 69.4%，占有世界陆地面积的 72%，三分天下有其二。

世界 2/3 的人民还在受苦受难就是这个意思。整个非洲只有四个国家是名义上的独立国家，即埃及、埃塞俄比亚、利比里亚和南非，其他地区都是殖民地。而第二次世界大战以后，亚洲的独立基本上在 40 年代和 50 年代完成，非洲的独立在 60 年代。到 1979 年世界殖民地占世界的人口（板书），占世界的面积（板书），西方国家把这个叫作非殖民地化过程。我们叫作殖民体系的瓦解。这样就出现了一系列的民族独立国家，这些国家在经济体制方面，在所有制方面，因为它们过去都属于资本主义的附属、外围，是属于资本主义体系的。但是在国际政治舞台上，它们是以独立的姿态出现的，所以社会主义和资本主义都要拉拢它们，所以它们最初是属于一种游离状态。这就是毛主席所说的中间地带，社会主义和资本主义之间的中间地带。它们并不构成强大的政治力量。到了 60 年代，由于整个殖民体系的完全的崩溃，这个力量越来越壮大，这些国家越来越多，同时中国从社会主义阵营分裂了，站到这一边去了，所以这边的力量就越来越大，就构成了三个世界这样一个格局。

  这三个力量本身发生了很大的变化，三个世界的格局不是说第二次世界大战刚开始就形成了，开始时还是两个世界的格局，还有一些游离国家，这些游离国家慢慢地形成强大的政治力量，形成三个世界的格局。那么变化在哪里呢？首先以苏联为首的社会主义世界，我们当时叫作社会主义阵营，它发生分裂了，这个大家都知道。在 40 年代、50 年代那个时候，这个理论就是由于有帝国主义的存在，社会主义国家必须要结成一个阵营，以苏联为首的一个阵营，来保卫自己的生存，在苏联老大哥的帮助之下发展自己。当时社会主义阵营存在的必要性是非常明确的。当时认为社会主义的国家是一种新型的国际关系，社会主义跟资本主义不一样。社会主义的模式也基本上是一致的，都是向苏联老大哥学习，走苏联的路。苏联的今天就是我们的明天。但是战后 20 多年的时间社会主义的阵营发生了很大的变化，因为事实表明并不是这样一个情况，苏联所谓的社会主义新型关系并不是那样，苏联老大哥与这些兄弟并不是处在平等的地位。50 年代最早分裂出去的是南斯拉夫，当时都认为它背叛了社会主义，那是很厉害的指摘。50 年代的波匈事件，特别是波兰事件中发表的社会主义各个国家相处的原则，非常明确地、公开地指出苏联的大国主义的错误的立场，还有后来中苏的破裂。另外，对于社会主义模式的问题过去认为是一致的，事实上看来国家情况有很大的不同，硬要搞一个僵化的模式来套它,这也是不可能的,这个走在最前面的也是南斯拉夫。南斯拉夫首先因为坚持社会主义的多种模式、多种道路被开除出社会主义阵营,这是重要原因之一。这属于社会主义国家的国际关系,是社会主义国家国内的模式问题。

这样两个基本问题导致了社会主义国家的分裂,所以这个世界发生了变化。以美国为首的西方世界同样也发生了变化,美国在战后初期,在资本主义世界处于独一无二的霸主地位,这是毫无疑问的。不管在工业生产上、国际贸易上、美元储备上,还是在原子弹上,它都不仅控制着西方世界,还称霸整个世界。它占有全世界生产总量的1/2。你说哪个国家有这样大的力量?但是美国的霸权仅仅20年左右的时间就衰落了,最大的变化就是西欧重新恢复起来、复兴起来,而且开始实现一体化。二战以后欧洲的衰落是几个世纪以来整个资本主义世界衰落的重大现象,但是经过二十几年以后,它又开始复苏了,现在以欧洲一体化、欧洲共同市场的形式出现。这真是一个很大的事情,我们在国内对这个问题不大敏感,我到比利时去,他马上就说欧洲共同市场在我这里,欧洲议会在我这里,他认为这是大事情,介绍我去参观。我们在这里都是漠然视之。欧洲一体化是什么东西呢?就是超国家嘛。我们过去批判考茨基的超国家理论,在我看来这就是超国家,就是超国家的出现,它的萌芽。另外一个是日本,它是战败国,殖民地输光,经济遭到极大的破坏,但仅仅二十几年的时间,整个资本主义世界内部都发生了变化。世界生产总量的比重,现在西欧已经超过美国。西欧占26%,美国占25%,根据最新的材料还不到25%,它原来占1/2,现在是1/4。日本和它的东亚邻国占17%。所以在世界的力量对比方面,资本主义世界发生了很大的变化。日本在经济发展上已经超过了所有的欧洲国家,接近美国。据估计到2000年它就会超过美国。当然现在也有不同的说法,最近美国的经济情况有所好转,美国在资本主义世界的力量又上升一点,资本主义内部力量的升降是经常有的,所以形成三大力量。资本主义国家三极化,社会主义国家分裂成中苏,世界的五极化就是这样提出来的。社会主义一分为二,资本主义一分为三——中心集团、核心集团、西欧集团。

战后世界格局的第三个大变化是新兴的民族独立国家力量的壮大。这些游离国家在第二次世界大战初期,处在两大集团之外,是编外集团。两边都想拉拢它们。社会主义说民族解放运动是社会主义的天然盟友,应算在我这一边。资本主义说应算在我这一边，你的经济体制是自由世界的，是资本主义体系。但是它们哪边都不愿意待，它们有天然的反西方的情绪、民族主义情绪，因为它们长期是殖民地国家。但另外一方面呢，它们在历史上，在经济上又有很多亲西方而不亲社会主义的地方。在初期时社会主义对它的吸引力要大一些，现在看来并不是那样了。这股力量越来越大，特别是在中苏分裂以后，政治力量发生了重大变化，逐渐形成越来越大的政治经济力量，在世界政治里面独立发挥作用。从不结盟国家发展而来，不是处于过去的附属地位。所以过去我们说两个体系、三种力量，现在仅把它们作为一种力量，我觉得从世界格局来看是不够的，应该把它们看作世界格局性的变化。它们现在成为一种独立的政治实体，在国际舞台上发挥作用，这个作用越来越大。因为那两个世界在缩小，铁板一块在缩小，内部的矛盾在增大，所以逐渐形成三个世界的格局。

三　关于三个世界的理论和现实演变

现在我们讲第三个问题，即三个世界理论的演变和现实的演变，把世界格局的问题再进一步讲一下。三个世界是当前国际政治里面一个很流行的提法，一种划分方法。大概我们讲现代史、讲战后史都会遇到这个问题。这个问题怎么看，怎么论述，人们有各种不同的意见，国际上对这个问题的看法、理解也是很不一样的。我要谈谈国际上的一些看法，也谈谈我个人的看法。大家知道三个世界的划分关键是在第三世界，关于第一世界的划分、第二世界的划分、两个体系的存在，在理论上，不管国内国际，都不会发生很大的争论。当然有一个问题，中国不再存在于社会主义阵营里，但那还是社会主义世界，你不能说中国不属于社会主义世界。我们现在的提法是中国是一个社会主义国家，我们是发展中的社会主义国家，中国属于第三世界。第三世界最早是以不结盟国家形式出现的，我没有仔细研究过这个问题，由于这些游离出来的国家，殖民地附属国越来越多，所谓不结盟最初是针对这个结盟，它拒绝参加这两个军事集团，即华沙条约组织跟北大西洋公约组织。华沙条约组织成立得晚，但是华沙条约组织以前有九个共产党情报局，1947年到1948年东西方分裂，后来结盟，形成了两个军事集团。这些新独立的民族国家，奉行中立政策，既不参加这个军事集团，也不参加那个军事集团，最早的主要倡导者是尼赫鲁，亚洲有尼赫鲁，非洲有纳赛尔。这是在两大军事集团、两个对立的国际政治利益之间出现的一个新现象。在1955年的万隆会议上，就是亚非会议上，中国也参加了，他们就提出结盟不结盟的问题，当时中国是反对不结盟这个政治概念的，因为中国自己是结盟的，我们算是社会主义阵营，中苏是结盟的，跟帝国主义进行斗争，没有真正的中立，你不站在这边，就站在那边，所以我们当时是反对不结盟的。但是后来不结盟的国家不断地增加，不断地发展。在1961年的贝尔格莱德，南斯拉夫的铁托很积极地召开第一次不结盟国家会议，那里有亚洲国家，有非洲国家，还有欧洲国家，南斯拉夫自己就是欧洲国家。它认为自己还是社会主义国家，虽然社会主义阵营把它开除了。不结盟运动不断发展，1964年在开罗召开第二次不结盟会议，到现在已经开了六七次了吧。1979年是第六次，在古巴开的。1979年已经有95个国家参加了。1966年还在哈瓦那开过一次亚非拉三大洲的会议，这表明第三世界逐渐形成。

所以通常意义上的，或者说最早意义上的所谓三个世界，是指以美国为首的西方国家是第一世界，以苏联为首的社会主义国家是第二世界，民族独立国家，就是这些不结盟国家是第三世界。在西方国家，一直到现在，在学术著作中，这三个世界都是这样划分的。

我们的三个世界理论，是毛主席在1974年的一次谈话里提出的，我查了一下，好像1973年乔冠华在联大的讲话都还没有提到三个世界问题。1974年毛主席谈话提出，苏联跟美国为两个超级大国，它们两个都是第一世界，亚非拉和其他地区的发展中国家是第三世界，处于两者之间的发达国家是第二世界。1974年4月，邓小平在联大六届特别会议上做了一个报告，很正式地提出这个观点，现在我们国家奉行的就是这样一个政策。这个论点不论在国内还是在国外都有很多议论。我的看法是，这个理论的提出，是在一个特定的历史条件下，即70年代反对两霸高潮的时期，但应看到形势现在有变化，这个变化应该怎么解释是外交部的事情。我们今天是做基础理论的讨论。

从世界体系的理论来看，三个世界的理论是有发展的，我们不看中国，从世界来看这个理论就是有发展的，三个世界本身也有发展，我们先说理论的发展。三个世界理论的发展的一个明显的趋势是从单纯的世界政治的范畴、世界政治的概念，发展成世界经济的概念，或者说世界政治跟经济相结合的一个概念。近年来这个发展又对三个世界，主要是第三世界的历史的形成做了探索，发现这三个世界的国家有历史的共同性，有其历史根源。这样第三世界就已经不仅仅是一个国际政治概念、国际经济概念，同时也发展成一个世界历史的概念。我在这里介绍的最后一本书是斯塔夫里阿诺斯的《全球分裂——第三世界的历史进程》，这本书就是用历史的观点写整个第三世界成长的历史。从16世纪讲起，这个世界怎么样，按照我说的，从中心地区和边缘地区的演变发展成三个世界，就是从这个理论来的，就说明在理论方面的研究现在有很多新的进展。这个理论的发展就是三个世界的理论不仅仅是政治的，因为单独从政治观点来看它，国际政治经常在变化，也许今天这个国家你可以把它放在这个世界，明天你可以把它放在那个世界，这个缺乏很充分的客观的科学根据，科学根据应该是从它的客观的社会经济的条件去分析。

从世界体系的形成的理论来看，就是由于西欧资本主义的发展形成了一个全球市场经济，全球市场经济造成了世界的分工，中心地区发展成第一世界，它的外围地区、边缘地区事实上就发展成第三世界，在两者之间的半边缘地区就构成中间的世界，当然社会主义分裂出来是另外一个问题，但是从经济上来看，它从全球经济的世界分工的角度来划分世界。按照这个理论，世界资本主义的中心地区就可以划成一个社会经济范畴，可以把它叫作第一世界，这就是西欧、北美，主要是这个区域，现在还加上日本，加上英国的自治领地，就是加拿大、澳大利亚、新西兰，另外一个说法就叫发达的资本主义国家。它们的经济的共同特征就是发达的资本主义国家。苏联、东欧这些国家划成一个范畴，即第二世界，就是发达的社会主义国家，从社会经济条件来看属于发达的社会主义国家。第三世界，由于它是处在全球市场经济的边缘、外围地区，处在中心地区附属的地位，即拉丁美洲、非洲、亚洲除了日本、以色列这些以外的国家构成第三世界。这样就把它的经济和政治结合起来了，发达的资本主义国家，发达的社会主义国家，发展中的民族独立国家，这样形成政治跟经济的统一考虑。这里划分的社会主义、资本主义都是加了政治因素，加了政治标准。

现在，在国际上划分世界的格局也还有把政治的因素基本上排除开的，非意识形态化，采取纯粹的经济标准，就是用经济发展的观点，现在叫作发展经济学。用发展经济学的观点来划分世界，完全按照它的经济发展水平来划分。我们知道这个在过去的历史上本来也是有的，我们常常说穷国与富国就是按经济来划分嘛，后来我们国家说先进国家与落后国家，这也是按照经济来划分的。但是这两个概念现在基本上不大使用了，因为穷国与富国、先进与落后这个词带有褒贬的意思。什么是先进，什么是落后啊？经济不发展就一定是落后，经济发展就一定是先进？这个有的人不服气，穷国与富国这个名字也难听，但是现在也还使用。现在由于发展经济学的发展，有人就避开政治上的判断了，就是把它分成发达国家、发达不足或欠发达国家和不发达国家这三种。发达不发达、发展不发展拿什么做标准呢？按照发展经济学，主要的是按人均国内生产总值（GDP），当然还有别的标准，但是这个标准是最主要的。按这个来划分它是在哪个水平上，测量它的现代化的程度。但是我们要说这个划分并不是非常科学的，因为有的国家的人均国内生产总值很高，你按这个水平来排的话，它是发达国家，实际上它并不发达，我们以石油输出国为例，发达国家排第一位的并不是美国，而是中东的那些石油输出国，人均国内生产总值最高。我刚才忘说了，一个是人均国内生产总值，一个是人均收入，应该是两个标准。你能说科威特比美国还发达吗？那当然不行。假如有一天它的石油被抽干了的话，它马上就会变得不像样了，因为它整个国家的经济是畸形发展的。现在提出了另外一个概念叫经济增长与发展，就是这些国家经济在增长，但并不等于它是一个发达国家。把经济增长与经济发展（growth and development）在概念上区分开来，经济增长并不等于发展，因为那个增长并不是由于社会内部经济的合理的、按比例的、内在的要求发展起来的，而是受外在的因素影响而发展了，这种发展是一种依附性的工业化，你也在实行工业化，但你那是依附性的，受外资所支配的。像科威特，它发展的就是石油，所以它是增长但并不发达。

人均收入并不能够代表财产分配的情况，它和财产分配的情况是不一样的，单看人均收入，它是拉平来看，一个社会里的贫富悬殊很大，单看这个看不出来。有的国家，像委内瑞拉，由于石油收入，人均收入在500美元以上，缅甸只有60美元。委内瑞拉已经接近欧洲了，接近西欧第一世界了，但是它是一种依附性的工业化，它的经济并没有真正独立。再说人均的收入并不能代表购买力的情况，比如中国，我们排在穷国里面。大家看这张图是60年代的，是按各个国家的人均国内生产总值来算的，分有四个层次，中国划在哪里呢？中国是在最低的倒数第二个格里面的，是属于这个层次的，人均是在100～250美元。这个是60年代，现在我们当然不是这个水平，但是你在增长别人也在增长，基本结构并没有变化，而且中国还打的是斜线，这个斜线说明什么呢？就是说它的国内生产总值是来源于农业收入，尽管收入就这么一点还主要是农业，不是靠工业，这是 60 年代的情况。世界的情况在 70 年代有所不同，红色的这个地方就是落后国家、经济发达不足的国家，中国也在这里面，我们都是在倒数第几位里面，这就是世界按人均收入来划分。这个标准我认为并不是很科学，中国实际上并不是这样落后，我到西方国家去过，我知道我们实际的购买力水平按美元来核算是不科学的，而且整个社会结构也不一样，整个国民财富的分配并不仅仅是大家工资的分配，它不科学，但总体上来说你还得承认我们是落后的。这没有什么可说的。

现在又有另外一种分类，发达不足跟不发达有另外一个名称，叫作发展中国家。为什么叫作发展中国家？因为后来觉得发达、不发达这个词也不好听，你说这个不发达，那个发达不足，你怎么说呢？因为一个国家它也不是固定不变的，它老不发达？所以你是发展中的国家，用一个动词 developing，你还在发展当中，这个词还是用得很巧妙的，很有策略的。所以就有了发达国家、发展中国家。"发展中"这个概念就很广泛，发达国家它难道就不发展了？它不是还在 developing 吗？它也在发展。

现在联合国有一套自己的划分国家和世界的标准，它就避开政治划分，采用纯经济的划分，它用了"发展中"这个词，所以现在发展中国家这个词用得很多。它现在把世界分成三种类型，第一种是发达的市场经济型的国家，这就是我们刚才说的发达国家，即美国、西欧国家、加拿大、澳大利亚、新西兰、日本、以色列、南非。第二种是发达的计划经济型的国家，实际上就是社会主义国家。社会主义国家过去是指令性的经济，苏联、东欧国家、中国、朝鲜、越南，都是发达的计划经济型的国家。第三种是发展中的市场经济型的国家，这就是南非以外的非洲国家，以色列、日本以外的亚洲国家，还有拉丁美洲的国家。还有别的不同的分法。我们看基本上都是符合的，尽管名称不一样，但是按三个世界的经济结构进行划分基本上是符合实际的。来看中国，我们自称是社会主义国家，又是发展中的国家。（在黑板上画示意图）这是第一世界，这是第二世界，这是第三世界，中国在哪里呢？我认为中国在这儿，中国是社会主义国家，它属于第三世界，这不就解决了吗？世界本身也不是那么独立地划分的，那么严格的，它是可以有交错的。是不是有些国家也在第一世界跟第三世界之间呢？也有。像拉丁美洲的阿根廷、巴西这些国家，它跟第三世界国家下层的经济上的差距比它跟发达国家之间的差距大得多。那些国家实际上应该处于这样一个状态（板书图示）。还有新的划法，就是把世界的经济层次划得更多，不是划成三种，而是四种或五种。但是基本的格局就是这样，这大体上是目前国际上所通用的三个世界的划分方法，就是把政治、经济、历史三者结合考虑起来。这个研究还要继续进行，现在这个研究还不是很充分。

我们再看看三个世界的现实的情况，三个世界不是固定不变的，不能用凝固的观点来看待三个世界。因为三个世界本身是互相联系的，每个世界中各个国家的关系又在不断地变化（图示说明），因为整个世界在变化当中，在新的工业革命的格局之下世界在发生变化，所以三者之间会有变化。我们看看这些年有些什么重要的变化。

1. 关于社会主义世界

社会主义国家的经济发展速度快于西方国家，但是社会主义各个国家之间差别是很大的，苏联跟蒙古的差距有多大？要有真正的平等很难说。现在社会主义世界最重要的一个变化，是苏联向超级大国的方向发展，说它是超级大国主要是在政治上它奉行帝国主义的、霸权主义的政策，所以我们批评它。除此之外，是社会主义模式的多样化。模式多样性的变化是这些年来一个很重大的突破，就是由单纯的指令经济转而采取接纳市场经济，同时将封闭式的社会主义改变成对外开放的社会主义。因为要向市场经济发展，必然封闭要变成开放。封闭式地建设社会主义是在社会主义和资本主义两个平行的市场机制理论基础上进行的，另外一个理论基础就是商品经济只能产生坏的作用，只能产生资本主义。现在这两个理论都被突破了，市场的商品经济既可以与资本主义联系起来，也可以跟社会主义联系起来。南斯拉夫首先向这个方向进行了努力，现在我们国家的改革也引起世界的瞩目。

2. 关于西方世界发达国家

西方世界发达国家也发生了很大变化，因为过去斯大林僵化的马克思主义模式认为殖民主义体系一瓦解就会给帝国主义致命的打击，世界资本主义进入总危机阶段，现在这个论点的正确性值得商榷了，值得讨论了。就是说用实践来检验真理呢还是说用理论来套实践。关于资本主义总危机这个问题，国外就不用说了，国内已经有同志提出来，但是现在要来捍卫这个理论的人还是很多的，一有人提出来马上就有人捍卫。我觉得这个问题不管是捍卫还是不捍卫，你都要睁开眼睛来看看这个世界，看看世界的实际的情况。实际情况是殖民主义的瓦解使西方在政治上、经济上受到很大的打击，西方国家的经济危机也依然存在，依然是在周期性地发生，美帝国主义的霸权也的确是在削弱，所以马克思主义指出的这几点还是存在的。但是马克思主义认为这样就导致资本主义处于总危机、总崩溃的这样一个边缘，或者是接近这个状态，事实看来并不是这样。要说总危机，受到最大打击的是联邦德国和日本，还有比它们受的打击更大的吗？它们在第二次世界大战以后，全部殖民地被剥夺，而且它们属于战败国。但是第二次世界大战以后发展最快的两个国家，在西方国家里面，一个是联邦德国，一个是日本。世界的市场并没有缩小，而是扩大了。这就提出一个新的现象、新的问题，需要马克思主义者根据新的历史去进行解释。这个问题有各种解释，现在马克思主义者也在进行解释，一种解释就是新殖民主义，认为西方国家虽然丧失了殖民地，但是它在殖民地的利益仍然保存着，它并不需要直接控制殖民地了，它是一种新殖民主义的形式，这个也有很多理论。另一种解释就是帝国主义发展到一个新的阶段叫多边帝国主义，帝国主义形成了一个帝国主义的网，在自由资本主义阶段的时候资本主义就已经不需要把殖民地都控制在它们手里了，到了垄断资本主义阶段，就是19世纪末，又来了一次大瓜分把殖民地控制在手里，现在资本主义发展到了一个更高的新的阶段，它又不需要再控制这些殖民地了，这些国家构成一种多边的关系，还是控制着这个世界。不管怎么解释，总的说明帝国主义、西方资本主义中心地区并不是马上就要灭亡了。我觉得对于战后资本主义的研究我们存在很多理论问题，从方法的问题到理论的问题。

实际上，现在战后资本主义的发展处于一个繁荣的阶段，这正是战后西方资本主义世界发生的一个重大变化。要看到它战后的内部因素跟外部因素确实有很多的不同。从内部因素来看，由于战后新的工业革命的兴起，科学技术革命的兴起使得旧的经济结构在发生改变，传统的工业部门在更新，第二次世界大战以后传统的工业部门都发生了很大的更新。这些就造成了它的经济繁荣。如果现在新的工业部门在兴起，比如电子工业部门，在今后二三十年里面我们看到旧的工业部门要衰落，但是新的工业部门照样还会很繁荣。我知道现在美国密歇根有很多汽车工厂，那是属于衰落的阶段，因为世界性的竞争。因为竞争的毕竟还是耐用消费品，你虽然年年出新的车型，八二年型、八三年型、八四年型、八五年型，但是你不能说每人每年换一部汽车，那是不可能的。汽车大量地堆积在那个地方，连放的地方都没有，它是有限的，加上日本的竞争，那个工业部门在裁员、减员。但是你看看电子工业部门，你看看新的工业部门，你看看硅谷。我认识一个台湾的留学生，现在很多留学生从本专业毕业后，马上就去念计算机，念了计算机马上就可以找到工作。现在历史学系毕业的，如不去念计算机都找不到工作，找不到饭吃，因为你那套传统的历史玩意儿人家不要了，你说我还会计算机，马上就能找到工作。你看有些人在失业，有些部门还供不应求，因为产业结构发生了很大变化。它并不是整个地衰落。第二个内部的因素就是经济的军事化，资本主义经济在二战以后有很大一部分产品是由国家部门下达的，一方面是军火生意，现在社会主义跟资本主义都在做军火生意，整个的先进工业部门跟军事技术也是连接起来的，国家购买了大量的产品。经济军事化使得资本主义的经济结构发生了变化，而这个部门还是很繁荣的，这方面花的钱，多得不得了，这个同国家垄断资本主义发展是有密切联系的。这是我想到的内部因素里面最重要的两点。

  从外部因素看，首先，第三世界相当大部分的国家进入了自己工业化的进程，当然不是全部，它的工业化为西方国家开辟了广大的市场。这个市场不是缩小了，不是因为殖民地瓦解缩小了，而是扩大了。战后的世界发生了变化，那么它的经济发生了变化，这是可以解释的。战后的西方国家比战前确实有很大的发展，如果我们仅仅用战后的观点来看美国，那是不对的。事实上资本主义的发展，资本主义的整个结构的改变，从工业革命以来，资本主义的整个结构的工业革命，实现现代化大约是在 20 世纪初。

  20 世纪初整个西方社会的生活水平还是很有限的，在第二次世界大战以后这几十年变化很大，开始变成工业高度发展、发达的国家。这里面有几个特点，一个是高利润，一个是高技术，一个是高消费，高消费当然也就是高工资了。食品在家庭消费结构里只占很少的比例，有人估计说是 20%，我看还不到 20%。发展中国家占 60% ~ 70%，我看我们每个月的工资大部分都要吃掉。在它那里很简单，你一天最低的工资每小时 5 美元，一天干 8 小时，合 40 美元。你去吃饭，不要说在家里做，就到街上去吃，早中晚三餐 15 美元那是足够的，根本吃不了。所以美国有些懒惰的人，他不是开工不足，是他自己干活不足，他一星期只要干两天就够吃了，他就不干了。所以就造成了很多现在西方资本主义的所谓"吃大锅饭"的现象，"吃大锅饭"当然不是指这个，因为这是高工资了，它那个"吃大锅饭"是它的社会福利，这是一个新的历史现象，必须要研究。孩子一生下来国家就要把他养起来，我有一个朋友在美国，他是一个中国人，他说在美国生了个孩子养不起，在美国又没有多少钱，要挣钱想先把孩子送回中国，地方政府知道了，马上跑来找那个家长。不行，你那个孩子生在美国就是美国人。美国的国籍就是按出生地，孩子出生在美国，他就是美国人。孩子在美国出生，你说孩子养不起，你这不是给美国丢脸吗？政府可以拨钱给你。这不是说政府特别慷慨，是它的社会福利条件就是这样。甚至有的妇女，她不用干活，就专门生孩子就行，这是事实，她生一个孩子就可以有相应的钱。当然了，是不是有限度我不知道。这个战后向高度工业发达国家的发展的变化确实是很大。有的人就提到你看那个国家，它那里的人民是不是要革命？我说看不到要革命的迹象。美国人最大的特点是他们普遍认为我们是没有阶级的社会。他们并不是认为他们那里完全没有阶级，但他们认为他们那个阶级就是社会流动性，你只要使劲干，你也可以上去，阶级不是一成不变的，这个在美国，在它的意识形态里面是很普通的。这是因为它的高消费、高工资所造成的，这个特点目前在西欧还是很大的问题。

其次，西方资本主义国家国内的生产结构和国际的生产结构也都在发生变化。所谓第一产业、第二产业、第三产业，这个第三产业，我们现在大家都有感受。我们过去一搞生产就是以粮为纲，然后就是钢铁，"钢铁元帅升帐"。一个抓粮食，一个抓钢铁。现在的西方不是发展这个了，发展第三产业。现在我们已经感受到第三产业的重要，我们感觉到随着工业的发展，北京进一趟城简直是不得了，你们从外地来，进一趟城吃不上饭，也坐不上车，挤得一塌糊涂，也住不上旅馆。而西方国家由于它的高速工业化，第三产业的发展，就是服务经济，包括保险、政府部门都属于第三产业的范畴，工人的结构也发生了很大变化。

现在美国还有这样一个情况，脏活、累活，本国人不干。他宁肯要饭、领救济，他也不干。让给谁来干呢？让外国人来干。来自拉丁美洲的大量非法移民流向美国，就是去干美国人不愿意干的活。这不单是在美国，在欧洲也是这样，所以说它现在转嫁并不需要到殖民地去剥削，殖民地的人源源不断地送去，现在它还要限制呢。只怕你要想进去还进去不了呢。我到欧洲去非常困难，他们生怕我待在那不走了。我在旅馆里看到一个人，问他是哪里来的，他说是尼日利亚来的，他的工作是在英国的饭店打扫房间。这些脏活任何英国人都不愿意干。我上街去，问大英图书馆怎么走，我一问完了那人马上伸手向我要钱,这就是大英帝国今天没落的情况。那些活都让第三世界的人干了,这是剥削的新形式吧。那么国际分工结构,大家知道,传统的工业、劳动力密集型的工业都转移到了第三世界。它们只发展知识密集型的工业,而且知识密集型的工业也是用第三世界的人。在硅谷,昨天我碰到一个中国朋友,他在硅谷工作,他说现在硅谷里面大多数工厂的工人都是中国人,当然中国人不一定都是大陆去的,也有台湾去的。贝尔公司,美国最著名的电话公司,他说那里干活的也是中国人。它发展知识密集型企业,其他的都不发展。现在我们的人在那里也不干了,他们自己组织公司。你在那里干得再好也是受雇于人,现在自己组织公司才有发展的机会。王安,大家知道现在是美国头几名的大富翁了,现在我们中国人慢慢地向王安学习了。我的朋友正要组织一个公司,老板一听说你要办公司,马上就把你解雇,因为他怕你把他公司里面的那些东西全都学去了。这也是国际斗争呐,这也是剥削呀。还有像巨型的、多行业的、联合大企业以及跨国公司的发展,这些都要做专门题目来研究。

再次,西方资本主义世界的第三个重大的变化就是一体化。欧洲的一体化,如共同市场,共同的议会。这个一体化的趋势不但出现在第一世界,在第三世界里面也出现很多的共同体,共同体就是一体化嘛。非洲出现了好多的共同体,拉丁美洲也有好多的共同体,就是向超国家的方向发展。我觉得这都是现代工业革命所带来的新的问题。

最后,西方发达国家变化的第四个方面表现在政治上,我觉得一个很重要的变化就是国家调节经济的作用的增强。过去我们说自由资本主义、私人资本主义就是无政府的,这个说法已经不正确了,至少不是全部正确。现在政府在经济里面,在整个资本主义的国家活动中,整个的经济活动领域,它的作用都是越来越大。私人资本企业现在这样大规模地发展,它也在计划地发展,所以美国的大资本家都可以去国防部当部长,都可以当国务卿。什么原因呢?因为他能够管理那么大的企业,如大垄断公司、大跨国公司,他当然可以管理这个国家。管理企业可能比管理这个国家还复杂。过去由于受"左"的理论的影响,我们对现代资本主义制度内在的弹性跟内在的自我调节的能力估计太差,没估计到资本主义有内在的弹性,资本主义实际上是一个有很大的内在弹性的制度。过去不能谈这个问题,一谈就是修正主义。由于现代信息技术的发展,其对世界的控制瞬息就可以实现。大家知道最近在美国有些银行倒闭,它马上就采取措施,这个国家的电脑可以在瞬息之间间接地指挥全世界。人类具有自我调节的机能，人类对社会经济规律的认识大大地增长了。你不能认为资本家就绝对不能认识这个规律，只有社会主义、马克思主义才能认识这个规律。这个不符合事实。我们只要看看西方国家研究中国的经济状况的书，就可以看到人家对你了如指掌。通过通信卫星，人家在卫星上拍到我们每年生产的情况，我们每年要产多少麦子。你在中越边界打仗，你的军力部署全部一清二楚，什么保密呀。这是卫星上照下来的，孟加拉国的，我看这里有一幅中国的、一幅日本东京的。这是在孟加拉国上空拍的卫星图，这个图把你全部的经济的情况、生产的情况，包括你在土地上种了什么粮食全部都可以计算出来。然后它把这个图拿回去，把图放大整理，你每年生产的情况你这里还没有预报，它那里已经预报了。所以现在没有什么保密可言。我们在哪里打仗，军营的部署，它已经清清楚楚了。尽管资本主义生产资料所有制这个基本矛盾它不能解决，但是它的调节功能你不能不承认是在加强。我觉得看不到这一点是一种无视现实的观点，是非常有害的，不能对客观的现实做出客观的估量。

3. 关于第三世界

第三世界更是一个新的问题，是一个新的历史现象。这个地方是研究得最差的。这跟我们有些指导思想有关系，我们研究问题常常只在解释政策的层次上研究。政策上有一个规定就是你只能说有利于团结的话，不利于团结的话你不能说。但是第三世界本身就是一个大杂烩，它本来就不团结，你根本不能说它。你这样怎么进行科学的研究呢？其实这三个世界里最不团结的就是第三世界，打仗打得最多的就是第三世界。第三世界的情况现在研究得最差，第三世界根本不是一个统一体，而是一个大杂烩。过去我们强调统一体，强调它是一个整体，是因为反霸的需要。从政治斗争来说，我们要强调团结，强调求同存异，所以我们就开会强调求同存异。但是作为科学研究来说，我们首先要研究它有什么意义。我们知道第三世界国家的社会体制是不一样的，巴西70%的工业是资本主义的成分，而阿尔及利亚、埃及70%以上都是国有化的成分，它们自称是建设社会主义。全世界很多国家都说它们是社会主义，连北欧的国家都说它们是社会主义国家。我们不管它们，这不在我们讨论的问题内。很多国家都是经济国有化的，拿历史的发展形成来说，拉丁美洲国家在一个世纪以前就独立了，而亚洲、大洋洲的国家，印度洋上的一些国家，有的独立了几十年，少的才几年，经济发展水平差别很大。现在对第三世界国家又有新的划分，根据现在国际通用的划分，可分成石油输出国、石油输入国、新兴工业国、低收入国和最不发达的国家。石油输出国是最有钱的；石油输入国那就倒霉了，石油提价你这里就要遭殃了；新兴工业国，像亚洲的"小老虎"这些国家；低收入国就是人均收入在250美元以下的；还有最不发达的国家，它们基本上是从原始部落过渡过来的。这样一个第三世界是多么大的一个大杂烩，所以有人说把第三世界至少分成两份，就是资源丰富的发展中国家和资源贫乏的发展中国家。但是这个理论一提出来我们国内就有人骂，大骂是帝国主义的谬论，破坏第三世界的团结。这跟第三世界的团结有什么关系嘛，这是对这些国家进行客观的、社会经济的分析，你就是再讲团结，什么都不分，你拉平，你都是平等的，那也都是假的东西嘛，是虚假的现象。第三世界在政治上的分歧那就不用说了，大家知道现在战争就在第三世界打。第三世界国家发展的不同现在很明显，有一部分国家已经走上了工业化和现代化的道路，而另一部分才刚刚脱离前资本主义社会，甚至有的刚刚脱离氏族社会。因此这些国家的建设采取什么样的模式现在是一个很大的问题。现在的情况是它们从社会主义那里取一点，又从资本主义那里取一点，形成一种混合模式，一种混合经济的模式。但是现在更普遍存在的问题是大多数国家还没有走出它的政治混乱的状态，没有建立起稳定的政治秩序，所以是现在世界上最不稳定、战争最多的地区。拉丁美洲独立以后，经过一个世纪才走出混乱。现在非洲国家正不断地发生政变，在这个形势下发展什么经济呢？虽然它们也吸收了计划经济的成分，但跟原来的宗主国在经济上的联系还是非常密切的，所以有人说是没有殖民主义的殖民主义。这个新殖民主义的问题还需要专门进行研究。

  第三世界现在面临的一个新问题，就是它们跟第一世界的差距从总体上来说不是在缩小，而是在增大，这是一个大问题。我们知道第三世界经济发展的速度，增长率是比第一世界要高，大概年平均增长率5%吧，第一世界也就是2%、3%、4%。但是由于第一世界的基数大，你以100美元增加7%、5%，它以1000美元增加1%、2%，你说说看，你要赶上它，你赶得上吗？所以从经济发展的增长率来看，你看到它是快，但实际上，独立以来，从60年代到70年代，再到80年代，这个差距越来越大。所以有人估计人均收入的差距在第一世界和第三世界之间，当然这不是一个很严格的统计，是估计，是一个趋势性的判断，在1850年是5∶1，1900年是6∶1，1960年是10∶1，1970年是14∶1。当然我说了人均收入不是绝对科学的。

何况有些发展中国家的增长率是很低的,甚至属于不增长。国内都在打仗,属于混乱状态,它增长什么呢?可它的人口拼命地增长,没有哪个国家赶得上它。所以预计,如果按照世界人口的统计,每年发展中国家的人口按2%增长的话,到2000年,预计全世界要增至65亿人口。发展中国家要占79%。就是到2000年,全世界4/5的人口都在第三世界。你说这怎么得了!所以这是一个全球性的大问题。我们知道最近非洲出现了大旱灾,现在由于世界连成一气了,这是很大的问题。现在有些国家经济不但没有增长,它还处于饥饿状态。根据世界粮食的增长来看,到2000年,大概有65个国家靠自己的农业资源已经不能满足自己的粮食需要,要靠发达国家的粮食支援。第三世界总体来说也在分化,新兴工业国发展较快,落后的国家则还存在很严重的问题。整个内部在进行分化,而与第一世界的差距也越来越大。这就说明第三世界处于不稳定状态,一个过渡的状态,这种发展态势将来对世界要产生很大影响。这个问题很值得我们密切注意,因为它们的人口太多了,将影响整个国际政治和国际经济的秩序。我想将来这个问题并不是出在第一世界,或者是第二世界,或者第一世界打第二世界,而是这个世界(指第三世界),这个世界跟另外两个世界都联系着,所以牵涉到整个世界。

今天我就说这三个问题,现在简单地做一个总结。结束语我想说明这几点,现在我们所处的世界是一个充满深刻矛盾的世界,在三个世界的格局下有一些很值得注意的地方。第一点就是现在整个世界都处在某种革命动荡之中,事实上三个世界内部都在进行革命,社会主义世界在进行革命,这不用说了,大家反正都知道,不用解释了。第三世界正在革命的过程中,它从殖民地到独立,现在它要寻找一个新的自己建设的模式,迅速实现现代化。第一世界实际上也处在一个革命状态,大家不要把革命理解成动刀动枪,认为这才是革命,它的内部在发生结构性的变化,这是高度生产力、现代工业生产力的客观要求。这是我的第一点看法。

第二点看法,三个世界虽然把世界一分为三,但另一方面三个世界的互相依存程度又大大地加强了。全球市场经济的发展使得这个联系大大加强。就拿美国这个国家来说,它对第三世界的依赖性就不用说了。美国是世界上经济最强的国家,它的对外贸易在它的经济中所占比重最小,因为它有最大的国内市场,今天已经不一样了。今天美国也变成要依赖世界经济的这样一个国家,比如说它的战略原料这些方面,它跟世界经济也分不开了。各个石油输出国的剩余外汇的资金倒流向西方，每年大概有1000亿美元，当然首先流向美国，因为美国的利率最高。所以现在两种不同的经济制度互相渗透的现象在增加，因为这种相互的依存、相互的联系越来越加强这种相互的渗透。这就是一个新的问题，这就是世界上很值得研究的新问题。

第三点看法，由于庞大的第三世界的发展，世界市场的竞争变得更加激烈。由于发达国家与第三世界差距的增大，世界的不稳定性也在增加，更不用说核武器了，它使世界各国的易受攻击性增强。所以世界上这两种趋势，一方面分的趋势，一方面合的趋势，我认为在同时增强。实现全球性的稳定与和平是当前世界的一个总的问题。

第四点看法，三个世界内部的经济力量发生消长不同的变化，太平洋沿岸的国家，就是亚太地区的经济获得迅速的发展，引起了世界的关注。世界经济的中心正在转移，转向太平洋地区，所以太平洋世界在崛起。从16世纪到19世纪以来支配世界的地区是大西洋地区，现在正转向太平洋地区。太平洋沿岸的国家在世界上的重要性日益凸显，中国、苏联、美国、日本、澳大利亚，这一圈的整个太平洋世界在崛起。马克思在19世纪中叶就预言过太平洋要代替欧洲成为新的世界中心。这个中心的增长是不是就意味着大西洋地区的衰落，这个目前在学术界还有不同的看法，有的人认为太平洋地区的崛起就是大西洋地区的衰落，有的人认为也不一定。总的来说，世界是朝多边化、多元化方向发展。

编后记

罗荣渠先生（1927~1996）是著名历史学家，原北京大学历史学系教授、北京大学世界现代化进程研究中心主任。罗荣渠教授在美国史、拉丁美洲史和中外关系史等学术领域有多方面的建树和贡献，尤其是在他最后的十多年里奋力开创了中国的世界现代化进程的研究领域，在历史学界和更广泛的公共思想界产生了广泛和长久的影响。

在距罗荣渠教授去世已有二十多年的今天，中国学术的风尚潮流和学科格局已然大不同于他工作和生活的年代。但他的论著、思想和精神遗产依然长久留存在学界内外，自有常新的意义；他的生命历程和人格风范也常为人所追怀和珍视，虽经时间流逝却更加鲜亮而意味深长。先生辞世后，林被甸教授、董正华教授、杨玉圣教授和师母周颖如编审等曾投入大量精力编辑整理罗荣渠教授各类遗著，先生生前发表的绝大多数著述得以重新收录结集，部分未发表的文字也已被整理出版。特别是收录了先生早年日记和历年书信、诗词的《北大岁月》（商务印书馆，2006年）一书，对了解和理解先生成就卓著、丰富壮阔而艰辛坎坷的一生具有重要的价值。

为纪念先生诞辰九十周年，北京大学现代化进程研究中心、北京大学美国研究中心和北京大学历史学系于2017年10月22日举行纪念讨论会，罗先生生前同事、友人、学生、家人和其他学界、媒体友人七十多人参加。我们向与会者征集相关纪念文章和与先生学生工作相关的其他文字，得到积极回应，从而获得本文集所收入的大多数篇目。我们尤其珍视和感谢郝斌、马克垚、袁明等罗老师生前好友专门撰写的思绪绵长、情感厚重的纪念文字。我们又收集了罗豪才、杨祖陶、王义遒等先生撰写的已发表的纪念罗先生的文章列入本文集。

在纪念会议和文集编辑过程中，林被甸教授、郝斌教授、袁明教授、董正华教授,以及北京大学历史学系领导和罗先生家人给予了各方面的支持、帮助和指导,我们在此表示衷心感谢。

北京大学世界现代化进程研究中心
牛　可
2018 年 7 月

补 记

2017年10月罗荣渠教授诞辰九十周年纪念会后,我们即启动文集的征稿和编辑。在北京大学历史学系、各位作者以及罗荣渠先生家人的支持下,于次年5月完成相关征集和初编工作,但由于原先联系的出版单位未能履行出版合同,致使出版计划落空。我个人对文集出版耽误三年的局面负有责任,须向各位作者和罗老师家人表达深切歉意。

在这种情况下,对罗荣渠先生深怀敬意、多年来已为整理出版罗先生著述不懈出力的中国政法大学杨玉圣教授,慨然将文集列入其所主持的"学术共同体"系列丛书,并由社会科学文献出版社重新加以严格、仔细的编辑出版。在此,我们对杨玉圣教授、"学术共同体"系列丛书和社会科学文献出版社致以诚挚的感谢。

牛　可谨识
2021年8月

图书在版编目（CIP）数据

回首再望罗荣渠：罗荣渠教授诞辰 90 周年纪念文集 /
北京大学世界现代化进程研究中心编 . -- 北京：社会科学文献出版社，2021.11
　（学术共同体文库）
　ISBN 978 - 7 - 5201 - 9201 - 9

　Ⅰ.①回… Ⅱ.①北… Ⅲ.①罗荣渠 - 纪念文集
Ⅳ.①K825.81 - 53

中国版本图书馆 CIP 数据核字（2021）第 210778 号

・学术共同体文库・

回首再望罗荣渠
——罗荣渠教授诞辰 90 周年纪念文集

编　　者 / 北京大学世界现代化进程研究中心

出 版 人 / 王利民
责任编辑 / 张晓莉
文稿编辑 / 郭锡超
责任印制 / 王京美

出　　版 / 社会科学文献出版社・国别区域分社（010）59367078
　　　　　 地址：北京市北三环中路甲 29 号院华龙大厦　邮编：100029
　　　　　 网址：http://www.ssap.com.cn
发　　行 / 市场营销中心（010）59367081　59367083
印　　装 / 三河市东方印刷有限公司

规　　格 / 开　本：787mm × 1092mm　1/16
　　　　　 印　张：17.5　字　数：301 千字
版　　次 / 2021 年 11 月第 1 版　2021 年 11 月第 1 次印刷
书　　号 / ISBN 978 - 7 - 5201 - 9201 - 9
定　　价 / 128.00 元

本书如有印装质量问题，请与读者服务中心（010 - 59367028）联系

版权所有 翻印必究